·供应链管理与运营系列·

SCMP

供应链管理专家认证教材

供应链规划

构建韧性、可持续供应链

中国物流与采购联合会◎主编

人民邮电出版社

北 京

图书在版编目（CIP）数据

　　供应链规划：构建韧性、可持续供应链 / 中国物流
与采购联合会主编. -- 北京：人民邮电出版社，2023.9
　　（供应链管理与运营系列）
　　ISBN 978-7-115-61757-6

　　Ⅰ．①供… Ⅱ．①中… Ⅲ．①供应链管理 Ⅳ.
①F252.1

　　中国国家版本馆CIP数据核字(2023)第087602号

内　容　提　要

　　企业要想打造高效运作的供应链，首先必须明确所处环境和自身战略。只有在熟知自身位置和目标的情况下，企业才可能找到适合自己的行动方向。做到这一点后，企业就可以利用最优化理论对供应链进行精细化的设计。

　　《供应链规划》从识别供应链战略目标开始，逐步介绍为保障战略落地，供应链管理者所必须掌握的基础知识、方法和工具，涉及供应链的设计、集成与优化、成本管理、财务分析、数字化转型和项目管理等领域。全书内容丰富、视野广博，在吸收国际先进理论的基础上，结合了我国的供应链实践，力争为广大供应链管理者构建一个有关供应链规划的基础知识框架，并提供一套切实可行的方法。

◆　主　　编　中国物流与采购联合会
　　责任编辑　马　霞
　　责任印制　周昇亮

◆　人民邮电出版社出版发行　　北京市丰台区成寿寺路 11 号
　　邮编　100164　电子邮件　315@ptpress.com.cn
　　网址　https://www.ptpress.com.cn
　　固安县铭成印刷有限公司印刷

◆　开本：787×1092　1/16
　　印张：18.25　　　　　　　　　2023 年 9 月第 1 版
　　字数：364 千字　　　　　　　2025 年 9 月河北第 15 次印刷

定价：99.00 元

读者服务热线：(010)81055296　印装质量热线：(010)81055316
反盗版热线：(010)81055315

供应链管理专家（SCMP）认证丛书
编写委员会

主　任：

蔡　进　中国物流与采购联合会副会长

副主任：

胡大剑　中国物流与采购联合会会长助理

委　员：（按姓氏拼音排序）

冯　君　中物联采购与供应链管理专业委员会项目主管

胡　珉　本丛书撰稿组长、中物联采购与供应链专家委员会副主任委员

胡　伟　上海师范大学天华学院副教授

刘伟华　天津大学管理与经济学部运营与供应链管理系主任、教授、博导

马天琦　中物联采购与供应链管理专业委员会部门主任

潘新英　中物联采购与供应链管理专业委员会项目主管

彭新良　中物联采购与供应链管理专业委员会常务副主任

史文月　中物联采购与供应链专家委员会委员

宋　华　中国人民大学商学院教授、博导

宋玉卿　北京物资学院中国采购与供应链管理研究中心副主任

田小琴　中物联采购与供应链管理专业委员会部门主任

汪希斌　中物联采购与供应链专家委员会委员

王保华　中物联采购与供应链专家委员会委员

王海军　华中科技大学管理学院副院长、教授、博导

王运新　中物联采购与供应链专家委员会委员

吴英健　中物联采购与供应链管理专业委员会项目主管

夏　烨　中物联采购与供应链专家委员会委员

赵林度　本丛书审校组长，东南大学经济管理学院物流管理工程系教授、博导

本书编写组

组　长：

刘伟华　天津大学管理与经济学部运营与供应链管理系主任、教授、博导

撰稿人：

史文月　中物联采购与供应链专家委员会委员；负责第 1 章

夏　烨　中物联采购与供应链专家委员会委员；负责第 2、3、4、7 章

宋　华　中国人民大学商学院教授、博导；负责第 5 章

刘伟华　天津大学管理与经济学部运营与供应链管理系主任、教授、博导；负责第 6 章

潘新英　中物联采购与供应链管理专业委员会项目主管；负责第 8 章

特约审稿人：

宋玉卿　北京物资学院中国采购与供应链管理研究中心副主任

赵守婷　北京物资学院讲师

（胡珉、赵林度对本书写作提供了宝贵意见）

总 序

　　自供应链概念在 20 世纪 80 年代提出后，随着全球经济一体化的发展和技术的进步，供应链已从企业的管理科学逐步转化为产业和经济的组织形态，并从产业供应链扩展到了跨产业的平台供应链，甚至发展到了跨产业、跨区域的供应链生态圈。《国务院办公厅关于积极推进供应链创新与应用的指导意见》（国办发〔2017〕84 号）指出："供应链是以客户需求为导向，以提高质量和效率为目标，以整合资源为手段，实现产品设计、采购、生产、销售、服务等全过程高效协同的组织形态。随着信息技术的发展，供应链已发展到与互联网、物联网深度融合的智慧供应链新阶段。"

　　在全球经济实践中，现代市场竞争已不再简单地体现为产品与产品、企业与企业之间的竞争，而是深刻地体现为供应链与供应链之间的竞争。供应链的整合能力和效率已成为企业、产业甚至国家的核心竞争力。中国供应链的创新发展经历了几个阶段：第一阶段是供应链产业链的初步形成，不同企业的供应链创新重点多样化；《国务院办公厅关于积极推进供应链创新与应用的指导意见》发布后，中国供应链创新进入第二阶段，即供应链产业链的优化协同阶段，通过供应链上下游全流程的优化协同，形成了更高效、稳定、安全的产业链；到现在，中国供应链创新发展已进入数字化供应链阶段，这是产业链供应链现代化发展的必然趋势。作为世界第二大经济体，中国不仅成为引领世界经济发展的重要力量，也在全球供应链中发挥着"稳定器"和"压舱石"作用，并继欧美国家之后逐渐成为供应链管理研究与实践的前沿阵地。

　　当前，世界面临百年未有之大变局并持续加速演变，各种不稳定性因素明显增加。面对复杂严峻的发展环境和风险挑战，如何确保我国供应链的整体安全稳定，不断提升我国在全球供应链中的竞争优势，成为展现我国实力和大国担当的重要任务。

　　习近平总书记在 2016 年 4 月 19 日网络安全和信息化工作座谈会上曾说："供应链的'命门'掌握在别人手里，那就好比在别人的墙基上砌房子，再大再漂亮也可能经不起风雨，甚至会不堪一击。"随着供应链战略逐渐成为我国国家层面的重要议题，紧密关注并促进各方面、各环节和全链条的有机融合，以推动供应链发展，是至关重要的。在这一过程中，供应链领域的专业人才培养则成为其中必不可少的关键一环。

近年来，美国供应管理协会（Institute for Supply Management，ISM）和英国皇家采购与供应学会（Chartered Institute of Purchasing and Supply，CIPS）等国际知名行业组织，已建立了相对成熟和完善的供应链知识体系和认证品牌。作为我国物流、采购与供应链领域的综合性社团组织，中国物流与采购联合会（以下简称"中物联"）牵头建立一套具有中国自主知识产权、符合中国供应链管理发展实际的本土供应链知识体系，是义不容辞的责任与使命。自2013年起，中物联组织了20多位业内知名专家，集聚了全行业的智慧与力量，耗时5年精心打磨，建立了一套涵盖供应链管理运作、规划、环境、战略等核心内容的"供应链管理专家（Supply Chain Management Professionals，SCMP）"知识体系。2018年，中物联将该知识体系推向市场，并基于此进行了"供应链管理专家（SCMP）"考试与认证，广受社会各界的欢迎和好评，为我国培养了一大批优秀的供应链专业人才。

今天，呈现在读者面前的这套丛书，是中物联根据近年来供应链理论体系的完善与供应链管理实践的发展，组织近40人专家团队耗时两年多，对2018版"供应链管理专家（SCMP）"知识体系的修订与完善。该套丛书共有7册，包括关于供应链基础知识的《供应链运作》《供应链规划》《供应链领导力》和关于供应链专业知识的《物流管理》《计划管理》《采购管理》，以及1本工具书《供应链术语》。本套丛书基于中物联供应链管理SCOP模型和"3+X"认证思路，更聚焦物流管理、计划管理和采购管理这三个主要供应链管理专业。丛书的每册既可单独使用，又可组合成一套由浅入深、相互衔接、结构性强的系列教材。

人才是国家强盛之基，创新是民族进步之魂。相信这套新版"供应链管理专家（SCMP）"知识体系能对培育供应链专业高端人才，完善我国供应链管理学科体系，推动供应链"产、学、研、用"协调发展，打造供应链创新发展新高地，提升我国供应链的"硬核"竞争力，实现我国供应链自主可控、安全稳定和高质量发展贡献智慧与力量。

中国物流与采购联合会会长

何黎明

如今，供应链管理已成为一个日臻成熟的专业领域。供应链管理从几十年前的模糊概念，到逐渐成为组织制定战略、规划或开展交流时的高频词，其重要性已上升到国家战略层面。没有任何两条供应链是相同的，只有全面了解供应链管理的内涵、过程及架构等，组织才更有能力应对多变的内外部环境带来的挑战。

ISM 在《ISM 术语 2016》中提出，供应链是供应网络，即一个组织往下游延伸到顾客的顾客，往上游延伸到供应商的供应商的网络。《国务院办公厅关于积极推进供应链创新与应用的指导意见》（国办发〔2017〕84 号）对供应链的定义是以客户需求为导向，以提高质量和效率为目标，以整合资源为手段，实现产品设计、采购、生产、销售、服务等全过程高效协同的组织形态。中物联给出的供应链最新定义是生产及流通过程中，围绕核心企业的核心产品或服务，由所涉及的原材料供应商、制造商、分销商、零售商直到最终用户等形成的网链结构，该定义旨在统一国内供应链管理行业对供应链的认识。

在本套丛书中，中物联创造性地提出了"供应链运营与规划框架"，即 SCOP 模型（见图 0-1）。该框架由 3 个层面构成，即战略层、运作层和基础层。从战略层来看，供应链规划是企业战略规划的重要组成部分，它指导和制约所有与供应链管理相关的活动；从运作层来看，供应链管理侧重五大领域，包括计划、采购、生产、交付和物流；从基础层来看，供应链管理主要涉及每个企业在运营过程中不可回避的大环境和逐渐成熟的供应链治理理念和最佳实践，包括内外部利益相关者协同，以及环境、社会和公司治理。在 SCOP 模型中，供应链管理活动可分为 8 个主要管理领域，包括供应链规划、计划管理、采购管理、生产管理、交付管理、物流管理、内外部利益相关者协同、环境 / 社会 / 公司治理。

供应链运营与规划框架 SCOP

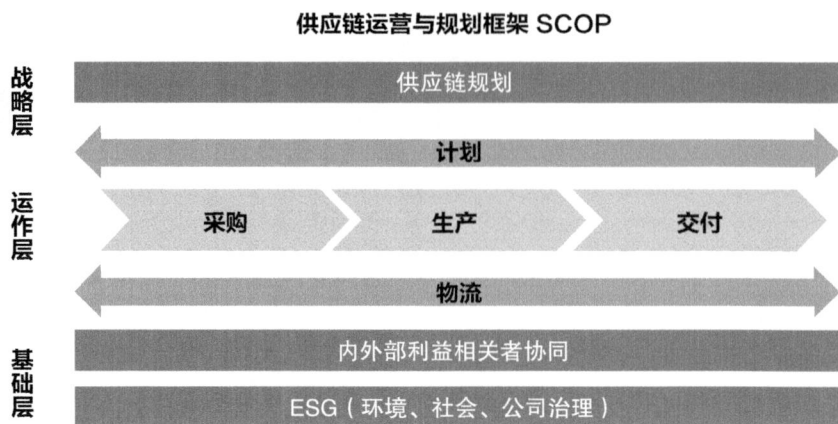

图 0-1　SCOP 模型

这套新版教材由原来 4 册扩展为 6 册，同时提供《供应链术语》作为工具书。认证模式由 3 门基础课加 1 门选修课组成，即"3+X"，其中包括 3 册基础教材，即必选教材《供应链运作》《供应链规划》《供应链领导力》；另外 3 册为选修教材，学员可根据职业方向或兴趣选择 1 门课程，参加对应专业方向的认证，包括《物流管理》《计划管理》《采购管理》，当然也可多选并参加多个专业方向的认证。

本书为"供应链管理专家（SCMP）"认证必选教材之一，重点阐述了实施供应链规划的相关知识、方法和工具。本书第 1 章从识别供应链战略目标开始；后续各章进一步介绍了为保障战略落地，供应链管理者所必须掌握的基础知识、方法和工具，涉及供应链的设计、集成与优化、成本管理、财务、数字化转型和项目管理等领域。本书内容丰富、视野广博，在吸收国际先进理论的基础上，结合了我国的供应链实践，力争为广大供应链管理者构建一个有关供应链规划的基础知识框架。

本书由史文月、夏烨、宋华、刘伟华、潘新英 5 位老师联合著述，也得到了宋玉卿、赵守婷、胡珉、赵林度等专家学者的指导，他们使本书内容更丰富、更专业。书中难免有不当之处，恳请读者和业界专家批评指正。

目 | 录

1 第1章 供应链环境与战略

第1节	供应链宏观环境	004
	1. 宏观经济环境	004
	2. 宏观技术环境	013
第2节	供应链微观环境	015
	1. 需求与供给	015
	2. 消费者行为及效用	018
	3. 市场结构	022
	4. 企业外部形象	023
第3节	供应链战略	025
	1. 企业组织战略的构成	025
	2. 供应链战略的内涵及目标	028
	3. 供应链战略匹配问题	031
第4节	战略分析工具	033
	1.STEEPLE（PESTEL）分析模型	033
	2. 波特五力分析模型	035
	3.SWOT 分析	037
	4. 波士顿矩阵	037
	5.ADL 矩阵 / 利特尔矩阵	039
	6. 核心竞争力模型	041
	7. 标杆分析	041
	8. 价值链模型	042

2 第2章 供应链设计

第1节 供应链设计的概念和影响要素 047

1. 什么是供应链设计 047

2. 影响供应链设计的外部因素 049

3. 影响供应链设计的内部因素 050

第2节 供应链设计的内容、时机和流程 052

1. 供应链设计的内容 052

2. 开展供应链设计的时机 053

3. 供应链设计的流程 055

4. 全球化供应链 057

第3节 供应链网络设计 058

1. 运营策略的选择 058

2. 分销渠道设计 061

3. 制造工厂选址 065

4. 供应商群体选择 065

5. 物流网络规划 066

6. 逆向供应链网络和可持续性考虑 066

第4节 供应链设计所需的技术性知识 067

1. 数学建模和求解 067

2. 统计学和运筹学知识 068

3. 信息系统开发的知识 070

3 第3章 供应链集成与优化

第1节 需求与供应集成 076

1. 供需集成的概念 076

2. 为什么需要供需集成 077

3. 常见的误区 078

4. 实现供需集成的必由之路——S&OP — 079

第 2 节　销售与运营计划 — 080

1.S&OP 的作用和价值 — 080

2. 实施 S&OP 的流程 — 081

3. 成功实施 S&OP 的要素 — 083

4.S&OP 的升级与扩展 — 083

第 3 节　研发与供应链的集成 — 086

1. 研发与供应链集成的概述 — 086

2. 研发与供应链集成的主要活动 — 087

3. 研发与供应链集成的工作方法 — 090

第 4 节　供应链流程的设计与改进 — 092

1. 供应链流程设计与改进的定义 — 092

2. 供应链流程设计与改进方法论 — 095

3. 供应链流程优化的机会 — 097

4. 促进供应链流程协同的方法 — 101

4　第 4 章　供应链成本管理

第 1 节　成本管理基础 — 107

1. 供应链的成本范围 — 107

2. 成本的分类 — 108

3. 盈亏平衡点 — 110

4. 其他常见的成本概念 — 113

第 2 节　折旧、作业成本法和分摊 — 116

1. 折旧 — 116

2. 作业成本法 — 121

3. 分摊 — 123

第 3 节　成本与价格分析 — 126

1. 成本模型 — 127

2. 应当成本　　　　　　　　　　　128

3. 回归分析　　　　　　　　　　　128

4. 净现值分析　　　　　　　　　　130

5. 价格分析　　　　　　　　　　　132

第 4 节　降低供应链成本的途径　　　135

1. 目标成本法　　　　　　　　　　135

2. 标准化和简化　　　　　　　　　136

3. 集中采购　　　　　　　　　　　137

4. 推进成本节约项目　　　　　　　139

5. 分析总拥有成本　　　　　　　　140

5　第 5 章　供应链财务分析与供应链金融

第 1 节　财务报表分析　　　　　　147

1. 资产负债表主要科目　　　　　　147

2. 利润表主要科目　　　　　　　　148

3. 现金流量表主要科目　　　　　　149

4. 财务指标分析　　　　　　　　　150

第 2 节　供应链财务分析　　　　　　153

1. 供应链管理对企业财务的提升作用　　153

2. 供应链财务绩效的测度方法　　　155

3. 供应链财务绩效的改善方式　　　155

第 3 节　财务策略及工具　　　　　　157

1. 开发内部的资金资源　　　　　　157

2. 围绕主业的套期保值　　　　　　158

3. 围绕主业的融资租赁　　　　　　158

4. 围绕产业的基金和投资　　　　　158

第 4 节　供应链金融　　　　　　　　159

1. 基本定义　　　　　　　　　　　159

  2. 供应链金融的业务模式 161

  3. 供应链金融风险管理 167

第 5 节 **供应链相关的财务报告责任** 169

  1. 国外相关的财务报告制度 169

  2. 国内相关的财务报告制度 171

6 第 6 章 数字化供应链技术及其应用

第 1 节 **信息与通信技术的发展** 177

  1. 基于半导体的工业革命 177

  2. SCM 信息系统的发展 178

  3. 数字化供应链 181

第 2 节 **数字化技术基础** 182

  1. 物联网 182

  2. 大数据 184

  3. 云计算 187

  4. 人工智能 189

  5. 区块链与加密技术 190

  6. 智能优化算法 191

第 3 节 **数字化供应链系统架构与业务管理** 192

  1. 数字化供应链的架构 192

  2. 数字化供应链管理的架构 193

  3. 数字化供应链业务管理 196

第 4 节 **数字化供应链转型** 202

  1. 数字化供应链战略 202

  2. 数字化供应链转型路径 204

  3. 数字化供应链运营管理的价值创新 206

  4. 成功案例和经验：以 M 公司制造供应链数字化转型为例 209

7 第 7 章 供应链项目管理

第 1 节　供应链管理中的项目性工作 216
1. 供应链项目的工作目标 216
2. 供应链项目的团队 218
3. 供应链项目的常用方法论 219

第 2 节　项目立项 224
1. 供应链现状分析和问题识别 225
2. 项目的必要性分析 226
3. 项目团队和利益相关者分析 227
4. 项目解决方案的设想和可行性分析 227
5. 项目工作量和资源的估算 228
6. 预判项目风险和设置应对预案 229
7. 项目章程的撰写和审批 229

第 3 节　项目计划 231
1. 工作分解结构 231
2. 计划评审技术 232
3. 关键路径法 235
4. 资源估算与配备 237
5. 制订项目的风险管理计划 240

第 4 节　项目实施、监控和收尾 241
1. 与内部或外部客户达成一致（签订协议） 241
2. 项目启动会 242
3. 管理项目的实施过程 242
4. 项目监控 243
5. 项目收尾 247
6. 项目的维护与支持 248

8 第 8 章　供应链管理创新

第 1 节　供应链管理创新的内涵　　254

　　1. 供应链管理创新的定义　　254

　　2. 供应链管理创新的分类　　255

　　3. 供应链管理创新的八大原理　　256

　　4. 供应链管理创新的意义　　257

第 2 节　供应链管理创新路径　　258

　　1. 供应链管理创新经典理论　　258

　　2. 供应链管理模式创新　　261

　　3. 产品或服务创新　　266

　　4. 供应链管理技术创新　　268

　　5. 制度创新　　269

第 3 节　变革管理　　269

　　1. 克里斯坦森变革的理论方法　　269

　　2. 科特变革八大步骤　　270

　　3. 供应链管理变革与创新失败的常见原因　　271

供应链管理专家（SCMP）职业水平认证项目介绍　　272

第 1 章

供应链环境与战略

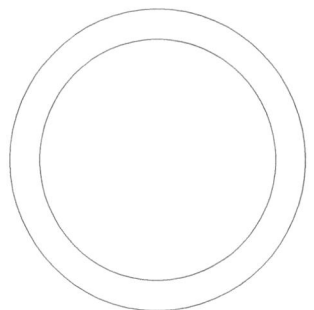

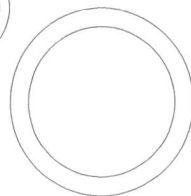

供应链的形成和发展离不开一个适宜的生态环境，它会在这个生态环境中孕育、成长、成熟。供应链环境复杂性的增加，加大了供应链复杂性的演化动力。供应链战略就是一个统一的虚拟企业组织的战略体系，通过综合运用供应链管理实践、模式、创新、技术等创建的一个跨职能、跨业务或跨组织的计划。尽管供应链战略会随着环境的变化而变化，但是供应链战略会深刻地影响供应链的竞争力、运营效率和效益。

本章重点介绍供应链环境与战略，首先从宏观环境和微观环境的视角，描述了供应链赖以生存的宏观经济环境、宏观技术环境，以及需求与供给、消费者行为及效用、市场结构、企业外部形象；然后从供应链战略和战略分析工具的视角，阐述了企业组织战略的构成、供应链战略的内涵及目标、供应链战略匹配问题，以及 STEEPLE（PESTEL）分析模型、波特五力分析模型、SWOT 分析、波士顿矩阵、ADL 矩阵 / 利特尔矩阵、核心竞争力模型、标杆分析和价值链模型。本章描绘了供应链的生存条件、演化基础和驱动目标，有助于读者更深入地理解和认识供应链及其复杂性。

本章目标

1. 掌握供应链宏观环境和微观环境的作用。

2. 了解供应链宏观经济环境分析方法和宏观技术环境要素，探讨供应链微观环境孕育的关键影响因素。

3. 深入理解供应链战略与企业组织战略的内在关系、供应链战略的内涵及目标，探讨供应链战略匹配问题。

4. 借助战略分析工具观察分析供应链环境与战略之间的关系，强化对供应链竞争力的认识和理解。

| 第1节 | 供应链宏观环境

宏观环境又称一般环境，是指影响一切行业和企业的各种宏观力量。不同行业和企业根据自身特点、经营需要开展宏观环境因素分析，尽管具体的分析内容会有差异，但一般都应对政治、经济、技术和社会 / 人口这四大类影响行业和企业的主要外部环境因素进行分析。围绕供应链环境这个主题，本节仅介绍宏观经济环境和宏观技术环境两部分内容。

1. 宏观经济环境

1）经济周期

经济周期（Business Cycle）是总体经济活动随着经济增长的总体趋势有规律地呈现扩张与紧缩交替或周期性变化的过程，表现为国内生产总值（Gross Domestic Product，GDP）、总收入和总就业的波动。经济周期通常分为繁荣、衰退、萧条和复苏 4 个阶段。

●繁荣（Boom）。国民收入高于充分就业的水平。现有生产设备已充分利用，劳动力已感缺乏，主要原材料供应不足，价格水平上升，就业增加，公众对未来持乐观态度。由于经济前景看好，投资量通常会超过现有需求水平。

●衰退（Recession）。经济活动从顶峰开始下降，宏观经济学将衰退定义为"GDP连续两个或两个以上季度出现下跌"。在衰退期间，市场需求萎缩，收入和就业下降，企业利润也随之下降，从而整体物价水平不断下跌，产品进一步积压，进而导致经济增长放缓或停滞。

●萧条（Depression）。国民收入低于充分就业的水平。消费者需求很低（或者"不足"）、企业利润急剧下滑，该阶段的特征为生产急剧减少、投资减少、信用紧缩、价格水平下跌，失业严重，公众对未来持悲观态度。

●复苏（Recovery）。复苏是从萧条到繁荣的过渡时期，经济开始从谷底回升。就业、国民收入和消费支出都逐步增加，物价水平稳步上涨，企业的利润也随之开始增加，由于经济前景看好，投资的乐观主义代替了萧条时的悲观主义。

经济周期形成的原因有很多，主要是受早期资本主义经济模式影响，周期长度约为8~10 年；还有一些外部因素影响着经济周期的转换，如自然灾害、大流行病、人口迁徙、技术革命、战争等。从 18 世纪到 20 世纪初期，欧美资本主义经济的发展依靠自由市场经济模式，即资金和产品的流动完全根据市场自然状况而进行，以"市场主导"作为经济体系运作的基本原则，政府尽可能避免干预经济发展。

然而，自由市场经济模式也有其弊病，在经济繁荣时期会造成经济过热，产生泡沫；在经济萧条时期，如果缺乏外部因素驱动，经济有可能会长期衰退，增加社会不稳定的因素。经济周期的问题是个体的理性导致集体非理性的结果，价格信号的扭曲和滞后影响了经济人决策，造成了总供给与总需求的不一致。也就是说，通过市场配置资源不一定能实现资源的最优配置，这称为"市场失灵"。而市场失灵的常见原因有垄断、负外部性（给第三方带来成本）、公共品和不完全信息等。

多年来，经济学家们一直在探寻各种理论和方法，在发挥市场主导作用的同时，消除或减少经济周期给经济和社会带来的负面影响。20 世纪大萧条期间，发达资本主义国家遭遇大量失业，在英国经济学家约翰·凯恩斯（John Kaynes）看来，资本主义经济有可能无限期停留在高失业率和无增长的平衡中，他认为需要政府干预（减税和增加政府开支）以引导经济走出萧条。这些行动将缓和经济周期中的繁荣与萧条，并帮助资本主义国家从大萧条中恢复过来。

第二次世界大战之后，以苏联为代表的纯粹计划经济模式也曾是主流经济模式之一。随着 1991 年苏联解体，纯粹计划经济的模式逐渐式微，世界上仅极少数国家保留这种经济模式。

从 20 世纪 80 年代开始，中国特色社会主义市场经济将社会主义和市场经济有效地结合，适应了社会化大生产发展的要求，更有利于社会生产力的发展。中国的改革开放走社会主义市场经济发展道路，是对马克思主义政治经济学的重大创新和发展。

今天，世界上各大经济体（如美国、日本、欧盟、中国等）的主流经济模式都是"宏观调控市场经济"或混合经济模式。但在具体的政府调控职能方面，各个国家都存在不同的实践和问题，主要表现在：管理自由市场的规则（如确保产权的法律）、向市场提供基础设施（如高速公路）、采取适当措施保护自由市场不受强大私人利益的影响（企图阻碍自由市场有效运作）、限制生产性资产的所有权集中来确保竞争等。

供应链管理者应该了解并研判宏观经济环境及其演化趋势，这是供应链战略决策的重要影响因素之一。全球贸易的快速发展已经形成紧密的国际化供应链依赖关系，极大地影响着供应链运作，机遇和风险并存。因此，对宏观经济环境的认识必须拓展到国际层面。产业链、供应链分工越明确、越细化，单个节点的生产与供给就越专业、越集中。由于不同国家的政治制度、文化、治理理念等方面的差异，国际供应链会受到政府调控和干预的巨大影响，一个"断点"的出现可能会导致整个链条低效甚至瘫痪。宏观经济环境及其演化趋势备受瞩目，保障供应链安全已经成为许多国家的战略。

2）常见经济指标

宏观调控的政策目标包括经济增长、物价稳定、充分就业和国际收支平衡等 4 项。相应的衡量指标也会分成四大类：经济活动总量、通货膨胀、就业率和国际收支。

（1）经济活动总量

国内生产总值（GDP）作为经济增长的主要指标，以产品的消费和使用为基础，将一年内购买各类产品的支出进行汇总。核算 GDP 可使用支出法。使用支出法计算 GDP 的公式：

$$GDP = C + I + G + NX$$

C——个人消费支出，I——私人投资支出，G——政府购买支出，NX——净出口（贸易顺差）。

GDP 的计算还可以使用收入法，即从收入的角度，将生产要素在生产中所得到的各种收入相加，包括：劳动所得工资、资本利得、经营利润、折旧等。但是，考虑到使用 GDP 平减指数反映通货膨胀水平，更倾向使用支出法计算 GDP。

国民生产总值（Gross National Production，GNP）是按国民原则计算的，凡本国公民所创造的收入，无论其是否在国内，都计入国民生产总值。按国民原则计算国民生产总值时，要加上国外要素收入净额，即本国公民在国外取得的要素收入减去外国公民在本国取得的要素收入。GDP 是按国土原则计算的，凡是在本国领土上创造的收入，无论是否来源于本国公民都计入本国 GDP 值。

$$GNP = GDP + 国外要素收入净额$$

采购经理人指数（Purchasing Managers' Index，PMI）是通过对企业采购经理的月度调查结果统计汇总、编制而成的指数，它涵盖了企业采购、生产、流通等各个环节，包括制造业和非制造业领域，是国际上通用的监测宏观经济走势的先行性指数之一，具有较强的预测、预警作用。综合 PMI 产出指数是 PMI 指标体系中反映当期全行业（制造业和非制造业）产出变化情况的综合指数。PMI 高于 50% 时，反映经济总体较上月扩张；低于 50%，则反映经济总体较上月收缩。

PMI 是对经济活动总量变化进行预估的一个非常重要的经济指数。它采用分类指数的计算方法。制造业采购经理调查指标体系包括生产、新订单、新出口订单、在手订单、成品库存、采购量、进口、主要原材料购进价格、出厂价格、原材料库存、从业人员、供应商配送时间、生产经营活动预期等 13 个分类指数。非制造业采购经理调查指标体系包括商务活动、新订单、新出口订单、在手订单、存货、投入品价格、销售价格、从业人员、供应商配送时间、业务活动预期等 10 个分类指数。分类指数采用扩散指数的计算方法，即正向回答的企业个数百分比加上回答不变的企业个数百分比的一半。制造业 PMI 由 5

个分类指数加权计算而成。中国的分类指数及权重比是依据其对经济的先行影响程度确定的。这 5 个分类指数及其权重具体为：新订单指数（30%）、生产指数（25%）、从业人员指数（20%）、供应商配送时间指数（15%，反向指数）、原材料库存指数（10%）。制造业 PMI（经季节调整）如图 1-1 所示。

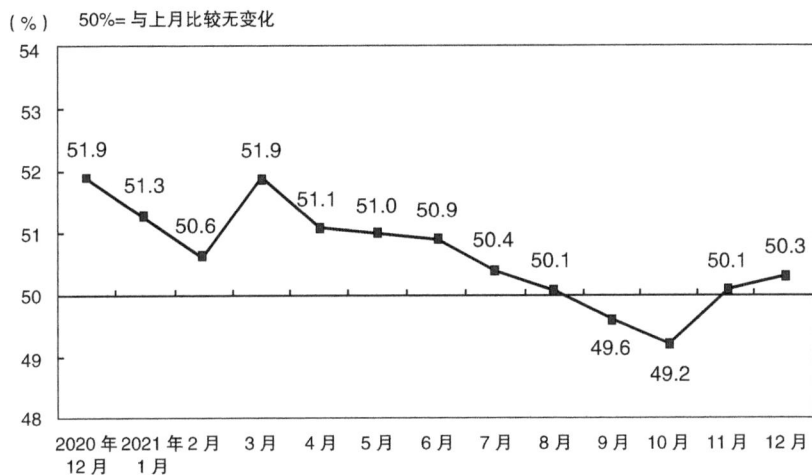

图 1-1　制造业 PMI（经季节调整）

（2）通货膨胀

通货膨胀（Inflation）是指用某种价格指数衡量的价格水平的上涨。就宏观经济形势而言，最佳状态是温和通胀，即在经济高增长的同时保持温和的通货膨胀。为了抑制过度的通货膨胀，政府往往会采取紧缩性的货币和财政政策。通货紧缩（Deflation）就是指总体价格水平的持续下降。

通货膨胀率被定义为价格水平变化的速度，一般用以下公式来衡量：

$$I = \frac{P_t - P_{t-1}}{P_{t-1}} \times 100\%$$

其中，I——t 年的通货膨胀率，P_t——t 年价格总水平，P_{t-1}——上一年价格总水平。与通货膨胀相关的是价格指数。

●消费者价格指数

消费者价格指数（Consumer Price Index，CPI）被广泛地用来衡量通货膨胀的程度，反映一定时期内城乡居民所购买的生活消费品和服务项目价格变动趋势。CPI 涉及的商品价格涵盖城乡居民生活消费的饮食、服装、住房、交通、教育与通信、娱乐、医疗保健、其他用品和服务等八大类的商品与服务价格。CPI 由国家统计局按月度发布，一般采用同比指标，即当月的价格与上一年同月的价格相比较。

国家统计局没有公布 CPI 的组成权重。这里以美国某年的 CPI 构成权重为例：住房（含居所和家居，39.2%）、饮食（16.4%）、交通（含私人和公共交通，19.4%）、医疗保健（5.3%）、服装（3.7%）、娱乐（5.9%）、教育与通信（6.1%）、其他用品和服务（4%）。

通常认为，适当的 CPI（1%~3%）对经济发展是有利的，CPI 超过 3% 为通货膨胀，超过 5% 就是比较严重的通货膨胀。

● 生产者价格指数

生产者价格指数（Producer Price Index，PPI）也称产品价格指数，是衡量工业企业产品出厂价格变动趋势和变动程度的指数，是反映某一时期生产领域价格变动情况的重要经济指标。PPI 与 CPI 有些类似，但 PPI 是从生产者而不是消费者的角度来看待价格上涨的。虽然 CPI 着眼于消费者实现的最终价格，PPI 后退一步审视生产者面临的产出价格，但两种价格之间的差异基于产品在供应链各个阶段的加价等因素。PPI 比预期数值高时，表明有通货膨胀的风险，反之则表明有通货紧缩的风险。经济学家们常常将 PPI 作为 CPI 的先导指标（Leading Indicator）之一，即持续的 PPI 增加可能导致未来的 CPI 增加。

PPI 的构成比较复杂，通常生产的不同阶段（天然原料、中间品、制成品）有不同的 PPI，经济学家所指的一般是制成品的 PPI，也称为核心 PPI（Core PPI）。天然原料和中间品的 PPI 分别称为大宗商品 PPI 和加工品 PPI。

● GDP 平减指数

GDP 平减指数（GDP Deflator）又称 GDP 缩减指数，是指剔除物价变动前的 GDP（现价 GDP 或名义 GDP）与剔除物价变动后的 GDP（即不变价 GDP 或实际 GDP）之比。

$$GDP\ 平减指数 = \frac{名义\ GDP}{实际\ GDP} \times 100\%$$

GDP 平减指数衡量所有产品与服务价格，不包括进口产品。GDP 平减指数所包括的商品与服务的范围最为广泛，能够较准确地反映最终产品和劳务的一般价格水平，故近年来它被视为衡量通货膨胀水平最有效的指标。

虽然 GDP 平减指数能更好地反映通货膨胀水平，但是，技术创新、产业革命和消费结构的大幅改变使得这个指数有时在反映通货膨胀水平方面也显得无能为力。例如，我国家庭消费的"三大件"从 20 世纪 70 年代的手表、自行车、缝纫机演变为 20 世纪 90 年代的"新三件"（彩电、冰箱、洗衣机），到今天我国家庭主要消费产品为住房、数字产品等。由于房产具有可变现的投资属性，因此房产价格不是 CPI 的组成部分，然而，因中国的租房市场现状，开放房地产交易的时期、传统的观念等，购房成为多数居民的刚性消费需求。目前，还很难有公认的指标来反映这类实际的通货膨胀表现。

●货币供应量

货币供应量是一个非常重要的经济指标，通过观察它的变化，我们可以了解经济变化趋势。各种市场货币的流动性各不相同，定期存款的流动性小于活期存款，活期存款的流动性小于现金。货币供应量一般划分为 3 个层次，即 M0、M1、M2。

M0（货币）= 流通中的现金（流通于银行体系之外的现金）；

M1（狭义货币）= M0 + 企业活期存款；

M2（广义货币）= M1 + 准货币（居民储蓄款 + 企业定期存款 + 其他存款）。

其中，M0 反映居民购买力；M1 反映经济中的现实购买力，代表着居民和企业资金松紧变化，是经济周期波动的先行指标；M2 同时反映现实购买力与潜在购买力。通常，M1 和 M2 增长率的变化可以揭示宏观经济的运行状况。当 M1 增速大于 M2 时，表示企业活期存款增速大于定期存款增速，说明企业将更多的资金投入生产和交易中，以获取更多的利益，市场交易活跃；当 M2 增速大于 M1 时，表示企业定期存款增速大于活期存款增速，说明市场上有利可图的机会或收益变少了，企业和居民更愿意将钱存入银行，获取稳定收益，资金逐渐沉淀下来，经济增长放缓。

（3）就业率和国际收支

充分就业是宏观经济政策的第一目标，在广泛的意义上是指一切生产要素包括劳动者都有机会以自己愿意的报酬参加生产的状态。但由于测量各种经济资源的就业程度非常困难，因此，通常以失业率作为衡量充分就业与否的指标。

失业率指失业者人数占劳动力人数的比率。劳动力是指一定年龄范围内有劳动能力并愿意工作的人。劳动力与人口是不相同的，劳动力占人口的比率可称为劳动力参与率。失业者是劳动力中有工作意愿但尚未找到工作的人。在凯恩斯看来，失业一般分为 3 类：摩擦失业、自愿失业和非自愿失业。除此以外，还有所谓的结构性失业和周期性失业。

就业率（或失业率）通常采用抽样调查的方法统计，国家统计局每个月会发布全国城镇调查失业率。就业率也是各国政府制定宏观政策的重要依据之一。在美国，劳工部每个月发布的非农业就业人口数（Nonfarm Payroll Employment）对美国联邦公开市场委员会（The Federal Open Market Committee，FOMC）制定货币政策有着显著的影响。

国际收支是一国对其他国家在一定时期进行的产品、服务和金融资产交易产生的跨国资金流动。国际收支包括经常项目（Current Account）收支和资本项目（Capital Account）收支两部分。经常项目收支主要包括贸易收支、劳务收支和单方面转移等；资本项目收支主要包括直接投资，各类贷款、证券投资等。国际收支状况较差会直接影响汇率，可能造成贸易不平衡并对本国经济产生影响，为此需制定相应的宏观政策。

（4）先行指标，同步指标和滞后指标

对比统计指标变动轨迹与经济变动轨迹后会发现，统计指标变动轨迹在时间轴上的波动与总体经济波动常常不一致。在时间轴上向前平移的指标称为先行指标（Leading Indicator），先行指标比总体经济更早发生转折，达到高峰或低谷。在时间轴上，变动轨迹与经济变动轨迹基本一致的指标称为同步指标（Coincident Indicator）。在时间轴上向后平移的指标称为滞后指标（Lagging Indicator）。

● 先行指标：工人每周劳动小时数、初次申请失业保险人数、新订单、敏感材料价格的变动、股票价格指数、货币供应量、企业和居民贷款存量的变化。

● 同步指标：GDP、企业销售收入、社会产品零售额、进出口额。

● 滞后指标：固定资产投资、财政收支、消费者价格指数。

不同指标的轨迹类型仅作为参考，必须结合具体的宏观经济波动和一系列后续的指标验证和数据分析，才能得出正确的结论。供应链管理者需要随时关注这些指标的变化趋势，特别是先行指标对原材料和产品价格的影响，以制定相应的供应链运营策略。

3）宏观经济政策环境

宏观经济政策（Macro-economic Policy）是指国家或政府主动地运用某种政策工具调节控制宏观经济的运行，达到宏观调控的政策目标，一般包括经济增长、充分就业、物价稳定和国际收支平衡等 4 项目标。国家或政府在制定宏观经济政策时，经常会依据总需求 – 总供给模型（AD-AS 模型）。该模型通过描述总需求和总供给的变化因素来解释价格水平和经济产出（主要指 GDP）的关系，是现代总体经济学最主要的模型之一。

4）常见的宏观经济政策工具

宏观经济政策包括财政政策、货币政策、收入分配政策和贸易政策。财政政策和货币政策是其中两个最重要的宏观经济政策工具。

（1）财政政策（Financial Policy）

财政政策通常是指与税收和政府支出等有关的政策。

税收政策对宏观经济的影响表现在两个方面：第一，税收对居民收入产生直接影响，进而会影响居民的消费和储蓄决策；第二，政府对企业征税会影响产品和生产要素的价格，进而影响企业的激励机制和行为方向。在经济萧条时期，降低企业赋税将使总供应增加，进而产生有利影响，增加就业并抑制过度通货膨胀。

政府支出有两种形式：政府购买和转移支付。政府对货物和劳务的购买会影响总需求，从而影响国家的 GDP 水平；转移支付（Transfer Payment）是政府通过无偿支出实现社会收入和财富再分配的一种手段，常见的措施有社会福利、社会保障、对特定企业补贴（微观经济政策）等。

（2）货币政策（Monetary Policy）

一个国家或经济体的货币权威机构（多数国家：央行；美国：美联储）通过控制货币的供给量来影响其他经济活动。货币政策的目的是控制短期借款的利率（银行间借款以满足短期资金需求）或货币供应量，确保价格稳定和对国家货币价值的稳定信任。

货币政策的常见措施有调节基础利率、调节商业银行准备金、公开市场操作等。为防止经济陷入衰退，央行或美联储会降低利率或降低商业银行准备金，甚至直接或间接购买国债来向市场投放更多的货币。需要注意的是，央行直接购买国债是特别的手段，受到国家最高权力机关的严格控制。与货币政策形成对比，财政政策将税收、政府支出作为抑制经济衰退的方法。货币政策增发的货币构成了央行或美联储对公众的"负债"。而在经济过热时，央行或美联储应采用相反的政策，从市场回收多发的货币，这也称为"缩表"操作。

货币政策有两种基本形式：扩张性货币政策和紧缩性货币政策。

扩张性货币政策将短期利率维持在较低的水平（甚至是负利率），或以更快的速度增加货币总供给，希望较便宜的信贷能吸引企业借入更多资金，增加就业率，从而扩大生产规模，也将增加总需求，从而增加 GDP。增加流通的货币数量会降低货币相对其他货币的价值（汇率降低），也会增加出口需求。

紧缩性货币政策保持短期利率高于通常水平，减缓货币供应量的增长速度，甚至回收货币供应量（负增长），以减缓短期经济增长和降低通货膨胀。制定紧缩性货币政策必须考虑总需求的结构和总供给受外界重大因素影响的情况，如大流行病、自然灾害、贸易战等；否则，如果执行力度过大，容易造成失业率上升、抑制企业借贷和支出，也可能导致经济滞涨甚至衰退。

图 1-2 显示了美国联邦公开市场委员会的货币政策操作过程，并展示了货币政策传导到市场的过程。

图 1-2 美国联邦公开市场委员会的货币政策操作过程

自从 20 世纪中后期开始，政府以 AD-AS 模型为基础、运用政策工具来调节经济活动，有效地延缓了经济周期的波动。但是，该模型并没有提出"长期总需求"（LRAD）的概念，而是将年度总需求（Y 或 GDP）作为调控的目标，这就带来了很多的问题和挑战。真正的长期总需求就是消费（C），货币政策或财政政策应尽量面向消费支出，如普遍采用的首套房贷款优惠补贴政策、消费券（只能购买产品或服务）等（消费后也会传导到投资支出）。消费升级也是一个主要的途径，但不能仅仅停留在理念层面，需要落实为具体的升级措施，同时最大限度地避免对自然环境带来负面影响。消费升级涉及的方面包括旅游和度假、医疗服务、娱乐健身、家庭服务、数字产品、农产品冷链等。

5）过度依赖其他需求的影响

很多国家过度依赖其他需求（NX、I、G）来带动经济，这可能带来不利的长期影响。

（1）净出口（NX）

出口国家（A 国）的净出口必然对应相对国家（B 国）的净进口，如果这种贸易的长期不平衡不能通过汇率来抵消（自然或人为），就很可能导致 A 国的本国货币超发，进而引发本国的资产价格上涨和通货膨胀压力。

（2）私人投资（I）

多余的货币用于投资，必须通过将来的消费来实现回报，这是私人投资的核心和关键。如果实现这一点很难，私人投资就会寻找利益更高的投资标的，并可能形成所谓的虚拟经济环境，即买入投资标的的目标是未来的卖出。目标标的包括收藏品、房地产、稀有天然原料等。如果这些标的是实体经济所需要的生产要素（如原材料、土地、厂房等），就会对实体经济产生很大的冲击。

（3）政府购买（G）

除非是建设推动长期经济发展所需要的基础设施，否则大量发行政府债券（赤字经济）、过度使用转移支付等手段刺激经济，除了会带来短期的通货膨胀压力，更对本国货币的汇率稳定不利，难以使本国在其他国家形成受认可的外汇储备。如果采用很多结构性的微观经济政策，如行业补贴、定向贴息贷款等，还可能产生权力追逐、腐败等社会问题。

今天，经济学家、社会学家和政治家们都在试图利用各种手段来防止政策工具对经济产生长期负面影响。

2. 宏观技术环境

随着国内外宏观环境复杂性的增加，其对供应链影响的范围更加广泛、方式更为直接、程度更深。供应链管理者无论是来自上游第一产业（原生料业、农业）、制造业、流通业还是服务业，乃至政府职能部门，都需要了解这些影响，以及产生这些影响的机理（Mechanism or Dynamics），识别供应链面临的新机遇与挑战，学会并掌握规避或缓解供应链风险的手段，制定高赢率的企业战略和相匹配的供应链战略。对相关的政府职能部门而言，重要的是宏观经济和国家供应链战略。当今社会已处于科学技术高度发展的时代，供应链管理者需要熟悉所处的宏观技术环境、掌握先进技术，并以此为基础提高需求预测准确性、供应链稳定性、客户满意度等，进而增强企业竞争力、供应链竞争力。

1）全球化浪潮及挑战

自第二次世界大战以来，多个国家实行开放的经济政策，特别是 20 世纪 80 年代初，中国实行改革开放政策、加入 WTO，以互联网为代表的新技术革命开启全球化浪潮。贸易中的比较优势（Comparative Advantage）理论为国际贸易充分发挥双边优势、增加经济总量奠定了理论基础。比较优势理论指的是：即使一方在两种产品的生产上与另一方相比都处于劣势，仍有可能进行互惠的贸易，或者某一方具有能以更低的机会成本生产一种产品的能力。

除了国际贸易，通过跨国合作和投资，企业将供应链延伸到全球多个国家，如离岸外包、海外上市、合资、跨国兼并等。数字技术为消费者、投资者和企业提供了新工具，有利于识别和追求新的机会，资产轻松转移，以及与远方企业合作。

全球化为经济带来很多优势，也会带来一些问题。

●自由贸易。全球化意味着各经济体可以专注生产具有比较优势的产品，从而带来降低产品价格、拥有更多的产品选择、企业出口市场更大的好处。

●劳动力自由流动。劳务移民的增加为工人和受援国带来了好处，有助于减少地域劳动力不平衡。但这一点颇具争议，劳务移民的增加可能会对住房和社会服务造成过大的压力。有些国家发现难以留住来自其他国家的工资较高的最佳技术和管理人才。

●规模经济增加。生产越来越专业化，大幅提高生产效率，降低成本。

●竞争更激烈。全球化意味着企业面临着来自全球的竞争，这将激发劳动者的创造力，促进创新与发展。

●增加投资机会。全球化使投资水平提高，使各国更容易吸引短期和长期投资，跨国公司的投资可以在改善发展中国家的经济方面发挥重要作用。

●环境保护与社会责任问题。全球化带来的一个问题是环境污染加剧和全球变暖，企业会将生产外包给环境标准低的国家。这也是为什么当今全球的政府都在推行新的环境保护和社会责任标准，这将给全球供应链带来极大的挑战。

●文化多样性减少、冲突增加。全球化导致经济和文化霸权增加，文化多样性会随着全球化而减少。不同国家的文化、理念、政治制度等方面的差异越大，产生冲突的可能性就越大。

●转移定价和避税。很多跨国公司在百慕大、卢森堡、北爱尔兰等超低企业所得税率的地区设立分支机构，通过转移定价规避生产经营所在地区的税收。相对于其他本地公司而言，这也被视为不公平竞争。2021年7月10日，二十国集团（G20）财政部部长和央行行长第三次会议发布公报称，已就更稳定、更公平的国际税收框架达成历史性协议。

在全球化快速发展的过程中，由于缺乏有效的跨国家政府协作机制，对全球化带来的负面影响没有被充分重视，导致越来越多的全球化反对者，甚至是来自政府层面的反对，他们声称一个不受约束的国际自由市场已经使跨国公司受益，但是牺牲了当地企业、当地文化和普通民众的利益。为此，各国政府都在努力有效管理全球化的资本、劳动力、产品，乃至文化和思想的流动。

2）新一代信息技术及其应用

大数据、物联网、人工智能等新一代信息技术的发展和应用，为供应链可持续发展孕育了宏观技术环境，以更有效地提升供应链竞争优势。大数据和物联网代表了新一代信息技术，数字化转型和智能化转型（Intelligent Transformation）代表了新一代信息技术的应用，它们共同孕育了宏观技术环境。

在供应链竞争愈演愈烈的新时代背景下，供应链管理者需要充分关注如何才能利用大数据、物联网等新一代信息技术实现供应链数字化、智能化转型，利用宏观技术环境赋能创新，提升供应链竞争优势，全方位、多层次满足终端消费者的需求，推动人类文明和人类社会的可持续发展。

| 第2节 |　供应链微观环境

一个成功的企业常常要花费大量的时间和精力分析产品需求，除非已经充分掌握了市场需求情况，否则就不可能获得足够的利润，也不可能长久存在。不了解市场需求情况，意味着其相关决策，如生产什么、决定采购什么产品、采购多少产品、采购的产品质量要求、产品如何定价等就没有明确的基础。一个成功的企业会合理地配置资源，进而就市场对其产品需求的任何变化做出积极的反应，例如保留足够的存货、保持生产连续性，以满足可能的需求增长。

理解有关消费者行为的概念，目的是了解影响产品需求的一些因素以及在管理过程中如何予以度量。例如，如果供应链管理者能估计一些因素——如价格、广告、利息率对产品需求量的影响力，那将有助于制定营销策略；同时，当一种或多种因素发生变化时，供应链管理者还能够预测产品销售量的变化，这显然对企业维持良好的财务状况和制定管理策略具有重要的意义。

有一些影响企业产品需求的因素来自外部，包括消费者收入、竞争对手的产品价格、人口变动趋势和环境的变化。因为它们在企业的控制范围以外，所以它们可被称为不可控制的需求条件。供应链管理者在制订计划时，一定要对这些因素将来可能产生的变化情况和对销售可能产生的影响予以评估。

因此，供应链管理者应该充分了解需求，并对需求做出深刻的理解和判断。

1. 需求与供给

在一定期间内，需求是消费者对某种产品有需要并能够购买的数量；相应地，供给则是生产者愿意提供并出售（交换价值）某种产品的数量。需求与供给是任何市场中的两个关键因素，二者相互作用，影响着市场的竞争格局、价格，以及竞争程度。本小节将重点阐述有哪些因素决定了市场需求与供给，假设前提是完全竞争市场条件，即市场中的买方和卖方数量众多，以至于没有任何一个买方或卖方可以影响市场价格。

1）供需平衡与价格

价格对需求和供给产生直接影响，通常分别用需求曲线（图1-3中的D）和供给曲线（图1-3中的S）来表示它们之间的关系，并呈现如下规律。

● 需求法则：产品的价格越高，产品的需求量就越小；反之，产品的价格越低，产品的需求量就越大（不符合该法则的物品，也称为"吉芬物品"）。

● 供给法则：产品的价格越高，产品的供给量就越大；反之，产品的价格越低，产品的供给量就越小。

● 在完全竞争市场条件下，最终平衡的价格确定，是需求曲线与供应曲线的交点E，对应的价格为P^*，供需量为Q^*。

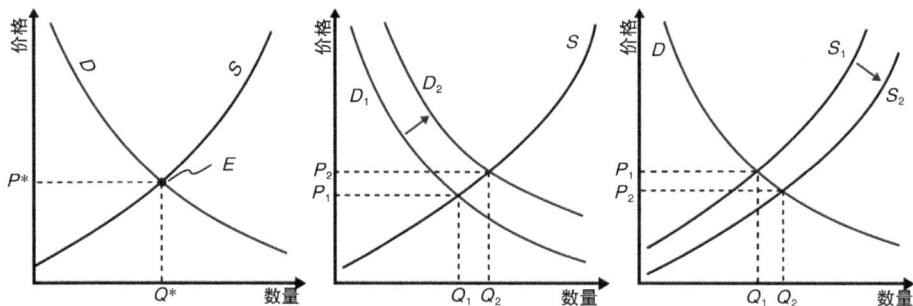

图1-3　需求与供给

影响需求和供给的基础因素是价格，除此之外，还有其他一些因素也会影响需求，包括：可支配收入、偏好改变、价格预期、关联产品价格等。这些因素的变化会导致需求曲线的移动：需求增加，需求曲线向右移动（$D_1 \to D_2$）；反之，需求曲线向左移动。

需求函数用于描述某种产品需求量与各种影响因素之间的关系，当价格（P）是主要影响因素时，则需求函数$Q_d=f(P)$，对应的曲线是自左至右向下倾斜的（需求法则）。

除价格之外，影响供给的一些因素还有生产要素（原材料和劳动力等）的价格、技术改进、价格预期等。供给增加，供给曲线会向右移动（$S_1 \to S_2$）。与需求函数相对应的是供给函数，当价格（P）是主要影响因素时，则供给函数$Q_s=f(P)$。

需求曲线或供给曲线移动后，会重新形成新的供需平衡点，得到新平衡点上的产品价格和需求（供给）量。

2）需求的弹性

当价格发生改变时，需求量发生相应变动的敏感程度称为需求价格弹性。用 Q 表示一种产品的需求量，P 表示该产品的价格，ΔQ 表示需求量变动值，ΔP 表示价格变动值，E_d 表示需求价格弹性系数（负号表明价格与需求成反向关系），则有：

$$E_d = \frac{\text{需求量的变化率}}{\text{价格的变化率}} = -\frac{\dfrac{\Delta Q}{Q}}{\dfrac{\Delta P}{P}} = -\frac{\Delta Q}{\Delta P} \cdot \frac{P}{Q}$$

根据需求价格弹性系数的大小，产品需求可分为：弹性需求（$E_d > 1$，富有弹性）和刚性需求（$E_d < 1$，缺乏弹性）。微观经济学中还定义了几个特殊的类型：完全弹性、无限弹性和单位弹性。富有弹性和缺乏弹性可以是两个不同产品的需求特征［见图 1-4（a）］，也可以是同一产品在不同价格时反映的特点［见图 1-4（b）］。例如，某产品在价格比较高时，反映出更高的刚性需求；而在价格比较低时，反映出更高的弹性需求。

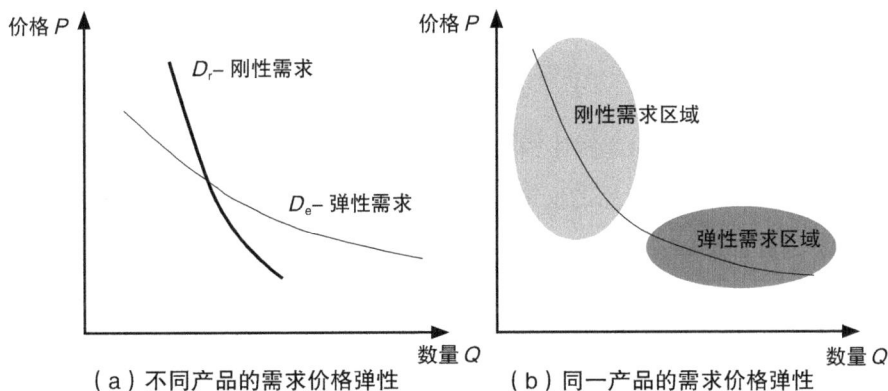

图 1-4　需求价格弹性

企业可以依据产品的需求价格弹性特征制定合适的市场策略，并制定相应的供应链战略。假设边际成本不变时，企业常用的举措如下（仅供参考，实际的战略制定还应考虑很多其他的因素）。

●对于富有弹性的产品，降低价格将增加企业的利润，相反，提高价格会减少企业的利润，企业可以考虑采用"薄利多销"的市场策略；客户对价格的敏感度比较高，"低成本"可能会成为供应链战略的首要选择。

●对于缺乏弹性的产品，降低价格会使企业的销售利润减少，此时提升产品给客户带来的价值更为重要，相应的供应链战略也会与市场策略相匹配，例如快速响应、产品及服务的创新、供应链全程可视化等。

影响需求价格弹性的还有一些其他因素，如产品的可替代性、产品用途的广泛性、产品对消费者生活的重要程度等。

与需求价格弹性相类似，消费者收入水平发生变化所引起的需求量变化程度，称为需求的收入弹性，通常简称为收入弹性。用 Q 表示一种产品的需求量，M 表示消费者收入水平，ΔQ 表示需求量变动值，ΔM 表示消费者收入水平变动值，E_m 表示收入弹性系数，则有：

$$E_m = \frac{需求量的变化率}{消费者收入水平的变化率} = -\frac{\dfrac{\Delta Q}{Q}}{\dfrac{\Delta M}{M}} = -\frac{\Delta Q}{\Delta M} \cdot \frac{M}{Q}$$

通常，正常产品的 $E_m > 0$，其需求量随消费者收入水平的提高而增加；E_m 大于 1 的产品称为奢侈品，随着消费者收入水平的提高，其需求量上升很快；E_m 小于 0（为负值）的产品，称为低档物品或劣等品，其需求量随消费者收入水平的提高而减少。因此，企业必须要了解和预判产品的收入弹性，并结合宏观政策工具，制定有效的业务战略及相应的供应链战略。

3）供给的弹性

当价格发生改变时，供给量发生相应变动的敏感程度称为供给价格弹性。用 Q 表示一种产品的供给量，P 表示该产品的价格，ΔQ 表示供给量变动值，ΔP 表示价格变动值，E_s 表示供给价格弹性系数，则有：

$$E_s = \frac{供给量的变化率}{价格的变化率} = -\frac{\dfrac{\Delta Q}{Q}}{\dfrac{\Delta P}{P}} = -\frac{\Delta Q}{\Delta P} \cdot \frac{P}{Q}$$

供给价格弹性也会受到诸如以下一些因素的影响。

● 市场竞争的充分性：同一产品有多个供给来源时，市场竞争越充分，供给价格弹性也就越高；供给形成垄断时，价格弹性通常比较低。

● 生产要素（原材料、土地、劳动力等）供应量接近饱和时，经济繁荣甚至过热时，供给价格弹性显著降低。

● 产品的边际成本越低，供给价格弹性越高。

● 供给时间越短，供给价格弹性越高；反之，供给价格弹性越低。

2. 消费者行为及效用

效用（Utility）是微观经济学中最常用的概念之一。一般而言，效用是指消费者对各种产品和服务的消费或投资的相对满意度的度量（具有很强的主观性）。对于投资而言，效用是指投资者对从投资组合中获得的满意度的度量。基于理性选择，消费者会尽可能最大化其效用，而边际效用会随着产品或服务供应量的增加而减少，这称为边际效用递减原理。

1）边际效用

所谓边际效用，是指在一定时期内，消费者每增加一个单位消费量所得到效用的增量，即：

$$M_u(Q) = \frac{\Delta T_u(Q)}{\Delta Q}$$

其中，T_u 为效用，Q 为消费量，M_u 为边际效用。

通常，M_u 会随着消费量的增加逐渐减少。当 M_u=0 时，增加购买此产品将不会给消费者带来任何效用（M_u<0 会带来负效用）。在日常生活中，有很多实例可以说明边际效用，不同类型消费品的边际效用也相差很大，例如耐用消费品（冰箱、家具）、快速消费品、易腐消费品等。

在短缺经济时代，消费者的收入主要用于衣食等基础消费品，这时候，越是日常重复消费的基本消费品，边际效用就越高。当这类产品价格预期上涨时（供应紧张），消费者将会更多地购买这类必需品，发生与需求定律相悖的"吉芬效应"，即价格越高、需求量越大，相应的产品也称为"吉芬物品"。1845 年，爱尔兰发生大饥荒，马铃薯（土豆）的价格大幅度上涨时，人们对马铃薯的需求量却反而增加。因为当时人们太穷了，已经买不起肉类等其他食品，结果只好增加对马铃薯的购买，以保证度过饥荒。这是吉芬效应的一个典型例子。

今天多数国家已经摆脱了短缺经济，消费结构发生巨大转变。企业通过各种方式来影响消费者，通过不断的产品创新、提升客户服务和价值、运用营销等，增加客户对自己产品的购买（减少向竞争对手产品的购买）。供应链管理以最终消费者的满意度提高、产品和服务价值实现为基础，供应链管理者必须熟悉相应的消费者行为规律，掌握基本的营销理论，主动与产品和服务市场职能有效互动、协同运作，助力供应链为消费者及其成员企业创造更多的价值。

2）消费者剩余和价格歧视

根据前面讲述的需求与价格的关系曲线（需求曲线），产品定价在 P_0 时，对应的消费量（销售量）为 Q_0，生产的单位成本为 C，如图 1-5 所示。但是，有一些消费者的心理价格（消费者效用）会高于这个平衡点对应的价格 P_0，也就是说消费者愿意以高于 P_0 的价格购买该产品。消费者剩余指的是对应"需求曲线之下产品定价之上形成的总面积"，即三角形 M-P_0-E_0 形成的面积。这时，企业的经营利润（经营者剩余）对应 P_0-

E_0-X-C 形成的长方形面积。

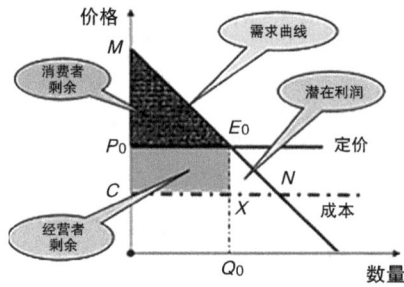

图 1-5　产品定价与消费者剩余

如果有多家企业生产同一种产品，该产品的价格就会稳定在供需平衡点 E_0。当企业生产差异化产品时，高定价（高于 P_0）将减少销售量，相应的消费者剩余也会减少；低定价（低于 P_0）将增加销售量，相应的消费者剩余也会增加。当然，采用何种选择来增加企业利润（这是目标）还要观察需求价格弹性。

图 1-5 中虽然做了很多简化和假设（更多使用直线、固定单位成本等），但是用来讲述消费者剩余和价格歧视的核心知识是足够的。在图 1-5 中，还有一个三角形（E_0XN）被用来表示潜在利润，它表明还有一些客户对产品是有需要的（产品有效用），但是因为价格高于其支付能力或边际效用不够高，导致这部分利润没有实现。实现潜在利润的重要方式之一就是使用价格歧视（这是一种经营策略，并非贬义）。

价格歧视（Price Discrimination）是指企业在出售完全一样的或经过差异化处理的同类产品时，通过提供"消费者剩余"之外的价值，对不同的客户收取不同的价格。因为这些价格并不完全反映其产品的真实价值，所以价格歧视运用了非线性定价策略。例如，有些汽车厂家生产的乘用车的基本配置采用低定价策略，其增加配置的价格会远高于其成本，而常常这些增加的配置又是有消费能力的买家所需要的。又例如，餐饮店经常使用的买 100 送 50 赠券促销，赠券的使用条件比较苛刻，接受这些条件的消费者，通过后期的多次消费，实现了低价格购买（厂家获得了高定价时失去的潜在利润）；没有机会使用赠券的消费者，相当于用较高价格购买了产品（消费者剩余减小）。价格歧视以各种各样的灵活形式被广泛运用，它是一种有效的价格策略，不仅有助于增强企业竞争力，实现经营目标，并且顺应了消费者的心理差异，满足了消费者多层次的需要。

在完全竞争市场上，每个企业都是价格的接受者，价格歧视现象也就不可能产生。另外，一些国家有相应的反垄断法律，限制价格歧视，如《罗宾逊 - 帕特曼法案》是美国的一项禁止歧视性定价行为的法案，明确禁止向不同的买家收取不同的价格，而这仅仅是因为买家是不同的。今天即便在美国，上面讲述的乘用车和餐饮店两个案例也并不涉及违反该法案的嫌疑。

3）规模效应和长尾理论

规模效应由边际成本递减推导而来，即企业将生产要素等比例增加时，其变动成本也等比例增加，固定成本不变，导致单位产品的成本下降，产出增加价值大于投入增加价值的情况。只有当经营规模扩大，其产量增加的比例大于全部要素投入量增加的比例时，这种经营规模才具有规模效应。规模效应可以增加企业的销售利润，但也受资源稀缺、扩大有限度和技术相对稳定等因素的限制。

长尾理论是指将许多看似市场需求不高的产品的市场份额汇总起来得到的市场份额总和，与主流产品的市场份额相当，甚至更多。企业依据长尾理论，通过定制模式着眼于众多小市场，能汇聚成可以匹敌主流市场的市场能量，实现经济"规模性"。企业将市场细分，针对不同细分市场采取差异化战略，通过全新的低成本渠道对细分市场的"小块需求"进行供应，满足消费者的个性化、具体化需求。当无数用户的个性化需求得以满足时，必然导致长尾的产生，形成独特的需求方规模经济，展示出帕累托分布的需求曲线尾部。当大规模的市场形态向着许多细小的市场聚合形态转变，两种形态趋于并存时，"二八原理"和"长尾理论"现象会同时出现在一条需求曲线的前后两个不同部分，二者相辅相成和相互补充（见图1-6）。关于长尾理论的典型案例如下。

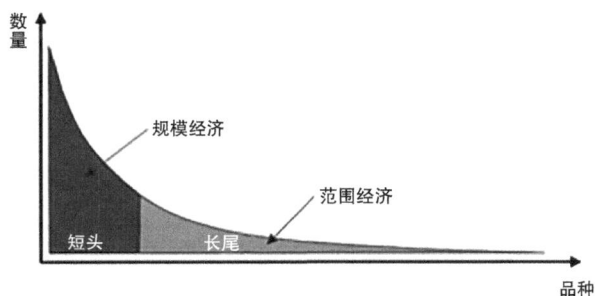

图 1-6　长尾曲线

● Google。Google 的 Adwords 广告极大地降低了广告的门槛，使无数中小型企业及个人可以自如地投放广告；其 Adsense 广告则使无数 Blog 站点和商业网站可以自如地在自己的站点投放广告。Adwords 和 Adsense 因此汇聚众多中小型企业和中小网站，数以百万计的中小型企业和中小网站代表了一个巨大的长尾广告市场，其产生的巨大价值和市场能量足以抗衡传统网络广告市场。Google 目前有一半的生意来自这些中小型企业和中小网站，而不是搜索结果中放置的广告。

● 亚马逊。一个前亚马逊公司员工精辟地描述了亚马逊公司的"长尾"本质：现在我们所卖的那些过去根本卖不动的书比我们现在所卖的那些过去可以卖得动的书多得多。亚马逊 50% 以上的销售量来自其销售排行榜上 10 万名以外的图书。

● 阿里巴巴。阿里巴巴旗下的淘宝有近 1,000 万商家。2021 年"双十一"期间阿里巴巴成交金额达 5,403 亿元。

互联网技术的应用，正实实在在地改变着传统商业，改变着整个社会的商业模式、运营模式，全面提升整个社会的商业效率。供应链管理者需要密切关注应用长尾理论带来的新变化，重视大量中小企业在供应链中的作用，更加注重开发培养中小型供应商。

3. 市场结构

市场是指人类从事产品交换的场所，这是早期对市场的定义。现代市场的概念已经延伸到多方参与交换的一个系统，具有相应的机构、规范的程序、监管法规等基础设施。市场促进贸易并优化社会资源分配，使产品和服务价格建立。按照地域及产品类别，可以形成很多市场及细分市场，每个市场中的主要角色是买家（消费者、生产要素购买者）和卖家（生产者）。

市场运作的基础机制是竞争，即产品生产者或经营者为了争取有利的生产和销售等条件，从而获取更多的经济利益而进行的角逐。竞争是市场经济的基本法则。竞争的作用表现为：第一，为利益主体实现其经济利益提供了一种公平的机制；第二，在整个社会范围内形成优胜劣汰的机制，有利于资源的优化配置；第三，竞争压力迫使各经济行为主体提高劳动生产率、改善管理、提高产品质量，促进社会生产力的发展。

但是，过度的竞争会产生消极影响，例如可能会阻碍价格机制的正常运作、增加竞争成本、降低产业利润率（影响企业或产业创新能力）。过度的竞争还会使生产者过高评估或过低评估市场需求，难以实现资源的最优配置。

经济学根据市场形式（Market Form）将竞争形态分为完全竞争和不完全竞争。不完全竞争包括垄断、寡头垄断和垄断性竞争。

在市场营销组合中，价格是最灵活且最难以确定的因素，影响着交易的成败。对企业而言，产品定价的目的在于促进产品销售以获取更多销售利润。企业要同时考虑价格对其生产经营成本的补偿及消费者对价格的接受能力，使定价策略具有买卖双方双向决策的特征。企业产品定价受企业的营销目标、产品成本、定价目标等内部因素影响的同时，也受市场结构、需求价格弹性、竞争者产品及其价格、国家政策等外部环境因素的影响。常见的定价策略如下。

● 折扣定价：直接或间接对基本价格让步，分为直接折扣和间接折扣两种形式。

● 心理定价：根据消费者的心理行为进行定价，运用了心理学原理，如尾数定价策略、整数定价策略等。

● 差别定价：也称歧视性定价。企业以两种或多种价格出售完全一样的或经过差异化处理的同类产品。此时价格并不反映产品的真实价值。

● 地区定价：不同区域市场中的同一产品或服务的价格有差异。

● 组合价格：根据企业不同产品间的互补互替等关系，对产品进行联合定价，如系列产品定价策略、互替产品定价策略等。

● 新产品定价：新产品上市时企业所采用的定价策略，包括渗透定价、撇脂定价等。

4. 企业外部形象

企业外部形象是指社会公众通过企业的各种标志建立起来的对企业的总体印象。良好的外部形象可以促进企业产品销售，为企业赢得市场信誉。例如，鸿星尔克在河南特大暴雨灾害期间的捐助使其产品一度被抢购一空，出现库存不足的情况，这就是良好的企业外部形象促进产品销售的典型例子。关于外部形象的建立，企业可以从环境保护、低碳减排、积极承担社会责任、确保企业合规等方面着手。

1）环境保护和低碳经济

环境保护（Environment Protection）是指在个人、组织或政府层面，为促进大自然和谐和打造人类福祉而做出的保护自然环境的行为。工业发展导致环境污染问题过于严重，损害生态环境，部分损害更达到无法挽回的地步，这引起各工业化国家对环境的重视，继而利用国家法律法规去管控和处理污染问题，并进行宣传使全社会关注污染对环境的深远影响。环境保护涉及环境立法、道德和教育三方面相关内容，它们都会对国家环保政策和个人及组织的环境价值与行为产生影响。

低碳经济（Low-Carbon Economy，LCE）作为一项更具执行力的环保政策，是指在可持续发展理念指导下，通过技术创新、制度创新、产业转型、新能源开发等多种手段，尽可能地减少煤炭、石油等高碳能源消耗，减少温室气体排放，达到经济社会发展与生态环境保护双赢的一种经济发展形态。

低碳经济是指一个经济系统只有很少甚至没有温室气体排放到大气层，或指一个经济系统的碳足迹（Carbon Footprint）接近甚至等于零，从而使大气中的温室气体含量稳定保持在适当的水平，避免剧烈的气候改变，减少恶劣气候对人类造成伤害和负面影响的可能性。

2）企业社会责任

企业社会责任（Corporate Social Responsibility，CSR）一般泛指企业在进行商业活动时，应该超越法律及公众要求的标准，考虑到对各利益相关者造成的影响。利益相关者是指企业所有的决策和行动（主动的或被动的）所影响的个体或群体，包括但不限于：员工、客户和消费者、供应商、所在地社区团体、政府相关部门、母公司或附属公司、合作伙伴、投资者等。企业社会责任概念是基于商业运作必须符合可持续发展的理念，企业除了要考虑自身的财务和经营状况，也要考虑其对社会和自然环境造成的影响，并付诸行动。

当今的企业供应链结构越来越复杂，本质上是一个供应链网络，网络上的节点（企业）常常会跨越不同的国家或地区，企业社会责任思想已经渗透到供应链网络中，即企业不仅需要建立自身的企业社会责任规范和标准，供应链成员企业也必须符合所在国及地区的法律法规所要求的企业社会责任标准。企业社会责任规范和标准不断调整、趋于严格，大大增加了供应链中断风险。

3）合规（Compliance）

21 世纪初，美国最大的能源公司安然公司（Enron）突然申请破产保护，随后上市公司和证券市场丑闻不断，特别是美国世界通信公司（WorldCom）的会计丑闻事件，彻底打击了投资者对资本市场的信心。美国国会和政府加速通过了《萨班斯－奥克斯利法案》（*Sarbanes-Oxley Act*，SOX 法案），其全称《2002 年公众公司会计改革和投资者保护法案》，以图改变这一局面。SOX 法案的第一句话是："遵守证券法律以提高公司揭露的准确性和可靠性，从而保护投资者及实现其他目的。"

SOX 法案在上市公司治理、会计职业监管等方面做出了许多新的规定，具体如下。

● 建立独立的公司会计监管委员会，对上市公司的审计进行监管。

● 通过负责合伙人轮换制度、咨询与审计服务不可兼容等提高审计的独立性。

● 限定高管行为，改善公司治理结构，强化公司的财务报告责任；公司高管要对财务报告真实性宣誓，提供不实财务报告将承担 10 年或 20 年的刑事责任。

SOX 法案中规定的公司高管向公众提供不实的财务报告需承担刑事责任（以往是承担经济责任）这一点，促使企业和监管部门开始重视合规问题，将起源于银行业的合规（即商业银行经营活动必须遵守法律、法规、监管规则或标准）拓展到企业合规。

企业合规的内涵，旨在预防和发现违法行为以及改善企业文化（即"鼓励符合道德的行为和承诺遵守法律"的企业文化）的内控体系。国际标准化组织在 2021 年发布了最新版 ISO 37301《合规管理体系要求及使用指南》，将合规的范围从遵守法规和符合道德拓展到组织文化和员工行为，成为企业核心价值和公司治理的重要组成部分。

传统企业治理结构是以股东为中心，将所有权与经营权分立，执行层（管理者）是股东的代理人。企业合规的新颖之处归纳为：第一，公司治理结构由传统的业务管理、财务管理"两驾马车"转变为包括合规管理（内控）在内的"三驾马车"；第二，企业治理行为是否合规，是检验企业在违约和侵权行为中是否具有过失的试金石。

| 第3节 |　供应链战略

制定组织的供应链战略，是供应链设计的重要内容之一。组织战略（Organizational Strategies）是指一个组织所制订的一系列计划，包括从事怎样的业务、如何赢得竞争、如何吸引客户和满足客户需求等，以达到组织的目标。战略管理（Strategic Management）是指管理者制定各种组织战略所需要的工作过程，包括以下步骤。

●识别公司使命、目标和战略（注：制定最高层战略时，不含此项中的战略）。
●分析外部环境（宏观环境、市场环境等）。
●分析内部环境。
●制定战略（包括战略匹配）。
●实施战略。
●评价结果并调整。

供应链战略有效集成了供应链成员企业组织战略，并伴随着供应链环境的适应性一起成长，最终融合出一个统一的虚拟企业组织战略体系，以协作、协调、协同策略展现供应链竞争优势。

1. 企业组织战略的构成

图 1-7 所示为一个典型的企业组织结构，企业组织战略包括企业战略、业务战略（竞争战略）、职能战略，并形成相应的战略层级。通常，传统的供应链战略属于某个职能战略，例如生产运营、采购供应、配销（Distribution），如今的供应链战略已经从职能战略上升为企业战略集合，即虚拟企业组织战略体系。

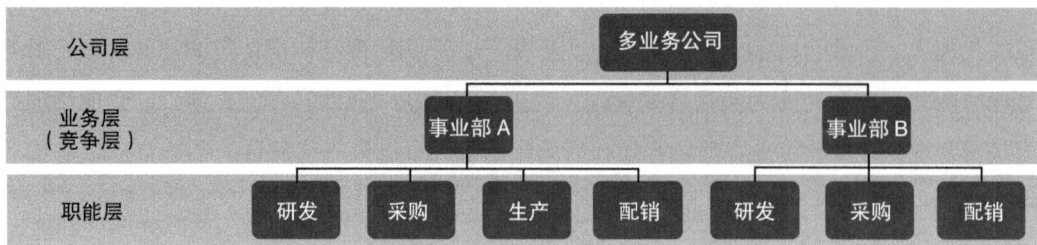

图 1-7　企业组织结构

1）企业战略

企业战略（Enterprise Strategy）是指企业正在从事或打算从事的业务，以及将要如何经营这些业务的组织战略，从而实现组织的战略目标。企业战略主要有以下 3 种。

（1）成长战略

成长战略（Growth）即通过当前的业务或新业务拓展新市场、增加市场份额等，达到成长目标。公司扩张的方法主要有以下几种。

●集中化：专注于主要业务活动、增加产品供应、扩大市场或市场份额。

●纵向一体化：通过收购或向上游拓展业务（投资），成为自己的供应商，这称为后向一体化；如果向下游拓展业务，成为自己的分销商，则称为前向一体化。

●横向一体化：通过吸收合并竞争对手的方式实现成长。

●多元化：通过跨行业发展实现成长，如果新业务与正在从事的业务具有相关性，也成为"战略契合"的多元化。例如，香港利丰（Li & Fung）集团，从经纪公司到全面管理供应链各个环节（设计、寻源、生产计划、物流等），开启了现代贸易运作模式。以此为基础，为供应链成员企业提供融资服务，新业务（融资）与贸易业务紧密相关，相互促进，实现战略契合的多元化。

（2）维持战略

维持战略（Stability）指在内外部环境不利的情况下，企业选择维持原状的战略。这时候，企业既没有业务增长，也没有业务下降。

（3）更新战略

更新战略（Renewal）有时候也称为扭转战略，指当一个组织处于困境时，需要采取行动，解决正在滑坡的绩效问题。通常，企业最核心的绩效指标就是投资回报率（Return on Investment，ROI）或资产回报率（Return on Asset，ROA）。更新战略的主要方式如下。

●收缩战略（Retrenchment）：用于解决不是很严重的绩效问题的短期战略，目的是稳定运营，重整组织资源和能力。

●转型战略（Transformation）：解决严重的绩效问题。

在更新战略中，管理者经常使用削减成本和组织重构两种手段，以实现改善绩效、成功转型的目标。

2）业务战略

业务战略（Business Strategy）用来解决组织如何在其所经营的业务中赢得竞争的问题，适用于事业部（Business Unit，BU）所在的竞争层，也称为竞争战略（Competitive Strategy）。对单一业务的企业而言，业务战略的核心要点就是如何在主要市场中获得与众不同的独特优势，即竞争优势（Competitive Advantage）。

迈克尔·波特（Michael Porter）提出了几种获得竞争优势的战略框架。

第一，成本领先战略或低成本战略（Low Cost）。其具体可实施方式如下。

●在行业中以最低成本为基础进行竞争，争取较大的市场份额。

●提高效率。

●管理成本，使其保持在最低水平。

●竭尽全力削减成本。

●产品质量与竞争对手相当或至少被客户接受。

第二，差异化战略（Differentiation）。它能为客户带来极具价值的差异化（异质性）产品或服务，争取较大的市场份额，常见的方式如下。

●高质量：耐久性、可靠性、外观、性能、材料类型等。

●产品线或服务渠道多样化，为客户提供许多选择。

● 创新的产品或服务设计（专利）。

●优质的服务，提高客户满意度（效用更高）。

●提供竞争对手的产品或服务无法提供的特殊功能。

第三，聚焦战略（Focusing）。该战略指的是在一个细分市场或利基市场中获取成本优势（成本聚焦）或差异化优势（差异化聚焦）。市场细分的依据可以是产品种类、客户类型（年龄/职业/性别/健康状况）、分销渠道或地理位置等。

聚焦战略的要点是选择利基市场，例如某个教育机构开发了能提高学生英语成绩的课程（产品），但是客户在哪里？传统上，典型的方法就是通过广告来寻找潜在的客户群体，营销成本常常很高。在数字化时代，企业可以借助大数据和互联网，以更低的成本获取潜在的客户，实现长尾效应，甚至可以实现"一对一营销"，从而锁定有提高英语成绩需求的人群。

3）职能战略

职能战略（Functional Strategy）指的是组织的各个部门需要采用的战略，例如营销战略、产品研发战略、生产运营战略、采购战略、人力资源战略等。除上述职能战略之外，企业还可能有一些专项战略，例如数字化战略等。

那么，供应链战略的目标定位应该如何设置？

2. 供应链战略的内涵及目标

1）供应链战略的内涵

著名的供应链管理大师马丁·克里斯托弗（Martin Christopher）于1992年曾深刻指出：21世纪的竞争不再是企业和企业之间的竞争，而是供应链和供应链之间的竞争。从这个意义上来讲，供应链战略融合了企业组织战略，却又不同于企业组织战略，不是供应链成员企业组织战略的简单叠加。供应链战略与企业组织战略有着明显不同的特征，供应链战略特别强调整合或一体化。

对单一业务的企业而言，各自独立的职能战略并不能保证整体最佳状态，企业的产、供、销、研有效整合成为企业内供应链优化的重要战略。长期以来，企业内部前端职能（市场和研发）负责面向客户，销售部门的目标就是达到销售业绩目标；后端职能（采购、生产和物流）专注降低自己的成本。由于前后端缺乏有效的协同，导致前后端严重分割、整体效率大大降低。彼得·德鲁克（Peter Drucker）将这个现象称为"分水岭"（Great Divide），如图1-8所示。

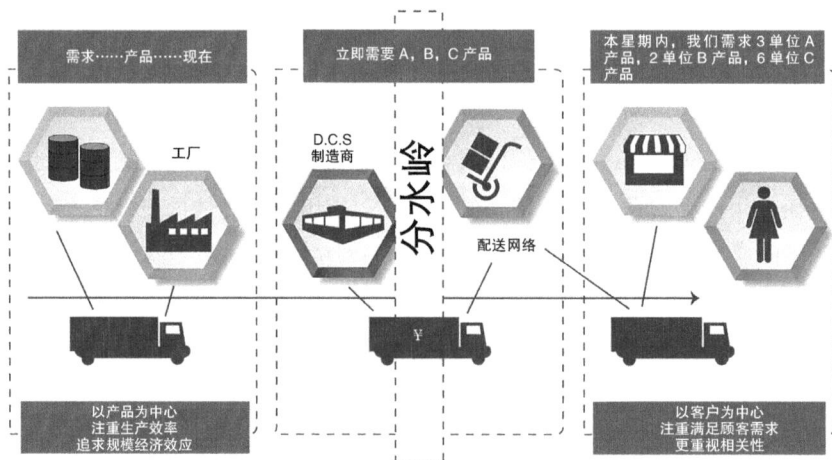

图1-8 企业前后端的"分水岭"

对于多业务单元的企业或企业集团来说，除非其业务单元不存在供应链上下游关系，或者企业战略定位是业务单元之间的交易完全市场化可自由选择，否则供应链战略将成为企业重要的竞争战略之一。典型的战略选择包括内部供应、外包、集中化采购、全球化等。由于企业供应链已经延展到上下游（供应商和分销商），供应链成员之间建立战略伙伴关系，纵向一体化战略就成为供应链战略的备选。纵向一体化战略属于企业战略，说明供应链战略可能会横跨企业战略、业务战略和职能战略。

纵向一体化可能受到资金、长期风险、潜在被收购方意愿和战略的限制，同时，当双方都愿意合作并坚信稳定合作将给双方带来双赢时，战略伙伴或联盟战略也会成为常见的供应链战略之一，这也称为侧向一体化战略（Lateral Integration）。虚拟企业概念就是侧向一体化战略建立的一种合作框架，供应链成员企业战略相互匹配、相互协同，由供应链成员企业组成一个虚拟的多业务单元企业，它们共同面向市场和最终客户。

作为组织战略的重要组成部分，供应链战略不同于传统的分层式战略，更关注和强调资源整合、流程整合、信息整合或一体化。从表面上来看，有些供应链战略属于职能战略或业务战略，但实质上是跨职能、跨业务甚至是跨企业的战略。例如京东的"物流战略"，其核心目标是"当日达、次日达"，它似乎是物流职能战略，但本质上是企业战略或业务战略。企业业务相关职能必须协同配合"物流战略"，共同应对季节性、突发性巨大订单量的冲击，相关职能的员工需要到仓库从事包装工作，市场部门需要做出"因订单量大可能导致配送延误，请客户谅解"的声明。

2）供应链战略的目标

供应链战略就是一个统一的虚拟企业组织战略体系，通过综合运用供应链管理实践、模式、创新、技术等创建的一个跨职能、跨业务或跨组织的计划，旨在通过实施该计划实现以下一个或几个目标。

●成本领先。当企业将"成本领先"作为核心业务战略时，成本领先就成为供应链战略目标。成本领先战略目标就是聚焦成本领先，从产品开发到运作的全过程，在材料选择、规格说明、制造过程（加工 / 装配）、物流配送等供应链各个环节都严格控制成本，类似丰田早期的"目标成本法"（Target Costing），但是，目标成本的制定更具挑战性。在现实环境中，可以通过集中采购战略、低成本国家外包（Low Cost Country，LCC）、简化和标准化战略等实现成本领先。

●改善对市场的认知。谁是你的客户？传统的供应链将自己的下游职能（或企业）定义为客户，每个职能有着不同的客户（内部客户），满足客户需求、提高客户满意度、客户至上的理念在执行过程中受到巨大的挑战。多数职能的管理者对市场的认知严重不足，在"如何给客户带来价值"方面，处于不了解、不关心或者严重不一致的状况。本质上，供应链客户就是最终产品的消费者。当企业的业务战略是"差异化"或"聚焦"时，供应链管理者必须懂得区分最终客户及相应的市场环境，这对供应链战略的成功实施非常重要。著名的供应链管理实践——整合业务计划（Integrated Business Plan，IBP），可以有效实现改善对市场的认知这一目标。

●全局可视化。每一个供应链成员的职能、各个实体（节点）的运作全过程可视化或信息共享，是供应链管理的核心要素之一。很显然，数字化、智能化等新一代信息技术的应用应该成为供应链战略的最重要选项。

●提升速度。通常，谈及"速度"意味着两个方面：一是产品开发和上市的速度（Time to Market），市场竞争加剧、技术迭代加快、传播效率提高都导致产品的更新换代越来越频繁；二是众多的企业都采用"差异化"竞争战略，从消费者的角度来看，这种差异化带来的边际效用也越来越小，即不同产品之间的"同质化"程度提高，提升产品生产和交付速度成为供应链重要的竞争手段之一，相应的供应链战略有联合产品设计、战略外包、敏捷供应链、提前期压缩、组件标准化、快速响应、供应商管理库存（Vendor Managed Inventory，VMI）/联合管理库存（Jointly Managed Inventory，JMI）等。值得一提的是，这些战略还会带来额外的好处，如预测准确率改善、库存降低、生产效率提升等。

●提升稳定性。来自外部及内部的各种不确定性，例如需求预测的显著差异、宏观环境或微观环境的变化、供应或生产的质量差异、设备运转不稳定等，都会导致供应链运作的波动，导致市场上的产品质量、交付、服务等不符合客户的期望。客户满意度来源于符合或超过客户的期望。一些企业惯用最好的情景向客户夸耀自己的产品和服务（包括交付），出现客户不满意时，又将实际性能的差异归于外部或他人的原因，而这些恰恰是供应链管理者的责任。提升稳定性有助于提高客户满意度、降低供应链成本，相应的供应链战略有精益供应链、持续改进、伙伴关系战略等。

●流畅运作。流畅运作可以简单理解为速度和稳定性的平衡。随着供应链结构复杂性的提高，供应链管理者熟练掌握复杂流程的优化方法成为一项极具挑战性的工作，业务流程重组、持续改进、数字化等都是供应链战略选项。

●有效管控风险。供应链跨企业、跨行业、跨地域和跨国家的现实，使增强供应链风险管理能力变得越来越重要，有效管控风险成为供应链管理的重要目标之一，相应的供应链战略有平行寻源（Parallel Sourcing）、弹性供应链等。

●可持续发展。以环境保护、企业社会责任、合规等为代表的可持续发展策略，已经成为供应链管理的重要目标之一，绿色、低碳、可持续发展等供应链战略也逐渐被供应链成员企业所采纳。

供应链管理者要深刻理解各个层面的战略，明确清晰的目标，选择并实施有效的供应链战略，寻找解决企业组织战略与供应链战略之间的缝隙和冲突的方法。作为供应链设计的重要任务，供应链管理者需要熟悉常见的供应链战略模式、实践及要素。

供应链绩效衡量也是供应链战略的重要组成部分，主要有两大类绩效指标。一是测量性指标，借助数字化和大数据分析技术，从不同视角全面反映供应链各环节的运行情况。二是激励性指标，如关键绩效指标（Key Performance Indicator，KPI）或目标和关键成果法（Objectives and Key Results，OKR），它们与战略目标的实现密切相关。

3. 供应链战略匹配问题

现有的供应链战略大多是跨职能、跨业务和跨企业边界的，并且要与每一个供应链成员的企业战略、业务战略、职能战略相匹配。如果供应链成员之间的战略不匹配、不一致，不仅会使供应链战略难以实施，甚至会降低供应链运行效率，导致供应链竞争力下降。因此，供应链管理者必须关注供应链战略匹配问题。

1）识别匹配偏差

供应链成员企业固有的企业文化、组织结构、运营模式等会影响供应链战略匹配，产生供应链战略匹配偏差。当供应链成员企业组织战略与供应链战略之间出现匹配偏差时，供应链管理者必须识别这些偏差，建议相关的供应链成员调整各自的战略，以实现供应链战略匹配。

如果供应链战略匹配偏差源于供应链成员企业内部，即企业战略、业务战略和职能战略之间的不匹配，就需要供应链管理者采取有效措施识别匹配偏差。在企业管理实践中，很多管理者能意识到企业组织战略的不一致性，但是，往往缺乏有效的治理手段来解决这种不一致性问题。这些相互冲突的战略付诸实践时，将对企业的市场份额、供应链运作造成难以修复的影响。

可以使用匿名调查或头脑风暴会议等工具，要求来自供应链成员企业的供应链管理者针对相应的企业战略、业务战略、职能战略，深入分析潜在的失败因素（5-Whys）。也可以委托第三方顾问或机构，对企业组织战略匹配偏差进行客观分析，识别供应链成员企业之间、企业内部业务或职能之间的战略匹配偏差，从而制定解决偏差的方案。当然，对新的方案采取行动也需要勇气，需要从企业高层（执行层）开始实施变革。

2）解决匹配偏差

供应链战略匹配偏差会影响供应链竞争力，那么在识别匹配偏差的基础上，究竟应该采取哪些措施来解决匹配偏差呢？

（1）改变供应链运行规则

在识别战略匹配偏差的基础上，针对不同来源的偏差制定相应的解决方案。无论是供应链成员企业之间还是企业内部业务或职能之间的战略匹配偏差，都要求供应链管理者必须改变许多习惯性规则，贯彻执行新的供应链运行规则。

●追求成本效率，但不要降低灵活性。使用整车或整箱（Full Truck Load，FTL/Full Container Load，FCL）运输策略降低运输成本，同时考虑在客户端设置储存点，避免供应中断。

●针对每个相对独立的市场和产品线建立相应的供应链。职能整合必须与企业战略和业务战略保持一致。

●关注供应链最终消费者的需求趋势，而不仅仅是直接下游客户的需求趋势。对供应链末端的可视化，有助于提高供应链对市场变化的响应速度。

●观察全球市场的更大趋势：人口结构的变化、政治变化、规章制度模式的变化、原材料的获取方式的变化等。进入一个不熟悉的国外市场时，应该寻求当地人 / 机构的帮助，以获得可行的供应链战略建议。

●为供应链设计具有最大限度灵活性的产品。邀请供应商加入设计团队帮助创建模块化产品设计体系，以更少的组件组装更多的产品。安排装配时间，使其尽可能接近实际订单。

（2）降低供应链复杂度

供应链复杂性评估有助于寻找降低供应链复杂度的方法，以便更好地解决战略匹配偏差。由于供应链的复杂性，建立、管理和控制复杂的供应链就需要消耗更多的时间和成本，而且难以保持敏捷性和对需求变化的响应能力。供应链复杂性来源包括为不同的产品维护多个供应链、为生产或分销维护过多的资产、销售的产品种类以及客户可使用的定制选项数量过多。

限制产品种类（SKU）数量是最小化供应链复杂性的一个关键方法，同时能保持供应链灵活性。著名咨询机构的研究表明，在拥有差不多客户数量和生产分销资产相似的企业中，一流的供应链所销售的产品种类数量仅是其他供应链的50%。保留有实际需求的产品，增加了灵活性，减少了库存和缺货的风险。

需要评估的关键问题是，这些额外的产品究竟是增加了销售额，还是仅仅增加了库存。当然，在做出这样的决策之前，需要进行相关的数据分析，通过数据分析寻找降低供应链复杂度的策略，有效解决供应链战略偏差问题。供应链复杂度的降低，增强了跨职能、跨业务和跨企业边界的合作能力。

3）供应链战略匹配

当供应链成员企业之间存在战略偏差时，通常需要确定谁处于供应链主导地位，即谁是供应链核心企业。如果能够确定企业 M 是供应链核心企业，那么就需要对企业 M 的影响力进行评价。例如，企业 M 作为核心企业的影响力的效力如何？企业 M 是被视为受尊敬的合作伙伴对待，还是因为价格条款或者其他因素被控制？如果是后者，企业 M 就可能拒绝与供应链战略完全一致。

在现实环境中，有些非核心企业对供应链的影响力也会发挥关键作用。细分客户和供应商的关键在于确定市场成熟度，即是买方市场还是卖方市场。如果一个客户有多个供应商，每个供应商的影响力就会相对较小，例如汽车、电子行业。如果供应商生产的关键组件其他供应商难以复制，这样的供应商将对客户产生更大的影响力，在新技术领域通常便是如此。如何利用这种影响力促进合作而不是控制，建立共赢的合作伙伴关系，是实现供应链战略匹配的关键。

| 第4节 | 战略分析工具

供应链运用于一个错综复杂的环境之中，战略分析是供应链管理者必须面对的课题，科学合理地运用战略分析工具与方法是打开此门的关键钥匙。战略分析主要包括市场环境分析、行业竞争分析、市场机会分析、营销战略选择、营销策略分析、品牌管理 6 个方面，本节仅介绍部分战略分析工具与方法。

1.STEEPLE（PESTEL）分析模型

STEEPLE 分析是从战略层面助力企业检阅宏观环境的一种方法。宏观环境要素分析涵盖最早称为 PEST 的政治（Political）、经济（Economic）、社会 / 人口（Social/Demographic）和技术（Technological），后来加上生态环境 / 自然（Environmental/Natural）和法律（Legal）要素形成 PESTEL。在不断变化的宏观环境中，道德（Ethical）也渐渐成为企业组织战略、供应链战略考虑的要素，由此 STEEPLE 形成。

1）政治

政治要素包括一个国家的社会制度，执政党的性质，政府的方针、政策、法令等。不同的国家有着不同的社会性质，不同的社会制度对组织活动有着不同的限制和要求。即使是社会制度不变的同一国家，在不同时期，由于执政党的不同，其政府的方针特点、政策倾向对组织活动的态度和影响也是不断变化的。

重要的政治变量有：执政党性质、政治体制、经济体制、政府的管制、专利数量、环境保护法、与重要大国关系、与地区关系等。

2）经济

经济要素主要包括宏观和微观两个方面的内容。宏观经济环境主要指一个国家的人口数量及其增长趋势，国民收入、国民生产总值及其变化情况，以及通过这些指标能够反映的国民经济发展水平和发展速度。微观经济环境主要指企业所在地区或所服务地区消费者的收入水平、消费偏好、储蓄情况、就业程度等因素。经济环境因素直接决定着企业现在和未来的发展方向和发展规模。

重点监视的关键经济变量有：GDP 及其增长率、贷款的可得性、可支配收入水平、规模经济、不同地区和消费群体间的收入差别、价格波动、货币与财政政策等。

3）社会 / 人口

社会 / 人口要素包括一个国家或地区的居民受教育程度和文化水平、宗教信仰、风俗习惯、审美观点、价值观念等。

关键的社会 / 人口因素有：生育率、人口结构比例、性别比例、城镇和农村的人口变化、宗教信仰状况等。

4）技术

除了要考察与企业所处领域的活动直接相关的技术手段的发展变化，还应及时了解国家对科技开发的投资和支持重点、该领域技术发展动态和研发费用总额等。

5）生态环境 / 自然

一个组织的活动、产品或服务中能与环境发生相互作用的要素。

6）法律

组织外部的法律、法规、司法状况和公民法律意识所组成的综合系统（有些分析将法律和政治合为一项）。

7）道德

在供应链环境中，供应链成员企业不仅要遵纪守法，还要遵守道德规范，成为道德的守卫者，成为负责任的企业社会公民。

供应链管理者在进行宏观环境分析时，STEEPLE 分析模型是最重要的分析工具之一。

2. 波特五力分析模型

波特五力分析模型（Porter's Five Forces Model）将不同因素汇集在 5 种主要来源的模型中，从微观角度分析一个行业的竞争态势，如图 1-9 所示。波特五力分析模型常用于所购产品及供应商所处市场地位分析，支持供应商关系管理决策。

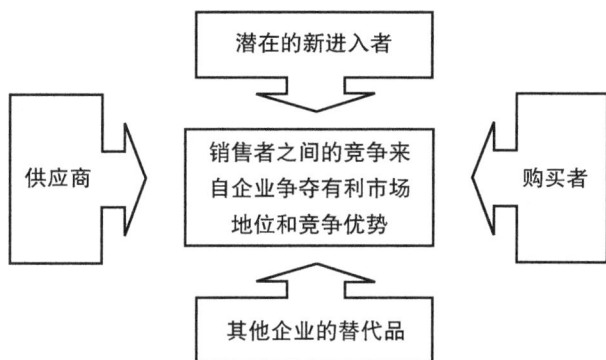

图 1-9　波特五力分析模型

1）供应商的议价能力

供应商主要通过提高投入要素价格与降低质量的能力，来影响行业中现有企业的盈利能力与产品竞争力。当供应商所提供的投入要素的价值构成了购买者产品总成本的较大比例、对购买者非常重要，或者严重影响购买者产品质量时，特别是产品购买者很多或购买者转换成本太高，供应商前向容易而购买者后向难以进行联合或一体化时，供应商的潜在讨价还价力量就大大增强。

2）购买者的议价能力

购买者主要通过压价与要求提供较高的产品或服务质量的能力，来影响行业中现有企业的盈利能力。如果购买者的总数较少、购买量较大而且占比很大，供应商相对规模较小，产品标准化，购买者有能力实现后向一体化，而供应商不可能前向一体化时，购买者可能具有较强的讨价还价力量。

3）新进入者的威胁

新进入者在给行业带来新生产能力、新资源的同时，有可能会与现有企业发生原材料与市场份额的竞争，最终导致行业中现有企业盈利水平降低，严重的话还有可能危及这些企业的生存。威胁的严重程度取决于两方面的因素：进入的障碍大小与现有企业的预期反应。

进入障碍主要包括规模经济、产品差异、政府行为与政策、不受规模支配的成本劣势

（如商业秘密、产供销关系、学习与经验曲线效应等）、地理环境等方面。现有企业对进入者的预期反应情况主要表现为采取"报复"行动的可能性大小，这取决于有关厂商的财力情况、报复记录、固定资产规模、行业增长速度等。总之，新企业进入的可能性取决于其对潜在的利益、所需花费的代价与承担的风险这三者的主观估计。

4）替代品的威胁

这种源自替代品的竞争会以各种形式影响行业中现有企业的竞争战略。第一，替代品将限制现有产品售价及获利潜力的提高；第二，若企业不提高现有产品竞争力，其销量与利润就有可能受损；第三，源自替代品的竞争强度、受购买者转换成本高低的影响。总之，替代品价格越低、质量越好、用户转换成本越低，所能产生的竞争压力就越大。

5）同业竞争者的竞争程度

各企业竞争战略的目标都在于使自己获得相对于竞争对手的优势，在实施中必然会与竞争对手产生冲突与对抗现象，这些冲突与对抗就构成了现有企业之间的竞争，常常表现在价格、广告、产品介绍、售后服务等方面。

根据上述对 5 种竞争力量的讨论，企业应采取尽可能将自身的经营与竞争力量隔绝开来、努力从自身利益需要出发影响行业竞争规则、先占领有利的市场地位再发起进攻性竞争行动等策略应对这 5 种竞争力量，以增强自己的竞争力，提升自己的市场地位。波特五力分析模型与一般战略的关系如表 1-1 所示。

表 1-1 波特五力分析模型与一般战略的关系

行业内的 5 种力量	一般战略		
	成本领先战略	产品差异化战略	集中化战略
供应商的议价能力	更好地抑制大卖家的议价能力	更好地将供应商的涨价部分转嫁给购买者	进货量低，供应商的议价能力就强，但集中差异化企业能更好地将供应商涨价部分转嫁出去
购买者的议价能力	具备向大买家出更低价格的能力	因为选择范围小而削弱了大买家的议价能力	因为没有选择范围而使大买家丧失议价能力
新进入者的威胁	具备议价能力以阻止潜在竞争对手进入	培养客户忠诚度以挫伤潜在进入者的信心	通过集中化战略建立核心能力以阻止潜在竞争对手进入
替代品的威胁	能够利用低价抵御替代品	客户习惯于一种独特的产品或服务而降低了替代品的威胁	特殊的产品和核心能力能够消除替代品的威胁
同业竞争者的竞争程度	更好地进行价格竞争	品牌忠诚度能使客户不理睬你的竞争对手	竞争对手无法满足集中差异化客户的需求

3.SWOT 分析

SWOT 分析是一种能够较客观、准确地分析和研究一个组织现实情况的方法，能从微观角度对企业内部条件、外部条件进行综合和概括，分析企业的优势（Strengths）、劣势（Weaknesses）、机会（Opportunities）和威胁（Threats）。SWOT 分析的主要贡献在于应用系统的思想将这些看似独立的因素进行综合分析，使企业战略计划的制订更加科学全面。

S 是组织机构的内部因素，如有利的竞争态势、充足的财务来源、良好的企业形象、成本优势、广告攻势等。

W 是指在竞争中相对弱势的方面，也是组织机构的内部因素，如设备老化、管理混乱、缺少关键技术、研究开发落后、资金短缺、经营不善、产品积压、竞争力弱等。

O 是组织机构的外部因素，如新产品、新市场、新需求、市场壁垒解除、竞争对手失误等。

T 也是组织机构的外部因素，如新的竞争对手、替代品增多、市场紧缩、行业政策变化、经济衰退、客户偏好改变、发生突发事件等。

SWOT 分析是企业战略管理和竞争情报的重要分析工具。在供应商选择流程中，对潜在供应商进行分析时，这是经常被使用的方法之一。这种方法分析直观、使用简单，即使没有精确的数据支持和更专业化的分析工具，也可以得出有说服力的结论。但是 SWOT 分析采用定性方法，不可避免地带有精度不够的缺陷。

4. 波士顿矩阵

20 世纪 70 年代初，波士顿咨询集团（Boston Consulting Group，BCG）开发了波士顿矩阵（BCG Matrix）。目前，BCG 矩阵已经成为制定企业战略最流行的方法之一。BCG 矩阵将组织的每一个战略业务单位（Strategic Business Unit，SBU）标在一种二维的矩阵图上，从而显示出哪个 SBU 提供高额的潜在收益，以及哪个 SBU 是组织资源的漏斗。BCG 矩阵的实质是从微观角度出发，通过业务的优化组合实现企业的现金流量平衡。

BCG 矩阵区分出以下 4 种业务组合。

1）明星型业务

明星型业务（Stars），指高增长率、高相对市场份额。这个领域中的产品处于快速增长的市场中，并且占有支配地位的市场份额。明星型业务是由问题型业务继续投资发展起来的，可以视为高速成长市场中的领导者，它将成为企业未来的现金牛业务。

2）问题型业务

问题型业务（Question Marks），指高增长率、低相对市场份额。处在这个领域中的可能是一些利润率很高，但占有的市场份额很小的投机性产品，带有较大的风险，往往是一个企业的新业务。发展问题型业务意味着大量的投入。如何选择问题型业务是用 BCG 矩阵制定战略的重中之重。

3）现金牛业务

现金牛业务（Cash Cows），指低增长率、高相对市场份额。该业务享有规模经济和高边际利润的优势，因而给企业带来大量现金流，但未来的增长前景是有限的。

4）瘦狗型业务

瘦狗型业务（Dogs），指低增长率、低相对市场份额。这个领域中的产品既不能产生大量的现金，也不需要投入大量现金。瘦狗型业务存在的原因更多的是基于感情上的因素，像养了多年的狗一样让人恋恋不舍、不忍放弃。

BCG 矩阵的精髓在于将战略规划与资本预算紧密结合起来，将一个复杂的企业行为用两个重要的衡量指标分为 4 种类型，用相对简单的分析应对复杂的战略问题，从而使业务组合达到最佳经营成效，如图 1-10 所示。

图 1-10　BCG 矩阵

1983 年，波士顿咨询集团又提出了一种新的矩阵。在新波士顿矩阵中，横轴表示经营单位所具备的竞争地位差别的大小，纵轴表示经营单位在行业中取得独特竞争优势途径的多少。表 1-2 展示了处于不同象限的企业应当采取什么样的竞争战略（成本领先、差异化和集中化）。

表 1-2　新波士顿矩阵

类型	特点	战略
分散化	具有较多的实现竞争优势的途径，但企业本身现有的竞争地位差别较小	适宜采用集中化战略
专业化	具有较多的实现竞争优势的途径，并且企业自身现有的竞争地位差别也较大	适宜采用差异化战略
大量化	具有较多的竞争优势，但这种行业所具有的实现竞争优势的途径不是很多	适宜采用成本领先战略
死胡同	既没有较多的竞争优势，也缺乏实现竞争优势的途径	类似于波特战略中夹在中间的战略

BCG 矩阵引导企业对所购买产品的属性进行分析，了解产品的市场地位，从而制定采购策略。新波士顿矩阵为企业各个产品制定了相应的战略，而供应部门则可以依据产品战略制定相应的采购战略。

5.ADL 矩阵 / 利特尔矩阵

20 世纪 70 年代，咨询管理公司阿瑟·D. 利特尔公司（Arthur D. Little）提出 ADL 矩阵 / 利特尔矩阵（ADL Matrix），将组织自身在市场上的优势与劣势同该市场的生命周期阶段相结合。ADL 矩阵具有两个维度：一是产业的生命周期阶段，二是企业的竞争地位。根据 ADL 矩阵，当企业和市场条件不同时，相同的战略可以有不同的形式。例如一个占统治地位的企业可以主动引导消费，刺激需求量增加，从而达到市场发展的战略目标；而在一个成熟的市场上，实力弱小的企业没有能力使市场需求扩大，只能瞄准一个新的市场进行开发或及时转到另一个有利的发展方向上去，这样才能达到发展的目的。

1）识别产业所处的生命周期

产业的生命周期分为萌芽阶段、增长阶段、成熟阶段和衰退阶段这 4 个阶段。不同生命周期阶段的产业具有不同的特点：在萌芽阶段，产业具有市场增长率较高、竞争者市场占有率分布分散而且变动较快、市场中几乎没有忠诚客户、进入障碍低等特征；在增长阶段，产业具有高速增长，用户增多，市场和技术渐趋明朗和稳定，进入障碍提升等特征；在成熟阶段，产业特征有增长率降低，但仍以较稳定的速度增长，技术、市场稳定，产品线宽度增加，进入障碍高；在衰退阶段，产业特征有产品需求降低、停止增长，甚至出现负增长，竞争对手数量和产品种类减少等。

2）确定企业的竞争地位

企业的竞争地位从强到弱可分为统治地位、强势地位、有利地位、维持地位、软弱地位等5类。不同竞争地位的企业具有不同的特点：处于统治地位的企业能够控制竞争对手的行为，战略的制定不受竞争对手影响；处于强势地位的企业能够遵循自己所选择的战略而不必过多关注竞争对手的行为；处于有利地位的企业虽不处于主导地位，但这些企业都居于良好的竞争地位及拥有各自的竞争优势；处于维持地位的企业具有较好的业绩，能与主要的竞争对手相抗衡，有能够维持自身地位的机会；处于软弱地位的企业竞争地位弱、优势少，很难长久地与竞争对手相抗衡。根据企业所处的产业生命周期及相应的企业竞争地位的不同，可得出表1-3所示的矩阵。

表1-3　企业生命周期

生命周期 地位	萌芽阶段	增长阶段	成熟阶段	衰退阶段
统治地位	迅速增长，开创	迅速增长，获成本领先地位，更新	防御，获成本领先地位，更新，迅速增长	防御，集中一点，更新，随行业增长而发展
强势地位	开创，差异化，迅速增长	迅速增长，赶超获成本领先地位，差异化	获成本领先地位，更新，集中一点，差异化，随行业发展而增长	寻找新市场、固守旧市场，随行业发展而增长，收获
有利地位	开创，差异化，集中一点	差异化，集中一点，赶超，随行业发展而发展	收获，寻找新市场、固守旧市场，更新，转变方针，差异化，集中一点，随行业发展而增长	紧缩，转变方针
维持地位	开创，随行业发展而增长，集中一点	收获，赶超，固守阵地，寻找避风地，转变方针，集中一点，随行业发展而自然增长	收获，转变方针，寻找避风地，紧缩	放弃，紧缩
软弱地位	寻找避风地，迎头赶上，随行业发展而自然增长	转变战略，紧缩	撤退，放弃	撤退

供应链管理者不仅要了解自己企业产品和服务的生命周期阶段及企业的竞争地位，还要着手分析供应链上游供应商的产品和服务的生命周期阶段及企业的竞争地位，了解供应链上游供应商的产品可能使用的战略，并及时采取相应对策。

6. 核心竞争力模型

1990 年，美国著名管理学者加里·哈默尔（Gary Hamel）与普拉哈拉德（Prahalad）提出的核心竞争力（Core Competence）模型是一个著名的企业战略模型，其战略流程的出发点是企业的核心力量。企业核心竞争力是建立在企业核心资源基础上的企业技术、产品、管理、文化等的综合优势在市场上的反映，是企业在经营过程中形成的不易被竞争对手效仿并能带来超额利润的独特能力。

1）自内而外的企业战略（Inside-out Corporate Strategy）

传统的自外而内（Outside-in）的企业战略总是将市场、竞争对手、消费者置于战略设计流程的出发点上。然而，核心竞争力理论认为，从长远来看，企业的竞争优势取决于企业能否以低成本并以超过竞争对手的速度构建核心竞争力。竞争优势的真正源泉是企业围绕其竞争力整合、巩固工艺技术和生产技能的能力，是基于自内而外（Inside-out）战略构建起来的。核心竞争力是具体的、固有的、整合的或应用型的知识、技能和态度的各种不同组合。

2）核心竞争力的识别标准

● 价值性。

● 稀缺性。

● 不可替代性。

● 难以模仿性。

3）识别核心竞争力的 3 个测试

● 为企业提供通向广阔的多样化市场的潜在通道。

● 使企业能够从生产客户所需产品中获得巨大回报。

● 竞争对手难以复制。

4）构建核心竞争力

核心竞争力的构建是通过一系列持续提高和强化措施来实现的，它应该成为企业的战略核心。从战略层面来讲，它的目标就是帮助企业在设计、发展某一独特的产品功能上实现全球领导地位。

7. 标杆分析

标杆分析（Benchmarking）就是将本企业与从事类似活动的企业中的最佳者进行比较，从而提出行动方案，以弥补自身不足的方法。实施标杆分析的企业必须通过不断地对竞争对手或一流企业的产品、服务、经营业绩等进行评价来发现自身的优势和劣势。

标杆分析的主要内容包括：设计、研究开发、采购、制造、仓储、运输物流、销售、营销、人力资源及劳资关系、财务、管理（规划、组织）。总的来说，标杆分析就是对企业所有能衡量的东西给出一个参考值，可以是一种管理体系、学习过程，更着重于流程的研究分析。

根据所针对的企业运作的不同层面，标杆分析可分为 3 类，即战略层的标杆分析、操作层的标杆分析和管理层的标杆分析。一般来说，对竞争对手所做的标杆分析主要是操作层的标杆分析，而对一流企业所做的更多的是管理层的标杆分析。在供应商选择及绩效考核中，也经常应用标杆分析。

标杆分析还可分为对竞争对手的标杆分析和瞄准一流企业的标杆分析。前者一般仅限于生产同类产品或提供同类服务的企业，取其精华，去其糟粕；而后者的范围就要广得多，可挑选任何业绩优良的企业。

8. 价值链模型

企业生存和发展的过程就是创造价值的过程。如果将企业这个黑匣子打开，任何一个企业都是其产品在设计、生产、销售、交付和售后服务方面所进行的各项活动的聚合体，这些活动的总和即构成企业价值链。

价值链是一个商业体系，用于详细描述企业经营或功能行为的顺序，每一项经营活动就是价值链上的一个环节。为了获得更高的生产效率，企业可以同时使用两个或多个价值链。企业价值链及其进行单个活动的方式，反映了企业的历史、战略、实施战略的方式，以及自身的主要经济状况。

价值链可以分为基本增值活动和辅助性增值活动两大部分。企业的基本增值活动，即一般意义上的生产经营环节，如材料供应、生产运行、成品储运、市场营销和售后服务，这些活动都与产品实体的加工流转直接相关。企业的辅助性增值活动，包括组织建设、人事管理、产品和技术开发、采购管理，这里的技术开发和采购管理都是广义的。价值链模型如图 1-11 所示。

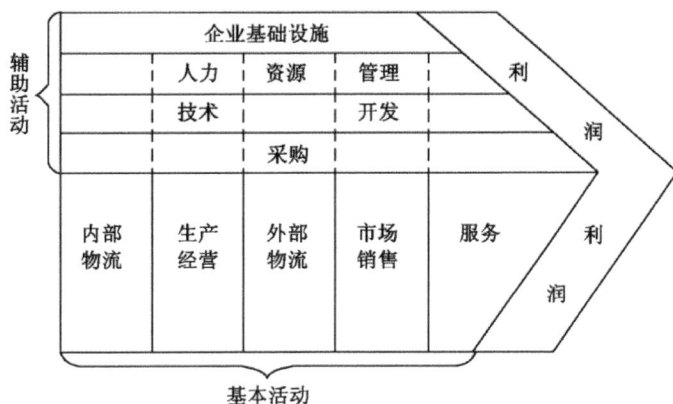

图 1-11　价值链模型

　　价值链的各环节之间相互关联、相互影响，任何一个环节经营管理的好坏都可能影响到其他环节的成本和效益。在不同企业参与的价值活动中，并不是每个环节都创造价值，实际上只有某些特定的价值活动才能真正创造价值。这些真正创造价值的经营活动，就是价值链上的"战略环节"。企业要保持的竞争优势，实际上就是企业在价值链某些特定的战略环节上的优势。

第 2 章

供应链设计

随着我国经济水平的提高，企业面临的市场挑战和来自竞争对手的压力日益加剧。可以预见的是，粗放式管理时代，即可支撑企业野蛮增长的时代即将或已经过去。培养建设科学和专业的供应链的能力必将成为许多企业不断增强竞争力的方式之一。在产业升级和转型的大时代背景下，供应链的设计和规划将成为管理者们的责任，并日益受到企业的重视。本章将介绍有关供应链设计的基础知识。

本章目标

1. 掌握供应链设计的概念。

2. 了解影响供应链设计的内外部因素。

3. 了解供应链设计工作的内容、开展时机和实施流程。

4. 学习实施供应链设计的方法。

5. 了解供应链设计所需的技术性知识。

| 第 1 节 | 供应链设计的概念和影响要素

对于广大的供应链管理者来说，供应链是个既熟悉又陌生的概念。我们在日常工作中天天与其打交道，几乎每个身处其中的人都能说出一些供应链存在的问题，分享一些经验和教训。管理者们也普遍认为供应链应当被科学地设计，以避免出现结构性的缺陷，阻碍其运作效率的提高。然而，当我们被问及什么是供应链的时候，往往又感觉很难清晰地回答这一问题，遑论对其进行设计和优化。因此，我们首先需要了解供应链及其设计工作的基本概念。

1. 什么是供应链设计

根据国标《供应链管理 第 2 部分：SCM 术语》（GB/T 26337.2—2011）中的描述，供应链是生产及流通过程中，围绕核心企业，将所涉及的原材料供应商、制造商、分销商、零售商直到最终用户等成员通过上游和 / 或下游成员链接所形成的网链结构。图 2-1 所示为一个企业的供应链示意图。

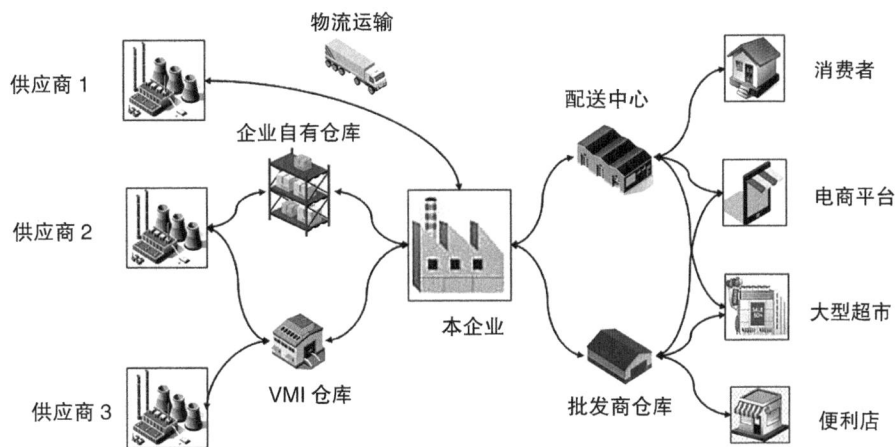

图 2-1 企业的供应链示意图

很显然，供应链中存在着大量货物的流动，其中不仅包含原材料、半成品和成品等有形货物的转移，也包含服务等无形产品的交付，这些都可以视为广泛意义上的物料，因此我们习惯上称之为物料流；物料流动或者触发收付款的活动，或者带来资产价值的转移，因而产生了资金的流动，我们称之为现金流；伴随物料流和现金流的是各类信息的传递，比如仓库人员将收到货物、检验合格的信息传递给采购人员，采购人员才会启动支付的动作，这类供应链上信息的传递被称为信息流。物料流、现金流和信息流在供应链的运作过程中相互影响，构成了复杂的供应链活动。

供应链不仅存在从供应端向需求端的正向物料流，也包含不容忽视的反向物料流，以及伴生的反向现金流和信息流。例如，客户退货、废旧设备拆除销毁、垃圾回收等都属于这种反向的供应链活动。习惯上，我们将这一类活动都称为对逆向供应链的管理。根据中国物流与采购联合会给出的定义，逆向供应链是"为了实现价值，从客户那里回收退回或使用过的产品，进行再利用、回收或处理的过程"。

进行供应链设计，管理者们首先要识别和确定供应链的战略建设目标，这在本书第1章中已有详细介绍。接下来，为了实现既定的供应链发展战略目标，管理者们需要对供应链的网络结构、组织架构、工作流程和数字化工具进行长期规划。因为供应链牵涉广泛、投资重大、建设周期漫长，所以供应链设计定型后，管理者们通常只会持续地做局部优化，而较少对其实施颠覆性的重构。这意味着供应链设计会长期影响企业的经营效率。在图2-2中，管理者们通常将供应链的工作分为战略（规划）、策略（计划）和运作（调度）3个层面。网络设计和优化是供应链战略的重要组成部分，是战略层面的核心任务之一。合理的供应链网络设计会带来供应链整体成本5%~15%的降低。

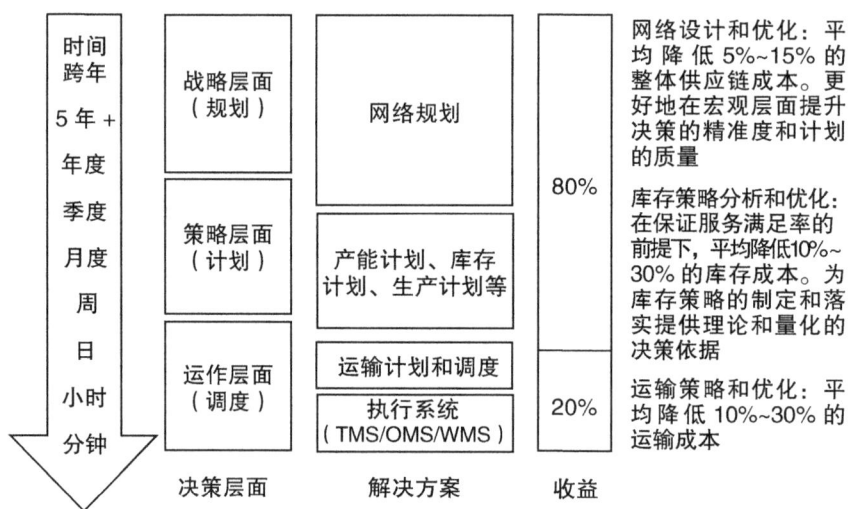

图2-2　供应链规划

2. 影响供应链设计的外部因素

影响供应链设计的因素可以分为外部和内部两大类。外部因素主要是企业无法或较难控制的因素，如经济、政治、社会、地理、气候等大环境对供应链的影响。相对说来，内部因素是企业基本可以控制或深度影响的因素，如供应链战略、财务指标和营销策略等。总的说来，供应链需要积极响应或回避外部因素的影响，同时积极突破和改善内部因素的制约。影响供应链的外部因素主要包括以下几个方面。

1）需求市场的因素

靠近需求市场和客户群会给供应链运营带来显著的优势，反之则会造成挑战。接近市场有利于感知市场需求的变化趋势，靠近客户有利于建设更好的客户关系，这通常意味着更多和更稳定的订单，同时也有利于降低成品的运输成本。例如，瓷砖的运输费用占总成本的比例很高，因此尽量降低物流成本就成为设计供应链网络时重要的考虑因素。设计者们通常采用属地化生产、就近配送的策略，在每个主要的销售区域建设专属的生产基地，或选择区域内的外包生产商，采用区域内的物流资源和线路，通过缩短配送距离降低物流成本，给产品带来显著的竞争力。除了地理位置以外，客户普遍期望的服务水平，如希望确认订单后 2 天内交付还是 2 周内交付，也是供应链的设计者必须考虑的因素。简单地说，当客户要求的服务水平越高，对供应链及时响应需求的要求也就越高。常见的应对方式包括改良产品和精简工作流程，以增强供应链及时响应需求变化的能力，这就对供应链业务流程的设计提出了要求。另一个常见的改善客户服务水平的方式是提高原材料、半成品和成品的安全库存，这不仅需要设计相关的工作流程，还要在规划供应链的数字化系统时，充分考虑系统采集库存数据的来源和方式，以及制定和实施安全库存政策所必需的功能，如系统内嵌的安全库存计算工具等。此外，市场的需求规律也会对供应链提出要求，例如对于有淡旺季变化的需求市场，供应链管理者们就必须考虑人力、产能和物料库存等资源在需求的淡季和旺季之间如何平衡，这可能影响组织和岗位的设计，也可能使得厂房和仓库等基础设施做出调整，从而影响供应链网络的布局。

2）供应市场的因素

最常见的供应问题是资源的限制，包括金属矿藏、能源和人力资源等。靠近原材料和能源的产地有利于降低运输的费用和采购成本，而人力资源的成熟度对供应链的稳定运行十分关键。例如，资深的焊接工在造船和汽车等行业都是抢手的人才资源，在设置工厂时不能不考虑当地熟练工人的数量。又如，矿泉水的生产基地通常会靠近水源地。此外，供应市场的产业链配套程度也是很重要的因素。我国是产业链较为完整的国度，因此供应链管理者们能够比较容易地找到技术成熟的配套供应商。然而，本土企业在海外建设供应链时，时常会遇到供应商所在国徒具人力优势，却没有相应的机械、冶金、化工等上游产业的配套能力的情况，因而不得不花费高价从国内运输这些物资，从而在一定程度上降低了供应链的效率。

3）自然环境的因素

除了用作原材料和能源的自然矿藏以外，山林湖泊、水源空气等自然环境也会对供应链的运作产生影响。例如，贵州省茅台镇附近温度、湿度和微生物含量恰到好处的空气成就了许多高品质的酱香型白酒，使得当地成为世界瞩目的酒类生产中心；在我国北部地区，由于寒冷冬季的影响，建筑和装修等需要露天作业的产业在冬季无法开工，带来了较长的休工期，不仅加剧了需求的季节性，还带来了工程计划、人力存续、设备低温养护和库存越冬保管等一系列的问题，而南方的同行们则较少受到这些问题的影响。

4）社会环境的因素

社会环境包含很多内容，如社会稳定程度、营商环境、民众受教育的程度、人口结构、法律法规、宗教影响、风俗习惯等。举例来说，前述人才资源的问题很大程度上受社会因素的影响。我国成为世界制造业中心的一个重要基础是我国拥有大量较高文化水平的工人群体，这得益于多年坚持不懈的义务教育建设。同等素质和规模的劳动力资源在世界其他国家并非唾手可得。另一个例子是供应链运作过程中会产生大量的碳排放，而我国关于碳排放的国际承诺，以及据此形成的指标和规范，势必成为供应链的刚性目标和约束。重点排放企业的供应链可能会因此提出采用绿色能源和节能减排的战略，从而改变能源的供应来源、运输线路和运输方式；也可能会设置专责的部门督导和落实减少碳排放战略；在工作流程上将会出现对排放过程更严格的处理和监控操作；而软硬件系统的建设也需要跟上组织和流程变革的步伐。这些都深刻地影响了供应链的设计工作。近年来，我国践行"绿水青山就是金山银山"理念，我国的每一位供应链管理者都应在工作中践行这一造福子孙的可持续性原则。受限于篇幅，无法就社会环境问题做过多展开，有兴趣的读者可以在工作中多做这方面的探索。

3. 影响供应链设计的内部因素

1）战略目标和战略路径

本书第1章介绍了供应链环境与战略的相关内容。显然，确定供应链战略是供应链设计的起点。大体来说，供应链战略包含两大部分：战略目标和战略路径。第1章讨论了供应链常见的战略目标：实现成本领先、管理运营风险、提升响应速度、改善可持续性、增加可视化程度和优化运作的顺畅性等。供应链对不同目标的追求会影响设计者对供应链某方面性能的突出，而对不同目标间优先级的判定也会影响供应链关键性能的取舍。例如，当供应链需要首先实现提升响应速度的目标，然后在此基础上尽可能优化成本的时候，管理者们就有可能制定更为积极的库存储备政策，并倾向于采用服务水平高而报价偏贵的供应商。正常情况下，供应链战略在实施的时候会分阶段执行，每个阶段都有其细分的目标和实现的方法，这被称为战略路径或者路线图。战略路径决定了实现目标的先后次序，明确了最近几年需要完成的工作，因此不同的路径选择也会影响供应链设计工作的开展。比较常见的一个例子是，很多企业选择先设计供应链的工作流程，再通过试运行微调流程方案，确认流程绩效后再建设 IT 系统以提高流程的效率。

2）财务指标

企业不论财务制度完善与否，都会努力实现一系列的财务指标。最直接的财务指标是销售额和利润额，稍复杂一些的还有投资回报率、资产回报率和库存周转率（Inventory Turn Over，ITO）等。这些财务指标既可能是供应链追求的目标，也可能是供应链运作中的制约因素。例如，销售额的要求大致决定了供应链的生产和服务规模，因而在设计工厂、仓库和服务团队时，就要设置相应规模的产能、空间和人力；利润额的要求通常会引申出对成本的要求，在设计物流网络时就需要选择最能满足成本要求的运输方式，例如水运通常比航运更具成本优势，而运输方式又会进一步影响路线的选择，从而决定物流网络的形态；此外，财务对现金流的要求可能会反映在库存金额、库存周转率或库存周转天数上，随着现金流要求的提升，供应链不仅需要调整库存量，还需要调整采购和生产节奏、补货方式和库存的位置。

3）产品的设计

产品在设计上的特点，诸如材质、工艺路线、运输和保管要求等，会在很大程度上决定供应链的设计。例如工艺的差异可能导致选用不同的供应商和买进不同型号的设备；选材用料的不同会导致关键原材料产地的不同，进而可能影响工厂地址的选择；保管要求，如需要冷冻，会导致仓储和物流设施的差异。有的时候，这些因素还会相互影响。例如选择塑料还是合金作为原材料，将会对工艺流程和设备产生截然不同的要求。一般来说，如果原材料成本相对于销售额占比较高，或者原材料质量较大、体积较大，对物流成本影响较大的时候，供应链会倾向于在原材料的集散地和运输线附近设置工厂和仓库等节点；反之则会更倾向于靠近客户和需求市场建设供应链设施。产品的特性有一部分是内部可控的，如尺寸、包装和工艺等属性可以通过设计方案予以控制，但也有一部分会由产品本身的天然属性决定，例如生产冰激凌的企业在成品运输上无论如何都不可能摆脱对冷链物流的要求。

4）营销策略

企业制定的营销策略会深刻影响供应链的运作。例如，为了更靠近客户，设置工厂和仓库的位置时需要考虑目标客户群的所在地；出于差异化竞争的目的，企业可能提出高于市场期望的服务水平要求，这可能要求供应链实现更卓越的交付速度和服务弹性；低价的销售策略会给供应链带来更具挑战的成本指标；以节日促销活动为主的销售方式会使得需求具有明显的高峰和低谷，从而使得供应链在平时和节日促销时采用不同的计划逻辑和生产流程；而营销策略选择的销售渠道，例如采用外部经销商还是厂家直营，也会影响分销和配送网络的设计。

5）企业内部的管理规范

企业内部的各项管理规范也会形成对供应链的要求和约束。例如，人力资源的招聘政策可能会限制或鼓励各部门和劳务派遣公司的合作，从而影响人力成本、劳动力稳定度、技术熟练度和产品质量等多个方面；IT 部门可能要求本地化部署所有管理系统，因而无法选用基于公有云的各种应用软件来满足管理要求；采购部门更是需要时刻遵守廉政部门的纪律规范，确保采购流程完全合规。这样的内部规范还可能涉及财务、研发、安全生产、保密制度、合法用工和员工权益、供应链可持续性等，内容丰富，形式多样。供应链的设计者和管理者们应该时刻关注和学习这些管理规范，和企业保持同步。

| 第 2 节 | 供应链设计的内容、时机和流程

在本章第 1 节中，我们了解了供应链设计的基本概念及其影响因素。本节将会从工作内容、开展时机和操作流程 3 个方面介绍供应链的设计工作，另外还介绍了全球化供应链的相关内容。

1. 供应链设计的内容

供应链设计大致包含 5 个方面的内容。

首先是确认供应链战略。供应链战略指明了供应链设计的重点，会影响设计方案的整体思路。举例来说，如果供应链战略要求持续提升交付的服务水平，那么设计者可能会布置更分散的配送中心，以便在满足成本上限的情况下，最大限度地接近客户；而如果战略目标是优化成本，那设计方案可能会倾向于数量更少、更集中的配送中心，以便在兼顾服

务水平的同时，尽量节约运营费用。关于供应链战略的更多内容，详见本书第 1 章。

其次是对供应链网络的设计，即对供应链的物理架构进行规划。供应链是由多个节点和节点之间的连线组成的。这些节点包含供应商、仓库、工厂、配送中心、批发商、零售门店、电商平台等多种供应链设施。节点间的连线被称为"弧"，代表了物资的流动。"点"和"弧"共同构成了供应链网络，对其进行设计主要是合理安排各种供应链设施，如选择工厂和仓库的位置、规划供应商的布局、设定运输的线路等。物理架构一旦确定，改动起来比较困难，所以在设计时需要考虑到企业较长远的发展。本章的第 3 节将进一步探讨有关供应链网络的设计工作。

然后是对组织架构的设计，即供应链上有多少个职能？每个职能内部又有多少个团队？每个团队又需要设置多少个岗位？职能、团队与岗位彼此之间如何分工？上下级之间又如何授权？每个岗位设置多少编制？怎样衡量工作绩效？组织架构设计一旦出现严重的偏差，势必会导致工作目标无法达成。关于组织的设计和优化工作将在本丛书 M3 模块《供应链领导力》详细介绍。

再次是对制度和流程的设计，即各项工作应该按照什么次序来做、由谁来做？每一步操作的输入内容是什么，输出结果又是什么？把输入转化为输出的过程具体是怎样操作的？制度和流程是工作的规范和方法，一旦设置错误，必然导致错误的工作结果。本书第 3 章"供应链集成与优化"将会讨论关于流程设计的内容。

最后是对工作工具的设计。工作工具是保障工作顺利开展和高效实施的必要条件，因此工具的设计必须匹配物理架构、组织架构的制度流程。近年来最受关注的工具是各类软件系统和自动化、智能化的硬件设备。本书第 6 章"数字化供应链技术及其应用"将对此进行介绍。此外，工作中的会议、报表、方法论等都属于工具的范畴。

2. 开展供应链设计的时机

通过上一小节的介绍，我们可以确定供应链设计是一项复杂、庞大而影响深远的工作。因此，开展和推进这项工作也会存在一些挑战，需要管理者和设计者把握合适的契机。

1）兼并和收购

简单地说，兼并和收购（Merge and Acquisition，M&A）都是企业对其他企业发起的产权购买以掌握其部分或全部产权与控制权的活动。不论是并购方，还是被并购方，其在这一活动中都有可能迎来变革的契机，因而出现实施供应链设计的条件。常见的情况之一是双方在合并后需要打通供应链的各个环节，例如共享同一个供应商群体、统一服务水平标准等。另一种情况是，双方在合并前要做一些必要的改革，使得双方满足某些并购的条件，例如一方可能要改造供应链的合规建设，以满足另一方的合规制度、价值观和所在地区/国家的法律要求。还有一种情况是，并购之后，双方都要变革自己的供应链以应对新形势。例如在联想集团收购IBM个人计算机事业部之后，原联想中国的计算机品牌Lenovo要将业务拓展到海外，而IBM个人计算机的品牌Think也需要适应中国市场的需求，在传统的商用计算机之外推出中国市场需求巨大的消费笔记本电脑。这样，两个品牌都需要改造自己的供应链以适应新局面，而这个新局面恰恰是由于并购行为触发形成的。

2）业绩滞后

企业在经营业绩不理想的时候，自然会想到通过改革来解决阻碍业绩增长的问题。供应链可以影响企业的成本优势、现金流表现、质量口碑、服务水平等多方面的业绩指标，因此业绩滞后的企业经常选择推动供应链的变革。既然是为了提高业绩，供应链的设计者就需要对标（Benchmarking）一个业绩较好的对象，找出自身与该对象的差距，分析导致绩效不佳的原因，然后推动变革。

3）关键生产要素的成本发生变化

如果关键生产要素发生了显著的成本波动，企业的经营环境就有可能发生质的变化。一些原本盈利的业务可能因此丧失利润空间，例如一个地区劳动力成本持续上升可能会使得企业考虑迁移制造工厂和更换劳动力更加低廉的供应商。这些都可能带来供应链网络架构、工作流程和工具的改变。这些关键的生产要素可能包括原材料、劳动力、能源、物流、知识产权和税务等。

4）客户偏好和价值转移

客户偏好和价值转移也会促使供应链变革。过去10年间，随着中国互联网产业的发展，越来越多的消费者改变了消费习惯，变得更喜欢线上购物，这不仅促进了电商平台销售额的增长，还要求电商企业建设大规模的物流网络。许多传统的依赖线下渠道的企业还因为这一客户偏好，建立了自有的电商直销渠道。相应地，这些企业也要适应电商的销售特点，设计满足互联网用户需求的供应链。例如，许多企业都反馈电商业务更加难以预测、消费时机的出现和湮灭的速度大大快于以往，纷纷提出对预测准确率和库存控制的改善需求。另一个例子是关于价值观改变的。近年来由于环保的价值观日渐盛行，减少化石能源的使用成为许多国家的共识。因此，许多企业开始改用绿色能源或者设计新能源产品，如传统汽车企业开始增加电动车的产品线，从而产生了供应链变革的需求。

5）更换供应商

更换供应商可能是出于成本优化的考虑，也可能是因为提升质量和服务水平的要求，甚至可能是由于供应商存在严重过失或合规性风险等。当供应商群体改变时，企业就有可能需要调整以往的工作流程和采购管理组织。例如,将海外的供应商替换为本土供应商,那么采购管理组织很可能也需要本土化,工作流程也要做适应性调整。

6)企业致力于创建动态化的供应链管理体系

一部分企业不希望在一定时期内固化供应链管理体系,而是希望保持不断改变的可能性。例如一些初创的企业或处于战略转型期间的企业,希望通过快速的试错、多元化的经营来寻找突破和成长的空间,因此其供应链管理体系比较容易发生频繁和重大的变化。

3. 供应链设计的流程

供应链设计大致包含明确任务范围、组建设计团队、分析和诊断、制订项目计划、实施设计、试运行和验收、运作过程中的持续改善等 7 个步骤,如图 2-3 所示。

1/7 明确任务范围	2/7 组建设计团队	3/7 分析和诊断	4/7 制订项目计划	5/7 实施设计	6/7 试运行和验收	7/7 运作过程中的持续改善

图 2-3 供应链设计的 7 个步骤

1)明确任务范围

设计者们在开展具体工作之前,需要明确本次设计工作的范围,确保后续完成的方案既不超出、也不遗漏范围内的任务内容。任务范围不明不仅会造成设计者的困惑,也容易导致设计工作的超时和超支。任务范围需要能够明确地回答以下几个问题。

● 设计任务针对企业的哪一类型业务?如哪个事业部或哪条产品线?

● 设计任务针对供应链哪些职能或领域?如优化预测管理、规划物流网络等。鉴于业界对"供应链"的定义并不统一的现实,设计者们往往需要从明确目标企业的供应链所涵盖的职能开始。

● 设计方案具体要解决什么问题?

● 怎样才算"完成"设计任务?即交付成果合格的标准是什么?

● 设计工作需要在什么时间内完成?可能的话,大致多少预算内完成?

2)组建设计团队

组建设计团队有 3 个要素:人员、岗位职责和管理关系。人员指的是具备条件的人,例如外聘的顾问需要既具备供应链实操的经验,又掌握理论知识,还拥有成功的设计经历等。在组建设计团队时,需要考虑到任务范围内会涉及的部门和用到的知识,确保团队成员的技能和经验特长能够满足本次设计的需求。除了各部门的人员,团队的组织和管理人员，如总设计师、项目经理等也很重要，这些角色除了需要有供应链专业技能之外，还需要有较强的协调沟通等软技能。此外，团队还需要定义每个成员或小组的职责边界，确保设计任务能够全部落实到人。最后需要定义人与人之间的管理关系，如甲和乙是一个小组，共同汇报给丙，而丙和丁是平级的，他们共同汇报给项目经理戊，等等。管理架构如果设计错误，就会造成工作中出现指挥不灵、协同不畅的问题。

3）分析和诊断

在这一步骤中，设计者们通过访谈、实地考察和数据分析等方式，确定现有问题的原因、理清解决问题的思路，并和供应链的高级管理层达成共识。这个过程经常用到多种数据进行判断和决策。这些数据包括历史订单和需求预测、产品信息、仓库和工厂等节点设施的信息、各种硬件设备的信息、成本和费用的数据、运输时效和采购周期等时间信息。这些信息来自多样的渠道，可能来自 IT 系统的记录，如历史订单信息；也可能来自一线工作人员的反馈；还可能来自第三方公司，如咨询公司的报告等；平时的数据积累也是重要的来源，如真实的产能、产品的实际成本等。

供应链数据种类繁杂、来源众多，即使是数据管理水平很高的企业也难以保证其数据绝对可靠和完整。因此，设计者们在收集到数据之后，要对数据的正确性和时效性进行核实，剔除和修正错误的数据，确认和辨析模糊矛盾的信息。这项对数据处理的工作称为"数据清洗"。当数据过多时，如果针对每条数据逐一分析，会造成超乎现实的工作量。因此设计者们会采用一种称为数据聚合（Clustering）的技术，把多条性质相近的数据信息合并成小类进行分析。例如，对于客户的地理信息，设计者们可以依据客户的行政区划或邮编而把客户聚合。麻省理工学院的著名专家大卫·辛奇 - 利维（David Simchi-Levi）建议数据聚合遵循以下原则 [1]。

● 将需求点合并为 150~200 个区域。如果客户按照服务水平或交付频率进行分类，则在每一分类中保持为 150~200 个客户点。

● 确保每个区域有大致相当的总需求，这意味着区域面积可能不等。

● 将聚合的点放在每个区域的中心。

4）制订项目计划

供应链设计通常是一个项目性的工作。在项目管理中，合理的项目计划对项目的成功至关重要。项目计划是对项目范围的精细分解，通常包括指定到人的详细工作任务、工作次序、输入内容和输出结果、较具体的工作时间安排和预算分配。

5）实施设计

在这一步骤中，设计者们按照项目计划实施设计工作，制定出符合任务范围所要求的供应链方案。在这一过程中，需要注意严格遵守任务范围，还需要管控设计任务和设计方案的变更。设计者们既不能无限讨好供应链的业务团队，否则不仅容易丧失设计的初衷，还会导致项目超时和超支，也不能一味闭目塞听，罔顾业务部门的合理需求，否则不仅会激化矛盾，还会使得设计方案无法落实为具体操作。

6）试运行和验收

制定好设计方案后，需要与业务团队沟通，获得初步的认同。然后，需要安排设计方案的测试工作。常见的做法是抽出一部分对企业影响不大、但又具有代表性的业务试运行部分或全部的供应链方案，通过试运行发现问题，对原始方案进行调整，直至业务团队根据任务范围定义的标准成功验收设计方案。

7）运作过程中的持续改善

设计方案获得验收后，在实际运作的过程中还有一个磨合和持续提升的过程。例如，人员的操作熟练度会随着操作次数的增长不断提升，直至成熟稳定；流程和工具通常也会在实操中被不断微调和优化。最后这个步骤的重要性丝毫不亚于前述的几个步骤，而总的工作量更可能超出初始设计的本身。供应链设计通常是一个项目性的工作，因此其管理方法和工作流程基本与项目管理相似。关于项目管理，本书第 7 章"供应链项目管理"中有进一步的介绍。

4. 全球化供应链

作为世界瞩目的制造业和贸易大国，我国已经成为全球重要的供应链中心。我国许多企业开始在全球范围内建设供应链，这需要管理者们具备全球化的视野，洞察全球化的优势与劣势，以及了解全球化供应链的复杂性。

1）全球化的视野

总的来说，全球化是人类经济发展过程中形成的现状和趋势，它受经济规律的支配，不以某些国家或者组织的意愿为转移，更不因企业和个人的好恶而存亡。在承认全球化的进程有其曲折性的同时，企业更应意识到越来越多的业务正迎接全球化的挑战。国内的领先企业需要通过"出海"等方式进军全球市场，它们甚至使本地的小型企业都有可能因为全球化进程而遭遇正面或负面的影响。因此，管理者们需要放开视野，在百忙之中抽出一小部分精力来关注和了解全球同行的动态，并尝试将这种动态和自身的工作结合起来，逐步培养全球化的视野。

2）全球化的优势与劣势

全球化的好处显而易见，供应链可以在供应源、设施条件和人力资源上有更多的选择，有机会实现更卓越的运作水平。不仅如此，企业还能向全球范围扩张业务，供应链所达之处即是产品销售可覆盖的地区。然而，凡事有利则有弊，全球化给供应链带来了更加复杂的管理组织，多层级、跨地域、虚实线共存的管理模式在全球化环境下几乎成为普遍现象，企业获取跨部门共识的成本越来越高。另外，全球化的供应链固然可以融合全球的资源优势，但也意味着更容易受全球各种风险的影响，局部地区的自然灾害、社会动荡和贸易战等霸权行径都会造成供应链网络的部分或全部瘫痪。立志于进军全球的企业不能只看见全球化的优势，还要对全球化可能带来的问题有所了解并准备好应对和管理的方案。

3）全球化供应链的复杂性

全球化对供应链网络的影响绝不仅仅是地理疆域或业务量的等比例扩大，它还给运营环境带来了更多的变量，极大地扩大了供应链优化的空间，相应地，也使得供应链网络更加复杂。这些改变包括：更多的海外供应商可供选择，更多的海外客户提出需求，跨国和越洋的物流成为必须，海关和检验检疫成为新的网络节点，各国的法律和税务要求必须被纳入合规和成本的考虑，在建设工厂和仓库时有更多的海外地址可供选择，可以考虑利用劳动力有优势的低成本国家，以及显而易见地，工作语言的统一和学习成为重要条件等。从事全球化的供应链设计和管理工作，需要对这些环境因素的变化有较全面和深入的认识，而绝不只是了解工作语言的改变和工作地域的扩大而已。

| 第3节 | 供应链网络设计

如前所述，供应链网络是供应链的物理架构，如果将供应链视为一个人，供应链网络就是这个人自然的身体条件。恰如强壮的身体是革命的本钱，合理的供应链网络也是实现卓越绩效的基础。我们将供应链设施和设施间物资流动的线路统称为供应链网络。本节将从运营策略、分销渠道、制造工厂、供应商群体、物流网络、逆向供应链网络和可持续性考虑几个方面来介绍供应链网络设计的要素。

1. 运营策略的选择

企业的每个职能部门都会有自身的运营策略，它指导了每个部门开展工作的基本思路。供应链涉及的部门众多，其中一部分的运营策略可能要求供应链在物理架构上能够支持和适应，因而不可避免地影响供应链网络的设计。

1）交付策略

交付策略定义了向客户交付产品的方式。交付活动既需要满足客户要求的服务水平，同时也会受限于产能、库存、运力和成本等要素，因此在交付方式上存在多种方案。交付策略会决定向客户交付产品的速度、频率或批次，交付的渠道，交付的位置，默认的运输方式，库存的位置和数量等。客户要求的服务水平越高，企业在交付过程中投入的资源就越多。例如，对于采购和生产周期较长的产品，客户要求的或企业自定义的交货速度越快，供应链就越可能在接近客户的位置设立库存。除了服务水平，需求的稳定性也会影响交付策略。对于长期稳定的产品需求，企业会更愿意在客户周围建设工厂和仓库；而对于不稳定的产品需求，企业会慎重投资本地化的供应链设施，而倾向于利用现有设施远距离交付，哪怕要为此付出更高的物流费用。有的时候，交付策略还会受行业特征的影响。例如，生鲜农产品的交付过程离不开冷链物流的设施。从以上例子可以看出，不同的交付策略对供应链设施的位置、数量和条件提出了不同的要求。反过来，供应链设施的布局也会影响交付策略。因此，在设计供应链网络时，设计者需要充分理解交付的环境和要求，在服务水平、成本和各种约束条件中寻找最优的解决方案。关于交付活动的更多介绍，请参考本丛书 M1 模块《供应链运作》的"客户需求管理与交付"一章。

2）制造策略

制造策略定义的是制造的模式。和交付策略一样，制造策略也是在多种约束条件中追求一个最大化的目标。这个目标可能是产量最大、生产成本最优、生产周期最短、原材料和成品库存最低、设备利用率最高等。制造策略同样受限于服务水平的要求、需求的不稳定性、产业特征，此外还会受工艺、设备、法律法规的影响。制造策略包含很多方面的内容，以下是几个可能影响供应链网络设计的要素。

●集中程度。一个工厂制造的产品辐射的区域范围越广，制造的集中程度越高，反之则更倾向于分散。集中制造可以整合生产，利用规模效应带来成本优势，同时只需投资一个工厂，但可能会导致远距离的成品运输。分散制造需要在多地投资多个工厂，不仅投资额较大，而且管理较为复杂，同时分散的生产往往不具备规模化生产的成本优势。但是，分散制造使得成品距离客户更近，可以实现更高的服务水平和更低的运输成本。选择集中还是分散的制造策略会直接影响工厂位置的选择。

●自动化程度。生产过程中自动化水平越高，使用的人力就越少，人力成本和管理复杂度得以降低，但是设备的采购和维护费用也相应升高。因此，设计者需要考虑人力成本、设备投资、法规限制等多方面的因素，选择合适的自动化程度。例如，同一个家具品牌，其在北欧的工厂可能会使用昂贵的自动化设备，而在劳动力成本低廉的国家开设工厂时，其可能会采用更依赖人工的生产方式。此外，设计者还需要考虑工厂所在地的人力和技术条件，例如，设备制造和维修服务较发达的地区更有利于建设自动化工厂。

●生产模式。按订单生产（Make to Order，MTO）要求在收到客户订单之后才启动制造过程；按库存生产（Make to Stock，MTS）则是指企业根据销售预测安排生产活动，并将成品保存在仓库中，直到收到订单才发货给客户；按订单装配（Assemble to Order，ATO）则是指企业根据销售预测完成半成品的生产，在收到订单后，再完成从半成品到成品的装配工作；按订单设计（Engineering to Order，ETO）则是指企业在接到客户订单后，按照订单的要求定制化地设计和生产产品。在 MTO 的生产模式下，为了尽量缩短客户下达订单后的等待时间，通常会要求就近选择供应商或要求外地的供应商就近设置工厂和仓库，以此缩短物料的运输时间，降低原材料库存。而对于采用 MTS 生产模式的企业来说，原材料的运输时间较充裕，在供应商分布上，可以选择距离较远的企业进行合作，但是通常需要更大规模的仓库来储存原材料、半成品和成品。ATO 既追求 MTO 的敏捷响应和低库存的目标，也要确保 MTS 具备的生产成本和交付时间的优势，所以设计者在供应商群体的布局、物流运输方式和线路选择上要进行更细致的权衡。这些特征都会影响供应链网络的布局。对于实施 ETO 的企业来说，虽然在供应链网络布局上没有显著而确定的要求，但为了缩短设计和交付的时间，通常希望设计场所能与制造工厂和原材料供应商保持较近的距离。

3）供应策略

供应策略包含的内容也很多。类似于制造策略，物料供应也存在选择集中还是分散的问题。例如，设计者会考虑选择一个大型供应商向全国发货或者寻找多个本地供应商满足需求。选择自制还是外购也是供应策略涉及的内容之一。需要向供应商提出怎样的服务水平要求也是一个重要的问题，而这个问题的答案还可能进一步决定供应商应该以什么模式完成交付的问题。对于供应链的设计者而言，设定供应策略的同时，也一定程度定义了供应商的位置、库存地点、运输线路和方式等与供应链网络相关的因素。

4）物流策略

在供应链中，物流担负着货物的暂存和运输，选择合适的物流策略对供应链的总成本和交付的服务水平影响深远。制定物流策略，首先要定义物流网络，即设定仓库和运输线路的布局；其次要选择合适的运输方式，采用水运、公路、空运、铁路或者多式联运。运输方式不仅影响供应链的物流成本，还会影响交付和供应的时效，并进而影响库存水平。物流策略还可能包含物流自动化需要达到什么程度，选择外包还是自建物流团队等问题。

如上所述，交付、制造、供应和物流等策略将会影响分销渠道设计、制造工厂选址、供应商群体选择和物流网络规划，这些都是供应链网络设计的核心内容。接下来我们将逐一讨论这 4 个领域的相关设计。

2. 分销渠道设计

对于很多生产型企业来说，合理选择抵达市场的路径（Route to Market，RTM）是高层管理者们制定市场营销策略和其他关键战略决策的基础。例如，选择大规模线下连锁超市还是小型专卖店影响着定价策略；汽车品牌厂商选择 4S 店代理还是自营影响着长期业务关系和投资。抵达市场的路径即客户交付渠道，也称市场营销渠道（Marketing Channel）或分销渠道（Distribution Channel）。中国物流与采购联合会给分销和分销渠道做出的定义是："分销是将客户所需的产品或服务从供应方按时、保质、灵活及可靠地转移并交付给最终客户的一系列活动。分销所涉及的所有组织和环节，以及产品或服务所经过的整个实体 / 虚拟通道称为分销渠道。在这个转移和交付的过程中，同时转移的有信息流、物流、商流和资金流。"从这一定义可以看出，虽然分销渠道的选择和管理属于市场营销的传统范畴，但是分销相关的决策可以深度影响供应链的交付活动。此外，随着供应链管理在企业战略规划和运营中的地位与日俱增，供应链管理能力也同时制约着企业分销渠道的选择。因而，供应链管理者必须理解不同渠道的管理特点及其能发挥作用的环节。

1）不同渠道的管理特点

消费品的交付渠道以抵达最终消费者为终点，并随时代发展产生众多的演变，消费品的典型交付渠道如图 2-4 所示。一些产品制造商选择直销渠道，直接供货给消费者，像美国的如新、玫琳凯和 GMC 等企业，产品多为化妆品和保健品。我国对直销行业有特殊的审批和管理规定，要求必须有实体零售店铺。进入 21 世纪，网络零售的迅猛发展为企业增添了很重要的渠道选项。批发商与经销商的传统区别是前者基本上在原地销售货物给零售商，而后者负责向更深、更广的地域零售商销售货物，还承担运输功能。批发商的生存空间由于电商、经销商、城市规划和物流服务的发展而受到大幅挤压。电商和物流的发展也同样压缩了传统经销商的生存空间。

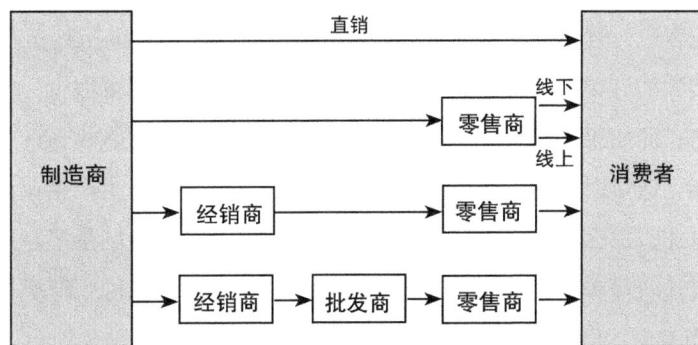

图 2-4 消费品的典型交付渠道

工业品的交付渠道与消费品略有差异，以交付给企业客户为终点，工业品的典型交付渠道如图2-5所示。这里说的工业品不仅指工业企业生产用原材料，也包括众多企业采购的固定资产、消耗品等物资。一些大型网络零售商也开设了工业品事业部面向企业客户，而一些传统的工业品经销商也提供货物给网络零售商，或者在那里开设自营网店，服务企业客户。一些品牌制造商为了保护渠道和产品的真实性，还使用授权的代理商渠道，代理商既可以直接面向企业客户，也可以供货给经销商，使其继续往下游分销。

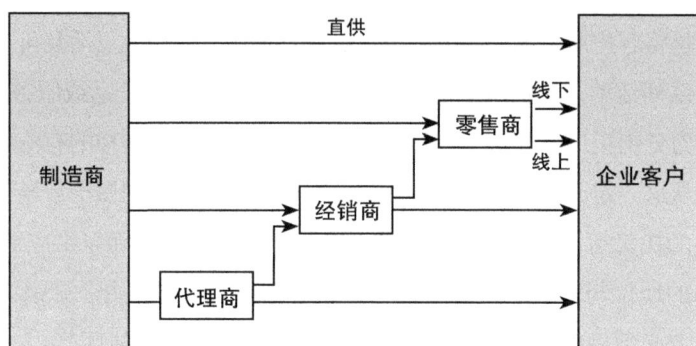

图2-5　工业品的典型交付渠道

如今消费品和工业品各个交付渠道的界限已不分明，利用电商平台、社交媒体、自媒体、网络直播等模式实现交付也屡见不鲜。多渠道和全渠道（Omni-channel）的分销模式成为不少企业供应链管理者重点关注的对象。

企业供应不同渠道时，由于渠道客户特征、供需力量强弱和客户与企业的供应链策略存在大量差异，管理的重点环节和方式也大相径庭。表2-1分别列举了直销渠道和消费者、分销渠道（以零售商、经销商为代表）、直供工业客户的渠道管理关注点差异，涉及订单特点、交付要求、库存设置、资金影响、管理难度等角度。面对同样的渠道类型，不同行业、供需双方的力量强弱和所采取的策略都会使供方在上述5个方面存在差异。例如，同样是工业客户，汽车制造的整车厂会大量采用准时制生产（Just in Time, JIT）模式，因而供方接到的订单多为短期要求，或以发货指令出现，变更很少，但客户的送货时间窗规定很严格；而如果工业客户也采用JIT模式，那么供方可能收到订单的时间较长，而变更就会增加，送货时间窗也可以商议。如果客户是电子设备生产企业，而供方是强势的芯片类生产企业，那么供方在上述5个方面的特点又是另一种场景了。因而，本书对渠道类型的特点描述较简单，管理者需要结合自身行业特点，在几种渠道类型之间对比，因此表2-1也权当参考示例。

表 2-1 从供方角度看不同渠道管理的典型差异

对比角度	直销渠道和消费者	零售商渠道	经销商渠道	直供工业品渠道
订单特点	· 订单行：少、数量少 · 厂家直供：订单频率低 · 网络零售：因产品而异 · 包装规格：小	· 订单行：中、数量中 · 频率：1~2 次／月 · 包装规格：小、中	· 订单行：多、数量大 · 频率：1~4 次／月 · 包装规格：中、大	· 订单行：少、数量大 · 频率：1~4 次／月 · 包装规格：大
交付要求	· 需求时间短、变更少 · 配送：快递为主 · 送货时间窗：可协商	· 需求时间短、变更少 · 配送：零担、小批量 · 送货时间窗：严格	· 需求时间：中 · 配送：区域物流中心、中央仓库 · 送货时间窗：可协商	· 需求时间：依据客户供应链策略；变更多 · 配送：中央仓库远途或 JIT 等，依据客户供应链策略 · 送货时间窗：可协商；JIT 严格
库存设置	· 贴近市场的前置仓或区域物流中心部署	· 贴近市场部置 · 货值高且快递配送的可贴近区域物流中心部署库存	· 可远离市场部署	· 依据客户策略和供应模式（MTS/MTO/ATO/ETO）
资金影响	· 账期：现付或极短账期 · 库存：成品多	· 账期：长 · 库存：成品多	· 账期：中、可控 · 库存：成品相对少	· 依据供需力量强弱
管理难度	· 需求预测相对容易 · 单位产品配送成本高 · 仓库拣货速度要求高，拆零比例高 · 渠道管理费用：低	· 需求预测相对容易 · 单位产品配送成本高 · 仓库拣货速度要求中、拆零比例中 · 渠道管理费用：高	· 需求预测难度中等 · 单位产品配送成本低 · 仓库拣货速度要求低、拆零比例低 · 渠道管理费用：中	· 需求预测难度大 · 单位产品配送成本低；JIT 模式高 · 仓库拣货速度要求低、拆零比例低；JIT 除外 · 渠道管理费用：无

2）渠道成本分析

渠道成本分析是管理者在选择分销渠道时必做的工作。这里的成本通常也称为市场通路成本（Cost to Serve），指货品从供方（此处以制造商为例）经分销渠道抵达最终客户（如消费者）的所有成本，包括分销渠道的利润和浪费，即图 2-6 所示的 C_1 至 C_7。这里仅选择两种典型的分销渠道做示例比较，即制造商—中央仓库（Central Distribution Center，CDC）—区域物流中心（Regional Distribution Center，RDC）—零售商—消费者的"零售渠道"和制造商—CDC—经销商—零售商—消费者的"经销商渠道"。

● C_1：制造商到 CDC 的运输成本和管理费用。两种渠道中，该项成本差异不大。

● C_2：CDC 的仓储成本、库存成本和管理费用。其中，库存成本通常计算持有成本。是否纳入缺货成本和订货成本视企业管理要求而定。在两种渠道模式的流量不变的情况下，CDC 仓储成本中的收货作业的成本差异不大，但出货作业的成本，包括拣货、包装和装车等作业会因下游 RDC 与经销商订单特点存在差异而不同。例如，CDC 对 RDC 的补货订单通常会比经销商订单集中且量大，拆零分拣、包装和装车作业成本相对低，发往 RDC 的货运比发往经销商的也更易协调而整合。两种渠道相比，服务 RDC 与服务经销商的库存策略不同，也会造成 CDC 的库存量和空间、面积占用不同，从而产生库存成本差异。

● C_3：从 CDC 发货到 RDC 或经销商的运输成本和此环节的管理费用。RDC 与经销商的数目和位置不同、货运整合程度不同会造成此环节（常称为干线运输）的运输成本差异。例如，当经销商数目远远多于 RDC 数目且地域极为分散，那么发往经销商的运输成本就高于发往 RDC 的。

● C_4：指 RDC 成本或经销商成本及其利润。RDC 与经销商的数目和位置不同造成二者流量的集中度存在差异，从而二者的仓储成本、库存成本和管理费用存在差异。如果两种渠道给零售商的产品售价一样，则通常选择零售渠道的供方账面会比选择经销商渠道的体现更多的物流成本。因为若选择后者，供方仅负责产品到经销商处的物流，经销商还要继续负担仓储、配送和管理的成本，当然，还要保留一定利润。

● C_5：指 RDC 或经销商到零售商的运输成本和管理费用。虽然两种渠道相比，该环节的成本结构近似，但是单一企业的 RDC 通常仅运输自身产品，而经销商则可能会整合其代理的其他企业的产品共同运输，因而后者的运输成本可能会低一些。

● C_6：指零售商的仓储成本、库存成本、利润和管理费用。该环节的成本在两种渠道中表现相近。

● C_7：指零售商到消费者的送输成本和管理费用。

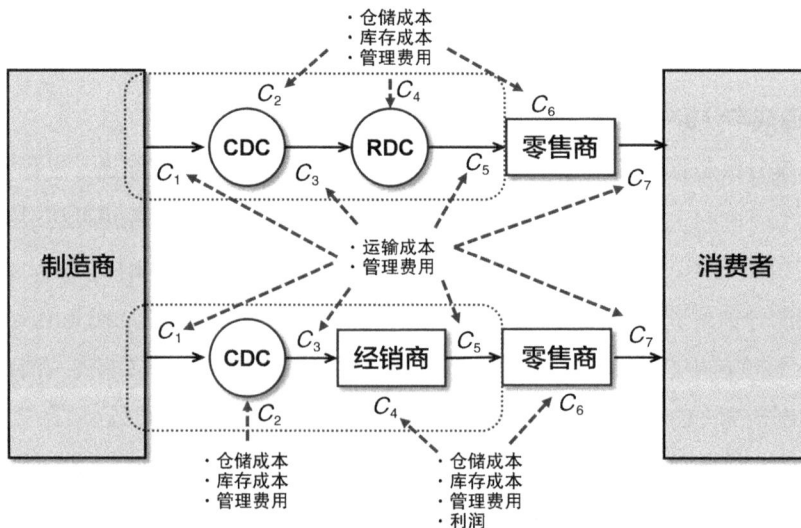

图 2-6　分销渠道的成本构成示例

除了上述 7 种主要成本之外，有的企业在进行渠道成本分析时，还要考虑逆向物流的成本及差异。

3. 制造工厂选址

工厂地址的选择将会对供应链的整体绩效产生影响。例如，如果工厂距离客户和供应商太远，企业可能会来不及响应市场的变化，也可能会造成过高的运输成本。工厂选址是一个十分复杂的过程，需要考虑的因素包括但不限于以下方面。

- 客户的服务水平要求。
- 集中还是分散的制造模式。
- 供应商的分布情况。
- 周边地区产业链的完整度。
- 周围的交通设施、交通拥挤程度、供应商到工厂和工厂到客户的运输成本。
- 人力资源的丰富程度。
- 气候和自然灾害因素。
- 当地法律法规要求。
- 当地民情风俗和教育水平。
- 社会安定和政治稳定的情况。

由于建设和搬迁工厂都很困难，厂址一经选定，在很长时间内都难有改变，因此企业在工厂选址时通常会慎之又慎。上述考虑因素只是一些常规事项，它们有的是制造策略决定的，如制造集中度；有的受供应策略影响，如供应商的分布情况；有的跟物流策略和交付策略相关，如运输方式、线路距离、交付频率等；还有的受外部不可控因素的影响，如社会稳定度、人力资源的丰富程度等。总而言之，工厂选址是一个复杂的问题，需要跨行业的知识和技术，是一项高技术又高风险的工作。尤其是我国企业在海外设厂或采购时，应当愈加认真地分析各项考虑因素，把风险降到最低。

4. 供应商群体选择

影响供应商选择的因素也有很多，如供应商的企业规模、主营业务或产品的契合度、合作意愿、发展战略和企业文化的匹配度，以及周边地区产业链的配套情况等。在这些方面吻合度较高或至少不冲突，即采购们经常说的"门当户对"的情况下，企业和供应商才可以开展合作。在此基础之上，供应链设计者还需要进一步研究供应商控制成本、质量和供应风险的能力。这和供应商的内部管理水平和外部条件都有关。拿控制供应风险来说，内部管理包含产能规划、采购计划、劳动力资源稳定度、安全库存储备等关键的工作内容；而外部条件则包括供应商与本企业或客户的距离、与原材料产地的距离，所在地的能源供应状况、交通运输条件、教育水平、劳动力丰富度、自然灾害和社会稳定度等因素。关于开发和选择供应商的详细内容，可以参阅本丛书 X3 模块《采购管理》的相关章节。

5. 物流网络规划

物流网络是供应链网络的重要组成部分。物流网络也是由多个节点和节点之间的"弧"组成的。物流网络的节点主要是各种类型的仓库，而"弧"除了连接仓库以外，还连接其他供应链节点，如工厂、供应商、经销商、客户等。规划物流网络的时候，需要考虑交付时间、销售渠道、供应商的位置、运输方式，以及法律法规和政府政策等因素。这些因素往往受交付策略、制造策略及供应策略的影响。关于物流网络规划的内容，可以参阅本丛书 X1 模块《物流管理》的相关章节。

供应链网络设计的难度在于，能够影响其最终运作效率的因素繁多，且它们彼此交织、相互作用，几乎没有完全孤立的因素。设计者对单一因素所做的修改会引发多个因素的连锁变化，所谓牵一发而动全身，例如为了节约租金而搬迁了仓库，但随之引发物流线路的变化而增加了运费。因此，设计者要在多个因素、多种方案间权衡利弊，做出既不违背各项限制条件，又能够最大限度获得整体利益的选择。从数学概念上说，这是一个优化求解的过程，事实上，运筹学正是供应链的理论支柱之一。通过建立运筹学和统计学的模型来理解供应链问题、总结供应链规律和预判供应链状况是每一个供应链管理者应当具备的理论修养。下一节，本书将会简单介绍与数学建模相关的知识。

6. 逆向供应链网络和可持续性考虑

如前所述，供应链管理工作不仅包含从供应商到客户流向的管理，也包含对反向流动的物料、资金和信息的管理，我们将之称为逆向供应链管理。逆向供应链的存在在很大程度上和供应链的可持续性要求相关。可持续性的理念强调供应链的发展不应以破坏人类的生存环境为代价，应保障子孙后代可以持续地享受发展成果并继续进步。可持续性要求供应链对其产品在制造、运输和使用过程中的废弃物负责，通过回收、循环利用、无害化处置等多种手段将其对环境的破坏降到最低。因此，和正向供应链一样，逆向供应链包含各种处理废弃物的设施，设施之间也有运输线路相互连接，它们共同构成了逆向供应链网络。逆向供应链的设计大体上遵循前述的供应链设计原理，具体内容详见本丛书 X1 模块的相关章节。

|第4节|　供应链设计所需的技术性知识

供应链设计是一项跨越多个知识领域的复杂工作，不仅需要设计者拥有丰富的实践经验，还要求设计者积累全面而扎实的技术性知识。本节将简单介绍数学建模和求解、统计学和运筹学知识、信息系统开发的知识。

1. 数学建模和求解

建立数学模型来表达和模拟现实工作中的问题，并通过数学模型的运算结果对问题的发展趋势做出判断，是现代科学非常重要的研究手段。学者和管理者研究与供应链管理相关的问题时，也经常使用这种方法。对于供应链管理者来说，通过数学模型了解和分析问题，更容易透彻地理解问题的实质，更快捷和准确地抓住解决问题的核心。

1）数学建模

简单地说，数学模型是对现实世界的数学化模拟。它将实际工作中的问题和条件以数学表达式的形式抽象地表达出来。在这些数学表达式中，有一系列的参数代表现实运营中的关键变量，通过改变这些参数的数值，可模拟不同条件下的生产运营问题。例如，某公司有两家供应商 A 和 B，该公司要求供应商 A 和 B 的总产能必须超过 1,000 件 / 天。那么我们可以设供应商 A 的日产能为 a，供应商 B 的日产能为 b，（$a+b>1,000$）这一数学表达式就是对产能要求的数字化表达，这就构成了一个简单的数学模型。在供应链管理工作中，最常见的数学模型之一就是成本模型。在一个产品的成本模型中，物料、人工、设备折旧、水电摊销和税务这些费用都是关键参数，而把它们加在一起就得到了总成本。通过改变这些参数的数值，我们可以得到不同产品的成本模型。

从字面意义上来看，数学建模就是建立数学模型的过程。和大多数人所熟悉的数学公式和公理不同，数学模型里的表达式不是标准的公式，表达式里的参数也不是像定理一般放之四海而皆准的。数学建模可以被视为一个将现实问题翻译成数学语言的过程，待解决问题的背景情况不同，数学模型的形式就大相径庭。诸如前述的供应商 A 和 B 的产能问题，如果换一个产品，可能就有 X、Y 和 Z 这 3 家供应商，而总产能可能要求超过 2,000

件／天。这时，构建的数学表达式就变成了（$x+y+z>2,000$）。由此可见，数学建模是一个量体裁衣的过程，机械模仿甚至干脆抄袭其他企业的数学模型几乎不会获得成功。

2）数学模型求解

数学建模是将现实问题转换为由数学表达式和参数组成的抽象描述。求解数学模型，则是针对这些参数进行计算，找出想要的答案。拿较简单的成本模型来说，假设某公司需要决定其中心仓库的位置，A 仓库的基础建设折旧是 x 元／月，人工费用是 y 元／月，运输费用是 z 元／月，那么计算 $x+y+z$ 就得到了该仓库的月度总成本 w。管理者可以计算不同候选仓库的 $x+y+z$，从而得到不同方案的月度总成本 w，进而选择成本最佳的仓库。求解数学模型有多种方法。一种思路是计算，通过精巧的数学算法求得想要的答案。例如，我们在本书第 4 章"供应链成本管理"中提及的寻找盈亏平衡点的问题，就需要精确地计算出达到盈亏平衡点的销售数量。另一种思路是模拟实验，通过不断地尝试不同的参数，逐渐逼近答案。例如尝试不同的安全库存量，寻找既能满足交付要求、同时库存成本最低的方案。

当前市场上有很多出色的软件工具可以帮助管理者求解复杂的数学模型。从实用角度出发，供应链设计者甚至不需要掌握精深的求解算法，而只要会操作软件就可以求解复杂的数学模型。然而不论什么软件都只能作为一个工具给建模者提供工作便利，而无法取代其对现实问题的整理、归纳和翻译。因此，建模者不仅需要有一定的数学基础，更需要熟悉模型想要表达的业务场景。此外，由于供应链的运营环境过于复杂，建模的过程难免存在疏漏，所谓"差之毫厘，谬以千里"，轻微的失误都有可能导致求解得来的数值出现偏差。因此，建模和求解的结果通常只被当作参考答案，它大大减轻了设计者的工作，也提升了设计方案的准确性，但是最终还是要经过设计者的人工验证、判断和必要的调整。

3）用途和学习途径

数学建模和求解的技术广泛应用于物流网络规划、生产线布局、制造工厂选址、固定资产投资组合、工作流程优化、供应商群体的选择等重要的设计工作中。学习数学建模的最佳方法是勤加练习，尝试着将日常工作中所遇到的问题和自身的思考抽象出来，用数学表达式删繁就简地表达其关键要素。在求解方面，简单的数学模型如成本模型可能只需要加减乘除，而复杂的数学模型会用到更高级的算法。例如，本丛书 X1 模块详细阐述了重心法等较为复杂的计算和求解的方法。

2. 统计学和运筹学知识

数学是所有自然科学的基石。在众多的数学领域中，和供应链管理科学联系较为紧密的是统计学和运筹学。了解这两类数学知识对于从事供应链设计工作及履行日常的供应链任务都有显著的好处。

1）统计学知识

统计学是通过搜索、整理、分析、描述数据等手段，以达到推断所测对象的本质，甚至预测对象未来的一门综合性科学。统计学的一个重要特点是从形态各异、表象不同的案例中总结和归纳所有样本内在的共同规律。企业往往受困于客户需求的频繁变化和不可捉摸。就单个事例而言，客户喜好、时间和数量等方面的变化的确难以揣度，但如果就整体市场而言，企业把众多客户需求聚拢在一起进行分析的时候，往往能发现它们存在诸多的内在规律。就算是针对同一客户，如果掌握足够多的需求信息也可以分析出其需求的规律。例如，搜集客户的历史订单，从中找出平均每张订单的数量、交付目的地的分布比例、需求的淡旺季规律等，可以帮助供应链管理者制定更有针对性的应对方案。

除了预测需求以外，统计学还可以帮助管理者了解供应链设计中需要用到的一些关键信息。例如，仓管部门通过实地观测可以搜集到仓管人员在分拣和打包某一类产品时的平均效率，再结合销售预测估算出仓库作业的任务量，就可以据此设计出仓管团队所需的岗位编制和合理的职责分工；物流部门可以通过历史订单统计出现有各条线路的实际成本和平均时效，还可以利用统计数据对新的物流线路进行模拟，从而调整物流网络的规划；生产经理可以统计某类产品的日均产量，从而帮助设计人员推断车间所需场地的面积和应该安装的设备类型；质量团队可以通过持续的观测，搜集和分析产品质量表现，找出来料、加工、保管和运输过程中出现质量问题的原因，推动质量管理流程的持续改善；采购团队在进行重大战略决策时，也需要借助统计学分析决策的合理性。例如，当采购团队考虑是否选择海外的供应商群体时，可能就需要计算采购周期的延长时间，并评估其对库存、成本和交付绩效带来的影响。可以说，统计学的知识深刻影响着供应链设计工作的方方面面。

2）运筹学知识

运筹学是现代管理学的一门重要专业基础课。它是 20 世纪 30 年代初发展起来的一门新兴学科，其主要目的是为管理者在决策时提供科学依据，它是实现有效管理、正确决策和现代化管理的重要方法之一。运筹学研究的问题是如何在众多条件的约束下，找到复杂问题的最佳或近似最佳的解答。一个典型的应用场景是仓库的内部空间规划。假设有 3 种产品，其外包装的尺寸分别是边长为 30 厘米、40 厘米和 50 厘米的立方体。现在有一个长 200 米、宽 40 米、高 15 米的长方体仓库。仓库经理的任务是最大限度地利用仓库空间，用 3 种产品填满仓库，使装进仓库的产品总数越多越好，请问能装进仓库的产品总数最多有多少个？其中 3 种产品分别有多少个？各种产品应当如何摆放？面对这一问题，如果仓库经理凭经验摆放，往往很难得到最佳（容纳产品总数最多）的摆放方案，至少其无法证明凭经验摆放的货物已经是该仓库能容纳的极限。运筹学处理的正是此种情形，通过数学建模和专业的求解方法，可以得出在满足限制条件（仓库的长、宽、高）的前提下最优的摆放方案。

在上述场景中，有许多实操的细节被简化了，如果将这些细节添加进来，就会使建模和求解变得更为复杂和专业，因此需要更丰富的运筹学知识。例如，上述问题中的限制条件只有仓库的长、宽、高尺寸，如果再添加一个限制条件——仓库内通道不得少于2条横道、5条竖道，且通道的宽度不得小于2米，那么这道题的答案又会是什么呢？如果再考虑到3种产品中有1种是重货，只能摆放在地面上，不能使用高层货位呢？如果3种产品的外包装尺寸扩大成30种呢？如果有易碎品不能被压在重货下方呢？如果把长方体仓库变成椭圆形机舱呢？如果是机舱和船舱，那是不是还要考虑重心的平衡呢？考虑的要素越接近实际操作的场景，数学模型就会变得越复杂，就需要运用更丰富的运筹学知识。

除了仓库空间规划以外，运筹学还广泛应用于生产线布局优化、仓库选址、物流线路规划、工作流程精简、固定资产投资优化等关键的供应链设计工作中。

3）用途和学习途径

统计学和运筹学可以被视为供应链管理科学的两块基石，它们对供应链运作的影响不言而喻。对供应链设计者来说，掌握这些知识可以帮助他们更精准地把握设计方案的优缺点；对日常操作人员而言，尝试从统计学和运筹学的角度理解工作中遇到的问题，不仅可以找到可供参考的答案，还能够加深对问题的认识，迅速增强自己的工作能力。

然而，上述介绍并未提及应当如何分析、怎么计算。这需要进一步学习和掌握统计学和运筹学的相关知识。不得不说，学习这些较为复杂的数学知识没有捷径可循。理解基础的数学概念是必须的，细细推理数学算法的内在逻辑也是一定要做的，直至彻底明白其原理才可以，要努力做到"知其然，还要知其所以然"。虽然当前有很多软件可以帮助我们方便地进行数学建模和求解，但它们并不能取代供应链设计者自身对统计学和运筹学的理解，就好像机器人可以自动完成生产任务，却依然需要工程师告诉它具体的操作步骤和参数。如果还需要进一步掌握具体的数学建模和求解技巧，就需要频繁练习和带着问题主动学习，掌握更多的应用细节。学习的途径可能包括但不限于：阅读专业书籍、参考微信公众号文章等网络资源、与同行专家学者交流、参加培训课程和攻读专业学位等。

3. 信息系统开发的知识

随着信息技术的应用，企业越来越依赖信息系统来管理其供应链的运作。信息系统的功能完善与否、适用与否对供应链效率的影响极大。例如，利用物料清单（Bill of Materials，BOM）拆解成品的需求，形成物料需求计划（Materials Requirement Plan，MRP）的过程，如果手工完成，往往需要数天的时间，且只能针对有限数量的产品和物料开展，而利用信息系统中的 MRP 运算功能，即使是产品十分复杂的大型企业，也只需要数十分钟即可完成。本书有介绍信息技术和数字化转型的内容，因此这里不再赘述，下面重点谈一下供应链设计者和系统使用人员在信息系统建设的过程中所需要秉持的理念和掌握的基础知识。

1）用户深度参与开发的理念

我们不妨把信息系统的开发比作房屋的装修，两者有许多相似之处，例如都是项目性的工作，都需要一定程度地度身定制，一个建设了工作的平台，而另一个打造了生活的空间等。读者们不妨想象一下，作为业主，我们是否会在房屋装修的工程中袖手旁观？完全不参与房屋装修的设计方案，被动地等待装修公司给予我们一个装修设计，然后不假思索地通盘接受？答案显然是不会。然而不幸的是，在许多信息系统开发的项目中，许多供应链管理者，也就是信息系统的用户们，正是这样对待自己未来的工作平台的。在信息系统建设和完善的过程中，不是只有软件公司和 IT 部门需要承担责任。作为用户，我们也有非常重要的工作需要完成。总的来说，用户至少要完成以下 3 个方面的工作，才能确保信息系统的适用性。

●在信息系统设计的过程中，清晰全面地描述信息系统的功能需求、工作流程、流程中的决策与判断规则，以及提供必要的表单和字段的模板。

●认真落实必要的管理变革。信息系统的开发需要投入大量的资金和人力，因此必须确保信息系统是按照正确的管理方法运行的，而不是把当下存在错误的管理方式原封不动地固化到昂贵的软件中。因而在信息系统开发的项目中，往往伴随着对现有管理体系的改善，甚至是颠覆性的变革。使用系统的用户和被系统波及的供应链各环节的参与者都要积极参与和配合管理变革，这样才能确保开发完成的信息系统既正确又适用。

●认真履行信息系统的用户测试职责。开发信息系统如同写文章，好的文章是不断修改出来的，优良的信息系统也是通过全面细致的测试发现问题，然后修正完成的。草率敷衍的用户测试是信息系统开发失败的关键因素之一。这种失败往往会导致用户在信息系统启用后遭遇频繁的适用性问题。

2）需要掌握的基础知识

在信息系统开发方面，供应链设计者和日常操作系统的用户需要掌握如下 3 个方面的知识。

●了解信息系统的产品知识，主要是不同领域的信息系统能够完成哪些工作，即系统功能的范围和边界。

●熟悉系统开发的大致流程。虽然不同系统的开发流程存在细节上的差异，但是系统开发的框架流程是较为相似的，了解开发系统的基本流程有助于我们更好地完成信息系统建设项目。

●尽自己所能，了解更多信息系统开发的专业技术知识。

3）用途和学习途径

信息系统开发对供应链工作的意义不言而喻。要学习信息系统的开发知识，一方面可以通过多多参与此类项目不断锻炼、总结和提升，另一方面可以向专业的软件公司和IT部门多多请教，当然也可以通过资料阅读等方式来不断完善和提升自己。

参考文献

1.大卫·辛奇－利维，菲利普·卡明斯基，伊迪斯·辛奇－利维等.供应链设计与管理 [M]3 版.季建华，邵晓峰，译.北京：中国人民大学出版社，2008.

第 3 章

供应链集成与优化

　　如果将供应商、客户及组织内部的各个部门比作珍珠的话，那么供应链就是把散落的珍珠串接成精美饰品的链条。饰品的价值不仅取决于每颗珍珠自身的美观度，还依赖于珍珠彼此之间大小、亮度、色泽的协调。对于供应链这样一个有机的整体来说，局部最优的办法未必产生全局最佳的效果。当供应链的每个环节都在追求自身利益最大化的时候，严重的问题就出现了。例如，采购部门单方面推动的降本活动可能会影响供应商的产品质量；生产部门为了追求设备利用率会要求更大的生产批量，从而导致较高的成品库存；销售部门在不了解供应计划的情况下，可能会向客户承诺超出企业能力的交付数量和时间。因此，供应链管理的一个重要议题是供应链集成，即将内外部的职能单位整合起来，使得彼此联系紧密，运作协调，共同实现供应链的整体利益最大化。增进供应链各个环节的交流，尤其是销售部门和运营部门之间的交流显然是一个好方法，但这依然远远不够。供应链管理者需要建设一个完整的制度体系，使得供应链各个环节能够从销售部门获取充分的需求信息；在此基础上建立起销售部门和运营部门共同参与的计划流程，制订行之有效的供应链计划；然后将计划下达各执行单位，进一步深化为更详细的计划，并予以落实；在执行过程中，需要监控与汇报执行情况；最后，还要定期复盘发生的问题，总结经验教训，识别进一步改善的机会。供应链管理者通过不断优化这样一套沟通和协作的管理体系，可持续提高供应链的运作效率。

（本）（章）（目）（标）

1. 了解供需集成的概念。

2. 掌握销售与运营计划的概念和工作流程。

3. 了解整合业务计划的结构和其中的重要元素。

4. 了解研发与供应链结合的理念和工作内容。

5. 学习设计与持续优化供应链流程的方法。

|第1节| 需求与供应集成

在宏观经济学的视野中，市场上的需求和供应总是在不断波动和调整中实现动态的平衡。大体上讲，市场有多少需求就应该有多少与之相匹配的供应。然而，不断发生的需求和供应波动和随之而来的调整都会对身处其中的企业造成冲击。宏观市场的供需平衡是以微观组织的供需动荡为代价的，就好像远看平滑如镜的湖面，近看却微波荡漾。企业如果能够妥善应对供需的波动，就能在市场上乘风破浪；反之，即使在平静的湖面上，企业的小船也有可能被局部的浪花打翻，成为整体平衡的牺牲品。

1. 供需集成的概念

供需集成是指协调供应链的资源，使得需求和供应在品种、数量、时间、地点、质量、成本或价格上相互匹配的管理活动。理论上最佳的供需集成是供应和需求在上述几个方面完全吻合，但实际操作中二者总有差异，因而供需集成是一个不断追求优化改进、无限逼近理想状态的过程。在研究需求和供应的问题时，供应链管理者容易把需求和供应简单地看作两台机器，认为只要调整参数，使得"供应"这台机器的产出等于"需求"那台机器需要的输入，就可以实现供需平衡。如此一来，供应链管理者只需要盯住一台机器的变化，然后调整另一台机器来与之相配就可以了。这种观点的问题在于，它忽视了需求和供应彼此间的影响，将两个相互配合协商的伙伴变成了其中一个被动满足另一个的变化的关系，这样就把需要合作才能解决的问题变成了单方面的责任，势必造成合作的破裂，进而导致严重的供需脱节。相对于两台固化的机器，它们更像是两个朝夕相处的人，一个人的变化会带动另一个人也发生变化，经过一段时间的磨合，两个人会渐渐变得步调一致，这时供需之间的关系才变得紧密起来。所以，供应链管理者应当把需求和供应集成起来，当作有机的生命体来分析。供需集成需要运营端和销售端不断寻找向对方靠拢和妥协的可能性，共同追求整体利益的最大化。

举例来说，某手机制造商的市场部门打算在两个月后举办促销活动。市场部门预计，届时将在 3 天内卖出 30,000 部手机，需要在促销活动后立即发货，要求运营部门保障产品的供应。但是该手机制造商的手机产能只有每日 2,000 部，且主要采取按订单生产模式和零库存政策，因此原则上既不能在 3 天促销活动期间生产出 30,000 部手机，也不能提前储备 30,000 部手机的库存，促销方案难以落地。持"机器论"的企业此时就难免陷入市场部门和运营部门的争执，每一方都站在自己的立场上，要求另一方配合，久久无法形成可执行的解决方案。幸运的是，这家手机制造商广泛接受了供需集成的思想，经过市场部门和运营部门的协商，一致同意由生产部门在促销前生产出 30,000 部手机，采购部门负责与供应商协商，按照计划准备原材料。此外，由于采取零库存政策，该手机制造商没有足够的仓库空间储存成品，所以制造好的手机在促销前暂时存放在经销商的仓库。市场部门与经销商洽谈，提高了经销商的利润空间，用以弥补经销商的库存成本。这一方案上报 CEO 和 CFO，获得首肯，形成了缓解供需矛盾的解决方案。

2. 为什么需要供需集成

以供需集成的理念处理供应链问题有显著的优点，主要包括如下几个方面。

●促进了企业战略共识的达成。供需集成使得各部门的管理者对中长期范围内存在的供需矛盾有着更为清晰和准确的认识，因而在制定企业发展战略的时候也更容易形成有共识的目标和方法，减少了制定和推进供应链战略的阻碍。一个典型的场景是，当企业确定某种关键物料无法在未来数年保持稳定供应的时候，就可能制定战略，既要求采购部门努力开发潜在的供应源以减轻供需矛盾，又要求销售部门调整主打的产品以规避该物料的供应风险，还可能同时要求研发部门优化产品设计，采用其他供应稳定的物料。在采购、销售和研发等部门对长期的供应危机有共识的前提下，各部门可制定出内容各异但是目标一致的战略。

●提高了供应链的精益性。需求端和供应端通过深入的交流和协商，充分了解了彼此的现状，使得销售和运营的信息以较少的遗漏、延迟和扭曲传递给另一方，降低了供需脱节带来的成本，提高了供应链的精益水平。这是因为供需一旦脱节，为了保障企业的业务正常运转，供应链团队不得不通过更高成本的操作来解决脱节造成的问题。例如，采用昂贵的航空运输追回因为供需部门信息脱节造成的延迟，囤积更多的库存以应对频发的紧急需求等。

●改善了供应链的敏捷性。频繁、深入、准确、及时的交流使得运营部门能够更高效地了解市场需求，并和销售部门迅速达成共识，更灵活地响应变化。例如，当销售团队将未来一段时间的市场需求以预测的形式告知供应链团队时，供应链团队就可以提前准备好匹配需求的产能、物料、人力、运输载具、仓储空间等资源。提前准备的资源不仅更好地满足了需求，而且在需求发生变化时有一定的资源基础可以快速响应变化。随着供需集成活动的深入，预测准确率和响应变化的工作流程不断得到优化，供应链的敏捷性得以提升。

●提升了产品和服务的质量表现。供需集成既使得供应端可以准确地理解需求端的质量要求，也可以帮助需求端了解供应端的现实条件和能力，从而制定出合理的质量要求，这两者都有助于提升产品和服务的质量表现。同时，由于供需集成缓解了销售和运营的信息脱节，减少了因为措手不及而带来的赶工，对产品和服务的质量水平也有正面的影响。

●保障了资产投资的合理性。供需集成提供了较为精准的需求，使得供应链团队在投资设备、厂房、仓库等固定资产和物料库存等流动资产时，目标更加明确，也更具计划性，从而避免了不符合需求的投资，减少了浪费的风险。

●降低了企业的经营风险。由于信息传递的准确性和行动的效率得以提高，企业更有可能规避和缓解经营损失和意外事故。例如，采购部门发出的原材料涨价预警被及时地传递给销售部门，使得产品定价被及时修改，规避了利润的损失。

●积累了企业的人才储备。供需集成使得更多的中层和基层员工获得跨职能交流的机会，得以积累更多的知识和拓宽视野，增进了对供应链管理的理解。这十分有助于供应链人才的成长。不论是多么发达的经济体，还是多么先进的组织，高水平的供应链人才都是稀缺资源。拥有人才造血能力的供应链显然具有培养和积累企业人才的基础。

3. 常见的误区

供需集成的理念虽然先进，也有一些最佳实践的案例证明了其可操作性，但是在实操中还是存在许多误区，这大大降低了实施供需集成的成功率。实施供需集成常见的误区如下。

●将供需集成的管理体系片面理解为一个产销／采销协商会议。供需集成是一个完整的管理体系，不能将其简单地等同于产销／采销协商会议，那只是其中一个帮助达成跨部门共识的环节。在进入这个环节之前，需要很多输入信息，如产品现状、销售预测、供应计划等。在这个环节之后，还有财务复核、高层决策、落地执行、复盘总结等环节。把资源集中在一个协商会议的建设上，默认设计好一个会议流程就能解决主要的供需问题，这是一种过于简单和片面的做法，难免有一叶障目之嫌，这往往会导致会议缺乏充分的信息准备，参会人员没有可供讨论的解决提案，最终变成一个会前无准备、会中难决策、会后没行动的茶话会。

●将达成共识等同于协商或内部谈判而忽视了规则的建设。跨部门协商的时候，每个部门的妥协和让步都需要有充足的理由和恰当的授权来支撑。协商遇到困难和障碍时，也要有解决问题的规范。这一切都指向了规则的建设。例如，前述手机制造商的案例中，运营部门就需要有计划、采购、生产、工程变更、库存控制的规则；而市场部门也需要有经销商成本补偿的规则。这些规则有的明确了解决方案不可动摇的红线，如零库存和仓库空间，设置了问题的边界；有的则肯定了解决方案可能的出路，如向经销商补偿库存成本是允许的。没有这些规则，只能将解决问题的希望寄托在市场部门和运营部门发扬风格、拿出相互补位的精神，或者坐等上级 CEO 和 CFO 指示，这都难以持久。日常工作中，这样的规则还有很多，如订单变更规则、客户优先级规则等。它们不可能在每个问题出现时通过员工临时的协商和谈判形成，而需要企业系统性地设置和固化。

●支撑供需集成的基础建设不到位。仅有协同的规则还不够，还需要建设确保规则发挥作用的基础条件，如流程、数据、硬件设备、信息系统等。还拿手机制造商的例子来说，每天 2,000 台产能的数据、仓库的空间、经销商的库存情况等都需要精准的数据支持。这些数据的搜集、保管和传阅是通过信息系统还是别的方式实现的？怎么保证这些数据的真实性和及时性？这些数据有的需要电子设备和软件系统等技术手段予以保障，有的则有赖于各部门训练有素的人员和规范合理的流程。这些都是供需集成体系的基础建设，它们的缺失或不足会使供需集成变成一个精致的"垃圾进、垃圾出"的管理装置，成为无根之木、空中楼阁。

●期望供需集成一蹴而就，对建设该体系的困难预计不足，缺乏战略耐心。一个普遍的现象是，企业按照供需集成的理念改造了业务流程后，发现效果不如预期，批评抱怨和否定的声音此起彼伏。于是过不了多久，企业就放弃了新流程，回到了老路上。除了前述的问题以外，供应链管理者经常忽略供需集成的成熟需要一个过程。这还是把供需集成体系看作了机器，指望安装好后，打开开关，立即就有产出。事实上，供需集成体系在设计基本合理、基础条件大致具备的情况下，仍然需要相当长时间的磨合与持续改善才能渐入佳境。举例来说，当销售预测被转化为无约束限制的需求计划后，计划部门会据此制订供应计划。在此过程中，容易出现各种意外、疏漏和错误，并非完全依靠信息系统可以解决。这就需要销售部门和以计划为核心的运营部门相互磨合，不断提高操作的熟练度和经验值，成为训练有素、合作无间的跨部门组织。

4. 实现供需集成的必由之路——S&OP

供需集成的理念不难理解，但是怎样实现呢？成功的企业通常会有高瞻远瞩的战略目标，也会有行动力卓越的执行团队，两者都是供需集成不可或缺的。然而，如何把长期战略落实到日常工作中去？这是从一线的执行团队到高级管理层都备受困扰的问题。解决这个问题就需要建设一个承上启下的中间层，将宏大久远的战略目标逐层分解成可供执行的日常工作指导。这对于实现供需集成至关重要。管理者将这个中间层称为销售与运营计划（Sales and Operations Planning，S&OP）。

| 第 2 节 | 销售与运营计划

S&OP 的理念强调销售端（S）和供应端（O）相互协作，以共同支撑企业的发展战略，制订具备共识、衔接顺畅的工作计划（P）。由于本章更关注 S&OP 的思想对供需集成与优化的影响，因此只介绍 S&OP 的基本概念，更详细的内容请参考本丛书 X2 模块《计划管理》的第 4 章。

1.S&OP 的作用和价值

根据中国物流与采购联合会的供应链术语，S&OP 是指：与内部业务部门合作，根据销售预测、实际需求、产能预测和组织的业务目标，评估预期的需求、库存、供应和客户交货时间的跨职能流程。S&OP 上连战略业务计划，下接各种执行层计划，是从战略到执行的转换器，如图 3-1 所示。相比战略计划，S&OP 具有更多细节，也可以更频繁地更新，以便响应来自需求端和供应端的变化。它要求业务部门之间紧密合作，根据组织的业务目标、需求信息和供应状况，制定出能够最大限度平衡供需矛盾的解决方案。S&OP 因为涉及的部门复杂、人员众多，成本较高，所以 S&OP 不太可能下沉到非常具体的执行层面，比如通常不太可能针对具象化的产品、每一个工作日、每一条生产线和设备制订 S&OP。S&OP 一般由中层管理者制订、高层管理者批准，至少每月更新一次，覆盖的时间跨度从数月到数年不等。

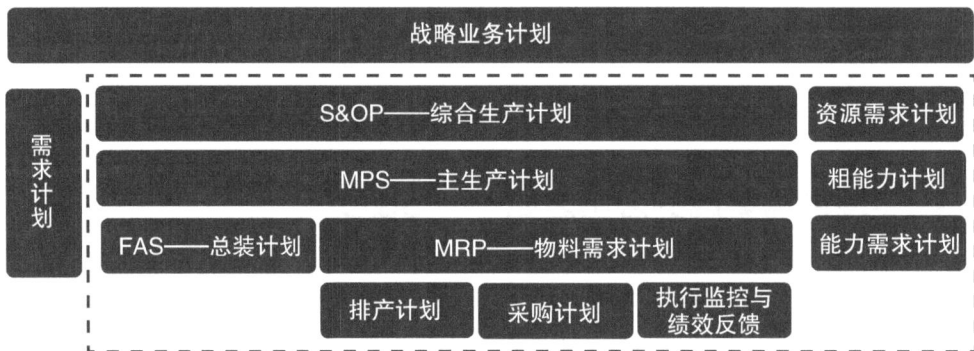

图 3-1 S&OP 是从战略到执行的转换器

2. 实施 S&OP 的流程

图 3-2 展示了实施 S&OP 的流程。

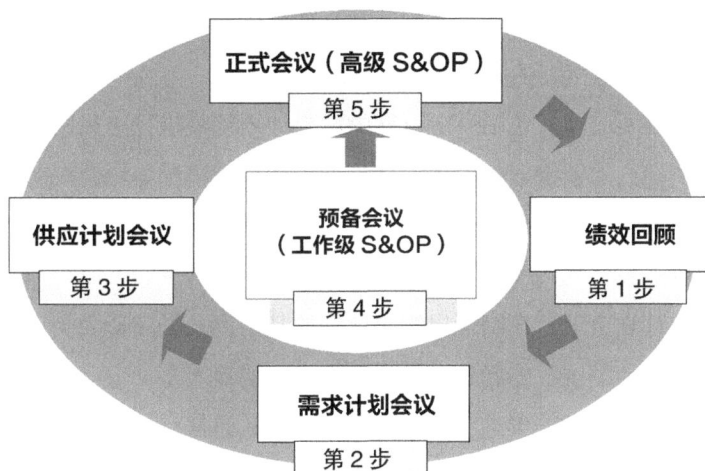

图 3-2　实施 S&OP 的流程

第 1 步：绩效回顾。这一步骤的主要工作是搜集和整理产品的现状信息，对产品的销售绩效进行分析和统计，并在此基础上对未来一段时间的市场需求做出预测。搜集的信息包括但不限于：实际销售情况、生产和未完成订单情况、库存水平（包含呆滞库存、原材料库存、半成品库存和成品库存）和财务指标等。其中，销售数据和客户订单的情况主要由销售部门提供；库存水平通常来自仓储部门的数据统计；而销售额、利润率、库存周转率等财务指标一般由财务部门负责输出。

在所有搜集和分析数据的工作中，制定需求预测可能是最具挑战的。在经济学中，"需求"是指"在一定的时期，在既定的价格水平下，消费者愿意并且能够购买的产品数量"。需求预测就是对未来的需求进行前瞻性的判断，并作为商业决策的基础。因为 S&OP 要覆盖未来较长一段时间，所以较为依赖销售预测的数据为决策提供理性的依据。因此，无论采用何种预测的方法，其结论都必须建立在充分而客观的信息基础上。即使是通过主观判断和经验评估得出的销售预测，其输入也依然是真实可信的信息，且通常依赖某种结构化的方法形成结论，并非脱离事实、凭主观想象认定的需求。制定和管理需求预测是十分专业的工作，详细内容请参考本丛书 X2 模块中的第 2 章"预测与需求计划"。

第 2 步：需求计划会议。绩效回顾的工作回答了"客户有什么需求？"的问题。接下来，需求计划会议要回答的问题是："应该如何满足客户的需求？"管理者应当注意需求计划和需求之间的差异。首先，不是所有的客户需求都要被满足。举例来说，A 公司的销售部门预测客户想要 10,000 支黑色圆珠笔外加 1 支蓝色圆珠笔。A 公司出于生产和物流成本的考虑，可能会直接拒绝客户这 1 支蓝色圆珠笔的需求。其次，具体拿什么产品来交付？例如，那 10,000 支黑色圆珠笔的需求应该由哪些型号的黑色圆珠笔来满足？此外，还有诸如"分几个批次交付？""是否需要从其他地区调拨库存完成交付？""开展什么营销活动促进交付？"等诸多的问题。

需求计划会议需要的输入包括：上一期的需求计划及其执行结果、市场情报、历史数据、包含需求预测在内的销售分析报告、新品的市场推进情况等。会议的主要活动是制定应对市场需求的方案，其输出是未来 12~18 个月滚动的、无约束限制的客户需求计划，以及可能会遇到的风险。

第 3 步：供应计划会议。在制订出需求计划的基础上，供应计划会议需要回答"供应链应当怎样支持需求计划？"的问题。供应计划会议的输入是：定稿的需求计划、上一期的供应计划及其执行反馈、关键的制约因素（如产能、原材料和劳动力等）的限制等。供应计划会议的主要活动是研究生产、采购、物流等方面的限制条件，寻找满足需求的解决方案。值得注意的是，在这一过程中，供应链团队需要尽力突破限制满足需求计划，需求端也应当认真了解运营的问题，根据供应状况对需求计划做出适应性调整。供应计划会议的输出主要包括未来 12~18 个月滚动的限制性供应计划，并汇总供应缺口和预想的应对措施。

第 4 步：预备会议。由计划部门会同市场、销售、财务、生产、采购、仓储、物流等主要的销售与运营部门，就需求计划和供应计划有出入的地方共同协商解决方案。预备会议输入信息主要是前面 3 步的工作成果，即需求计划、供应计划、供应缺口和初步的应对措施等。在会议上，销售和运营部门要就当前存在的需求和供应问题进行协商，就解决方案达成共识。这要求销售和运营部门做好充足的准备，带着初步的方案设想和协商的态度参与会议。预备会议的输出是未来 12~18 个月滚动的共识计划，以及在下一阶段由高层管理者主导的正式会议上需要讨论和决策的议题。

第 5 步：正式会议。正式会议的主要输入是预备会议的输出，以及总体的财务分析报告。高层管理者根据这些输入，决策预备会议提交的问题，调整和审批预备会议产生的有共识的 S&OP。高层管理者可能包括董事长、CEO、CFO、事业部 / 分公司负责人等，他们掌握关于公司和市场的更高层级的信息，由他们审阅预备会议输出的方案可以确保最终的 S&OP 与企业的发展目标和当前解决问题的优先级相吻合。因此，万不可把高层审批当作走过场。正式会议的输出是可以正式发布的 S&OP。

3. 成功实施 S&OP 的要素

成功实施 S&OP 需要具备多个管理和技术方面的因素。在本丛书的 X2 模块中，"销售与运营计划"这一章对这些因素做了详细的介绍。其中比较常见的因素如下。

●健康的企业文化。S&OP 最核心的部分是销售和运营部门共同协商解决问题，这也是这一流程名称的由来。企业可以设定各种规章、制度、流程和检查的工具来管理这个协商的过程，却无法约束部门人员的协商意愿。假如企业存在较为普遍的揽功推过、相互拆台、本位主义的工作思路，团队和人员之间存在积累已久的私人矛盾和情绪，大面积的散漫拖沓、浮夸官僚的工作作风盛行，在这种情况下，想要通过 S&OP 流程群策群力地找到企业整体利益最大化的方案是十分困难的。因此，发展和维护健康的企业文化是实施 S&OP 的基础。

●明确规范的流程和操作说明。整理数据、制订需求和供应计划、会议、审批等都需要有清晰的、标准的、科学的流程和操作办法。参与 S&OP 的部门和人员较多，如果不能规范每个人的工作流程，就没办法保证持续稳定地输出标准化的工作结果。光是层出不穷的格式、计算逻辑、习惯用语等就会给 S&OP 的实施平添困难。

●数据和系统基础。库存、订单、产能、预测等数据需要被精准而又及时地记录和保管。制订 S&OP 计划的工作内容里，很多依赖于逻辑严密的推算和评估，其基础都是准确的数据。数据的缺陷和沟通的混乱毫无疑问会降低 S&OP 的效率，甚至威胁 S&OP 存在的意义。数据的产生、记录、传播、调阅、变更不仅需要规范和流程，也需要功能强大的信息系统的支持和管理。

●保密要求。S&OP 实施过程中使用的大量信息是企业的机密，其产生的结果更是包含了企业对市场的预判和行动方案。由于实施 S&OP 输出的是一个中长期的计划，因此一旦泄密，将会对企业未来 1 年或更长时间的经营活动产生深远的影响。签订保密协议和建设保密制度是通常的做法，保密内容可能涉及多个领域，如新产品上市计划、潜在销售机会、重点开发客户和供应商等，这些信息如果被不加限制地阅览和传播，会给企业造成严重的损失，所以成熟的 S&OP 流程必然会建设配套的保密制度。事实上，保密要求并非是 S&OP 独特的要求，企业应当建立全公司范围的保密制度。

4.S&OP 的升级与扩展

S&OP 致力于实现企业内部需求端和供应端的协同。然而，供应链的运作还可能受到来自外部的影响。因此，企业需要同时促进内部和外部的协同。内部协同指的是在组织内部的各业务单元间的相互影响和共同合作。外部协同指的是组织以外的其他独立的组织和本组织之间的相互影响和共同合作。在企业内部，除了供需相关的部门，财务、研发、人事和法务等部门都可能对供应链提出要求或产生约束；而企业以外的组织，如供应商、客户、经销商、投资人和政府监管部门等，也会影响供应链的运作。一些企业在实践 S&OP 的过程中，对其活动做了不同程度的扩展，提升了 S&OP 流程的管理功能。在众多尝试之中，知名度较高的是整合业务计划（Integrated Business Plan，IBP）。

IBP 可以被看作升级版的 S&OP，它在引导销售和运营部门达成有共识的解决方案的基础上，进一步添加了方案所需要平衡的因素，其中最重要的是将财务和外部合作方的资源和能力纳入综合考虑的范围。简单地说，S&OP 将更多的注意力聚焦在内部各职能的协同上，而 IBP 不仅关注内部协同，也注重构建内外部组织之间的协同。

IBP 要求销售和运营部门的行动方案要和财务目标协同起来。S&OP 已经会考虑一些原则性的财务约束，如库存占用的资金不能超过一定的金额。IBP 会考虑更复杂的财务要求。例如，常规的新产品研发是根据市场需求而开展的，通常需要满足利润率和销售规模等财务指标。然而在更广阔的财务视角下，企业有可能会开发与竞争对手的产品相似、售价却更加低的产品。许多企业将这种研发和营销活动称为"竞品打击策略"，其商业上的逻辑基础是以可控的利润损失抢夺市场份额，或者造成竞争对手的发展压力。在实施这一策略时，就需要更翔实的财务分析、更复杂的策划和影响更深远的财务决策。

外部合作方的行动也需要和内部组织的操作协同起来。一个较为典型的例子是应用协同计划、预测和补货（Collaborative Planning, Forecasting and Replenishment，CPFR）的方法提高供应链的运作效率。在许多企业内部，计划（Planning）、预测（Forecasting）和补货（Replenishment）是彼此独立的 3 个业务过程，这使得三者的密切配合存在较大的困难。CPFR 改变了 3 个业务过程独立进行的模式，在三者之间建立了相互依赖的关系。在图 3-3 中，CPFR 通过销售预测（F）指导了备货计划（P）；备货计划（P）又触发了补货动作（R）；销售预测（F）结合实际订单和库存信息指导了生产和发货计划（P）；生产和发货计划（P）执行后消耗了库存、交付了全部或部分实际订单；更新后的订单和库存信息反哺给预测过程，形成新的预测（F）。如此循环往复，3 个业务过程共享库存和订单信息，同时每个过程的工作结果又能被实时同步给其他两个业务过程，最大限度地减少了 3 个业务过程的信息孤岛和操作脱节。

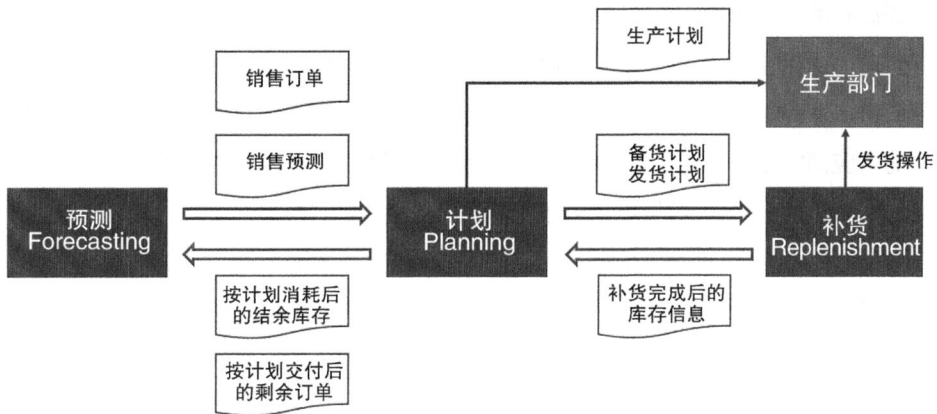

图 3-3　CPFR 示意图

这一高效的内部协同往往需要外部供应商的支持。实施 CPFR 的企业经常会在采购过程中采用寄售库存方式。寄售库存是指供应商（乙方）按照采购方（甲方）的备货计划送货到指定的仓库，但是并不立即进行货权转移。理论上此时的货物依然是乙方所有，是寄放在甲方那里等待销售给甲方使用的。当甲方的计划同步给乙方后，乙方将货物从寄售仓库提取出来，此时货权才从乙方转移到甲方，甲方也是从这一刻起才需要按合同条款计算账期和支付货款。采用寄售库存方式实施补货的示意图如图 3-4 所示。甲方分享给乙方的计划可能包括生产、用料、物流发货，甚至销售等方面的信息。寄售库存方式拉近了货物和甲方的物理距离，使得甲方可以在需要的时候才买进产品或原料，大大减轻了甲方的库存压力。这种"在需要物料的时候恰好完成了物料采购"的方式体现了准时化的理念，是许多注重库存控制的企业广泛采用的技术。

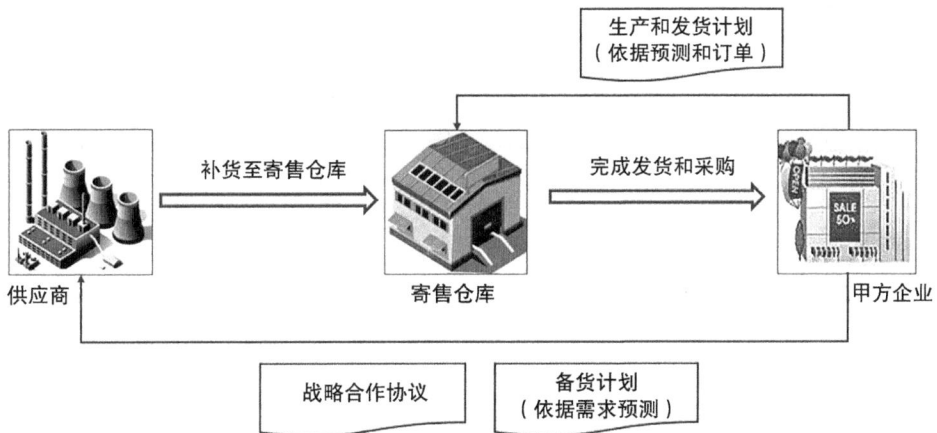

图 3-4　采用寄售库存方式实施补货的示意图

需要注意的是，寄售库存不应该成为企业单方面向供应商转嫁库存风险的操作，这不是在与供应商加强合作关系，而是在欺压供应商，制造猜疑和摩擦，是彻底地破坏内外部协同的行为。寄售库存是一种企业和供应商之间的利益和风险交换。对企业来说，以寄售库存方式合作的供应商需要具备稳定的质量、准时的交付、较高的抗风险水平等。这意味着企业对供应商的要求更高，可选择的供应商范围更小，而且通常需要与其建立较长期的、战略性的合作关系，这增加了企业经营的风险和难度。对于供应商来说，与企业的长期合作是其稳定收益的来源，而企业更高的要求，尤其是对于库存的要求，是伴随收益而来的风险。通过妥善管理经营的风险获取较高的收益，这才是可以持续的内外部协同的逻辑。

上述是对 S&OP 和 CPFR 的粗略介绍，在本丛书 X2 模块的"计划概述"一章中还有更详细的描述，供有兴趣的读者参考。

| 第3节 | 研发与供应链的集成

除了客户需求与产品供应之间的集成外，在新产品 / 服务研发阶段也存在科研团队、销售部门和各运营单位之间的协同，这是供应链集成又一个重要的领域。对于研发与供应链的集成工作，各企业给出的定义和称呼各有不同，较典型的称呼包括集成产品研发与集成供应链等。为了行文的方便，后文所说的产品，如不做特别说明，都包含有形的货物和无形的服务。

1. 研发与供应链集成的概述

许多管理者在第一次接触研发与供应链集成的概念时，并不完全理解两者之间的联系，因而容易产生"为什么它们需要被集成？"的困惑。要理解这个问题，首先要理解产品研发和理论研发之间的差异。没有工业化要求的理论研发是一种相对纯粹的科学探索，研发成果并不一定需要在商业上获得成功，如一篇受专家赞赏的论文、一个引起工程师们注意的模型、一种逻辑自洽的假设，甚至失败的教训都可以被视为出色的理论研发成果。但是，产品研发有着明确的成功要求，可以简单地概括为：在指定的时间内，研发出功能和质量满足客户要求的产品、达到市场需求的产量、形成财务预期的利润，同时还要遵守相关的法律和社会责任规范。从上述两种研发的要求可以看出，理论研发可能不需要供应链的参与，但是产品研发则不能脱离供应链自行其是。管理者之所以会困惑为何要花大力气构建研发和供应链的集成，往往是因为将产品研发简单地等同于理论研发。

研发与供应链的集成包含两方面的要求。

一方面是需要研发团队在设计产品时，充分考虑供应链在资源和能力上的制约因素，避免造成产品天生的供应链缺陷，影响商业化的进程和投放市场后的运营表现。举例来说，国际航空界从 20 世纪 70 年代开始逐步在商用客机的设计制造上采用碳纤维材料。碳纤维材料的硬度可以胜过钢材，而密度却极低，完美地满足了飞机机身对结构强度和结构质量的矛盾性需求。然而，在我国早期的飞机研发项目中，航空工程师们却没有追赶先进的科技潮流，大面积应用碳纤维材料。这并非因为我国航空工程师们不了解这一材料的优点，而是考虑到当时国内还不具备大规模量产航空用碳纤维材料的工业能力，而这一材料又属于很难买到的高科技产品，难以通过采购维持稳定的供应。如果贸然采用碳纤维材料，设计方案固然漂亮了，但将会使后续的大规模生产难以为继，飞机最多只能成为图纸和样品。管理者把这一要求概括为"面向供应链的设计"（Design for Supply Chain，DFSC）。同样的概念也被进一步细分为"面向生产的设计"（Design for Manufacturing，DFM）、"面向物流的设计"（Design for Logistics，DFL）等。

另一方面是供应链团队要积极配合研发项目团队，根据研发进度和产品要求，准备供应链的资源，安排生产、物流、测试、采购等供应链活动，保障研发项目的顺畅推进，力求不让供应链的问题成为研发瓶颈。举例来说，在家具的新产品研发过程中，生产部门需要调整生产计划，一方面满足客户真实订单的生产需求，另一方面腾出高精度的加工机械和工艺纯熟的老师傅，满足新产品打样和调试的需求。当供应链面临无法克服的困难时，需要将这一问题及时地反馈给包含研发人员在内的整个研发项目管理组织，以避免拖延和沟通不畅造成更大的时间和经济损失。例如，在前述碳纤维材料的例子中，采购人员在项目早期讨论飞机的设计概念时就需要告知研发团队，碳纤维材料供应是无法解决的困难，建议更换材料以规避风险。

上述两方面的要求都需要供应链团队深度参与到研发项目中来，进行频繁的沟通，这是十分重要的工作。供应链团队不应将自己视为产品研发的局外人或者被动完成任务的角色。企业也应当视供应链团队为重要的研发力量，和研发、市场营销、财务部门一样，都是项目主要的利益相关者。

2. 研发与供应链集成的主要活动

研发与供应链集成具体有哪些活动？要回答这一问题，管理者们需要从产品生命周期（Product Life Cycle，PLC）的角度进行分析。每一种产品都有其从诞生到退出市场的过程，这个过程可以分为 4 个阶段，如图 3-5 所示。

●启动阶段：从确定产品的基本概念到利用产品打样和服务体验等方式验证其概念可行性的过程。

●成长阶段：从产品被验证技术上可行到实际在市场上形成稳定销售的过程。

●成熟阶段：产品在市场上持续销售，间或做局部设计调整的过程。

●衰落阶段：产品逐渐退出市场的过程。

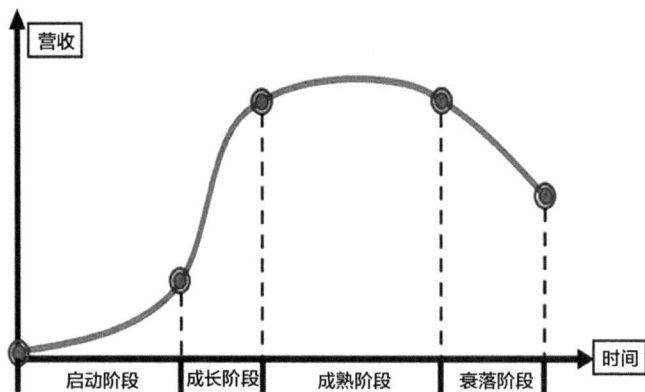

图 3-5　产品生命周期

值得注意的是，虽然研发项目团队的工作通常较少涉及产品的衰落阶段，但是新产品的研发项目往往需要管理这一过程。尤其在进行产品迭代的研发时，如果老产品退市和新产品上市的过程不能相互协调，就会造成老产品和新产品同时出现在市场上，严重模糊产品的定位和卖点，对新产品的成长和成熟造成阻碍。因此，在管理新产品研发项目的时候，也不能忽视老产品退市阶段供应链的管理工作。

管理者往往把上述的启动和成长阶段进一步切分，如图 3-6 所示，这两个阶段大致包括如下 6 个步骤，我们将之称为新产品开发（New Product Development，NPD）流程。

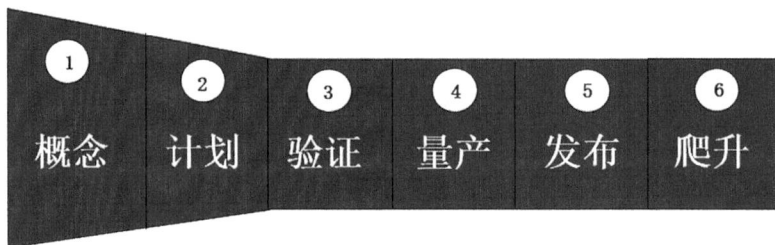

图 3-6　新产品开发流程

第 1 步：确定产品的基本概念。从市场营销的角度来说，根据营销的 4P 理论，研发项目团队需要明确的概念如下。

●产品（Product）：包括产品的主要功能、特色卖点、目标客户群、市场定位、大致的销售规模等。

●价格（Price）：包括产品的定价区间、不同销售区域的价格策略等。

●地点（Place）：在什么地点销售、通过什么渠道销售等。

●促销（Promotion）：以什么方式、在什么时间进行促销等。

在营销团队确认 4P 理论的基本概念后，技术团队还需要确认技术解决方案包含的大致要素，如采用什么技术框架、应用何种关键的工艺或材料等。供应链团队可能会根据营销团队和技术团队确认的概念，确认物料供应、采购方式、工艺和设备、质量标准等方面的要求。

第 2 步：制订研发项目的计划。这一阶段备受关注的工作是根据目标客户的需求，确认产品具体采用的技术手段和规范。根据中国物流与采购联合会的术语定义，这种将用户需求转化为详细设计规范的结构化的方法，称为质量功能部署（Quality Function Deployment，QFD）。QFD 将客户（最终用户）的需求与设计、开发、工程、制造和服务功能联系起来。它帮助组织寻找口头和隐性需求，将这些需求转化为行动和设计，并将各种业务功能集中在实现这个共同目标上。除了 QFD 以外，营销团队需要制订在整个项目中逐步开展市场推广和销售的工作计划，供应链团队也需要制订生产、采购、物流等部门在后续各阶段的工作计划。项目管理团队最终需要汇总这些计划，形成整体的项目计划。

第 3 步：验证产品的原型。这一阶段主要是实施项目计划，生产产品的原型，用以验证计划阶段设想的解决方案确实可以达到预期的效果，具备技术上的可行性。实物产品的研发可能制造出用以检测功能的样品或样机。如果是服务产品，会制定出初步的服务流程，并邀请客户体验，借以提出改进建议。项目管理团队通常会安排一个验证测试来评估产品原型是否达到了概念和计划阶段预期的功能。如果验证顺利通过，产品研发就完成了从 0 到 1 的过程，即前述的启动阶段，接下来是把产品正式投放到市场的过程，或者说是从 1 到 N 的成长阶段。

第 4 步：优化设计以实现量产。产品原型通过验证并不意味着产品已经成熟，这是因为产品原型带有实验的性质，交付的样品或服务更多时候是为了验证可行性，往往不能充分考虑商业上的可行性，如生产规模和成本等。举例来说，现代制造业经常采用 3D 打印制作产品原型，这一技术不仅加快了样品的试制过程，而且为设计团队反复调整原型的方案创造了便利条件。然而，3D 打印是否比传统使用模具铸造、冲压和注塑等工艺更具成本和产量的优势？这可能是另外一个问题。简而言之，生产少数功能达标的产品和大批量复制能够实际盈利的产品有着不一样的要求。因此，设计团队和供应链团队在这一过程中需要调整工艺、优化流程，以及在必要的时候更改设计，以达到产量、质量和成本指标。类似第 3 步的操作，项目管理团队通常也会安排量产测试来评估产品是否具备量产的可行性。需要说明的是，虽然这个阶段名为"量产阶段"，但对于那些只重复生产或服务有限次数的产品依然是适用的，如优化工艺或流程以降低成本。这一阶段追求的是产品具备充分的商业竞争力。

第 5 步：向市场正式发布产品。产品通过量产测试只是其可以投放市场的条件之一。在这一阶段，供应链团队需要检查是否已经做好了市场化的充分准备，例如，供应商是否具备足够的设备产能？采购周期较长的原材料是否储备了足够的库存？物流团队是否准备了充足的物流资源以应对上市后快速增长的销量？等等。如果不做好充分准备就贸然把产品投放到市场，势必会造成严重的短缺和违约责任。而供应链团队要想在产能、物料、运力和人力方面做好准备的前提下获得相对准确的销售预测，就更多依赖销售和计划部门的工作了。因此，产品发布过程有很多关键的事项需要检查和处理，不能和一场仪式感满满的产品发布会画上等号。事实上，产品发布会只是发布过程可能设置的一个环节。在 NPD 流程中，产品正式发布的时间（Time to Market，TTM）合适与否是考核研发项目成功与否的关键指标之一。

第 6 步：爬升至表现稳定。在有的教科书中，产品研发流程到第 5 步便已结束。这在理论上当然是研发项目合理的终结。然而，许多领先企业的最佳实践告诉我们，产品发布后在产量、质量和成本表现上还需要一个能力逐步爬升的过程。拿劳动力的成熟度来说，之前所做的生产和服务带有测试的性质，其环境和条件往往是较为标准和理想的，生产的总量也是有限的，因而劳动力的学习曲线并未达到最佳。当真实面对客户的订单时，需要更多的人员参与以生产更多的产品，这时劳动力才会在反复生产中达到成熟。不仅是劳动力，设备、流程和工具都需要磨合一段时间，才能达到产量、质量和成本的成熟稳定。由于在这一过程中还有可能出现必要的工程变更和设计调整，因此许多企业认为只有在各方面成熟稳定后，研发项目才告终结。管理者会设置产量、质量和成本的标准，以评估产品是否磨合成熟。产品成熟稳定的日期（Time to Volume，TTV）和 TTM 一样，也是 NPD 流程中重要的绩效指标。

3. 研发与供应链集成的工作方法

既然研发与供应链集成涉及如此众多的活动，那么完成这些活动就需要科学的方法。

本小节尝试对其中最常见的一些方法做概念性的介绍，这些方法在实际应用的时候都需要设立定制化的流程和工具。

工程变更（Engineering Change，EC）管理是一套在量产后更改设计方案的流程和操作规范。不同于概念、计划和验证这 3 个阶段，产品一旦确认量产，再改变设计方案就会影响工艺、设备和原材料库存等多个方面。因此在改变设计时，就需要研究技术上的必要性，同时评估时间、成本和积压库存的影响，而不是由技术部门单方面决定是否更改设计。常见的工程变更流程有两大类：硬切入变更（Cut-in EC），即立即实现变更，哪怕会给供应链和销售部门造成较严重的影响也在所不惜；跑切入变更（Run-in EC），即维持现在的设计方案，直至供应链和销售部门做好把影响降到最低的准备后，如消耗完现有库存后，再切入新的设计方案。

采购早期介入（Early Purchasing Involvement，EPI）和供应商早期介入（Early Supplier Involvement，ESI）是指采购团队及其管理的关键供应商在较早期就参与到产品研发项目中。这是因为在产品研发过程中往往涉及关键物料的采购，如前述碳纤维材料的例子；和关键供应商的配合，如打样和测试等。如果没有采购团队介入，则只能依靠不具备采购专业能力的技术团队去处理与供应商的商业合作问题，容易影响工作成果的质量和分散研发人员的精力。

标准化、简化和模块化设计是 3 个有一定关联却又差异明显的工作方法。标准化指的是精简产品规格，尽量采用少数几个规格，如所有螺丝采用一个型号；简化在特定产品的研发过程中主要是降低产品或服务的复杂度，包括精简产品的型号、部件、功能和生产交付流程等；模块化是指将产品设计为多个成熟模块的组合，不同产品间像搭积木一样采用有限的模块搭配而成。在日常产品中，手机、计算机、汽车等都是模块化设计的典范。可以看出，这 3 种方法都体现了前述的质量功能部署的概念，也和本书第 4 章提及的价值工程（Value Engineering，VE）与价值分析（Value Analysis，VA）有着密切的关系。

如前所述，部分研发项目涉及新产品和老产品的交替，这时就需要对老产品的退市过程进行管理，即产品退市（End of Life，EOL）管理。简单说来，老产品退市也是一个计划 + 实施的过程，需要预先设定老产品退出市场的步骤和时间点，并在实施过程中将其和新产品的上市进度联动起来，进行动态的调整。EOL 管理中比较引人注目的是对产品的库存，包括原材料、半成品、成品和各种辅料的处理。管理者通常希望在产品退市后，尽量不遗留冗余的库存，但有时候也需要考虑储备售后服务配件的需求。常见的处理方式是在产品退市过程中，较早锁定采购和生产的总量，不再追加，这通常需要供应链团队、销售团队、财务团队、新品研发团队、经销商、供应商等内外部组织的协同。

| 第4节 | 供应链流程的设计与改进

推行供应链的集成与优化不可避免地需要设计和改进供应链流程，这项工作需要掌握一些关于流程的知识。虽然每个组织关于流程的规范各有差异，但总的说来，企业界经过多年的探索，形成了约定俗成的开发流程的方法论和表达方式。

1. 供应链流程设计与改进的定义

根据 ISO 9000 的定义，流程是"将输入转换为输出的相互关联或相互作用的一组活动"。由此可见，一个流程包含输入、输出和处理输入产生输出的一系列活动。输入并不一定是信息，也可以是某种资源，如客户支付的预付款到账可以作为启动发货流程的输入；输入还可以是某个特定的条件，如定期和定量订货法里，订货流程的输入是达到日期或者库存量的条件；还有一些流程的输入是上一个流程的输出结果，如将供应商送来的货物入库过账不仅是采购流程的输出结果，也是接下来的生产流程的输入之一。输出主要是流程的工作成果。将输入转换为输出的是活动过程，它包含活动的内容、实施活动的人员，以及实施活动的步骤和操作规范。在设计和描述流程时，需要将上述元素都定义清楚，才能达到规范操作行为和确保工作质量的效果。

在描述流程时，设计者最常采用的形式是绘制流程图。得益于管理科学的发展和普及，在世界范围内，各行各业约定俗成地采用了基本相似的格式与图例来定义流程。图3-7 所示是流程图常用的符号及其代表的活动。

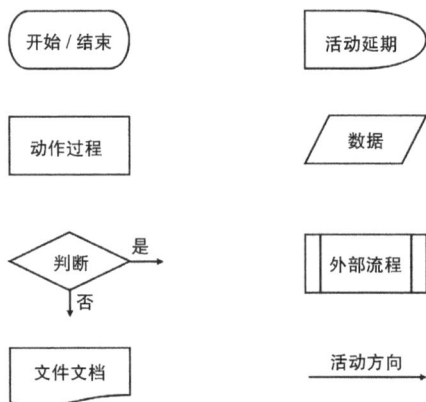

图 3-7　流程图常用的符号及其代表的活动

绘制流程图时需要注意一些格式上的要求。流程图在整体走向上大致可以分为横向和纵向。图 3-8 所示就是一个横向的流程图，其中每一个泳道代表的是一个职能部门。图 3-9 所示是同一个流程的纵向表达方式。在绘制横向流程图时，通常按照从左往右的顺序安排操作步骤；而在绘制纵向流程图时，一般会从上到下地排列活动。每一个流程图都有一个起点和终点，它们既可以表现为图 3-7 中开始和结束的椭圆形图标，这表示一个启动或结束的状态；也可以是外部的流程，这表示本流程是对上一流程的继续，或本流程的工作成果将输入给下一个其他流程。

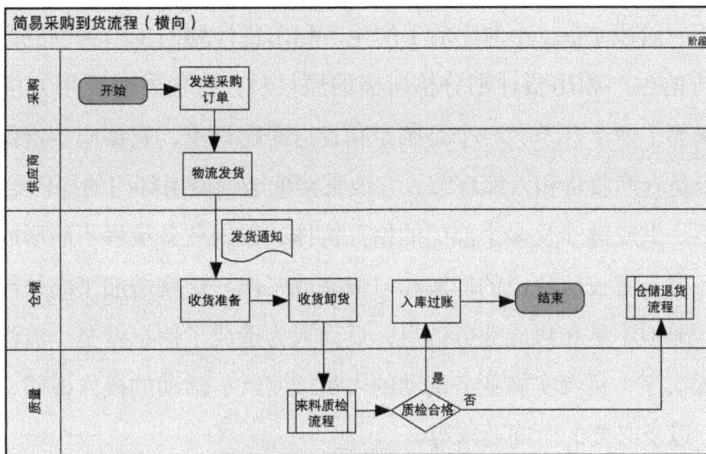

图 3-8 流程图（横向）

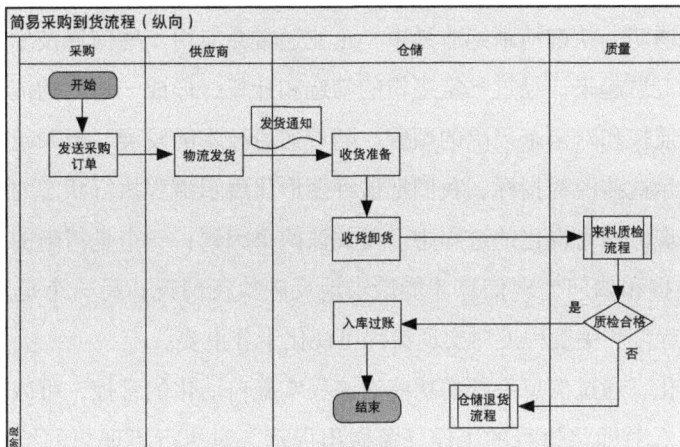

图 3-9 流程图（纵向）

在设计供应链的流程时，管理者需要关注流程的敏捷性和灵活性。敏捷性指的是该流程能快捷地响应客户需求的变化，以及应对供应链的各种突发情况。响应速度越快，供应链就能更及时、更高效地适应内外部环境的改变，给客户带来更好的购买体验。流程的灵活性指的是操作过程中可供选择的工作方法和工具较为丰富，可以适应不同工作场景的需求。例如，有的企业在下达采购订单的流程中设置了主审批人和备选审批人，从而保证在主审批人生病、休假或因其他原因暂时缺席时可以继续下达采购订单。流程的敏捷性和灵活性需要结合企业的管理规范、客户需要的服务水平、成本影响和质量风险等多个因素进行平衡。

虽然企业评价流程的具体方法各不相同，但是优秀的供应链流程有其共有的特征。

●流程精简。业务流程应该力求精简，去除一切不必要的流程动作，否则很难保证能够实现IBP所追求的整体收益。举例来说，一些实施CPFR的企业，为了快速响应市场需求的变化，将下一阶段（2~4小时之后）的生产和出货计划同步给到供应商和寄售仓库，由他们根据甲方的生产和出货计划分拣所需的原材料，打包发送至甲方指定的车间或客户。这个过程精简了两个环节：一个是制定和发送采购订单，它被同步给供应商的计划所取代了；另一个是仓库收货和入库环节，它被直接配送到使用部门的操作给绕开了。

●流程规范。供应链涉及多个部门的相互协作，如果业务流程不能形成规范，势必会导致各部门和各参与者按照自己的理解和习惯完成工作。这就增加了内外部组织和个人之间的沟通障碍，非但不是在集成业务信息，反而人为造成了信息壁垒。流程规范应当包含业务活动的步骤次序、负责实施业务活动的人员或团队、活动的操作说明、活动的输入信息和产出成果，以及必要的时间要求等。

●流程可视化。流程的参与者都希望能够清楚知道当前的执行情况，了解下一阶段的任务内容和起止时间等。对于像供应链管理这样内容庞杂、并行事务宽泛的工作来说，实现全流程的信息透明、状态清晰绝非易事。企业通常会应用一些信息技术将流程执行过程中的数据和信息汇总起来，经过一定逻辑的筛选和计算，形成一系列的流程指标，实现对流程执行状况的监控和对未来风险的预警。随着信息技术的发展，越来越多的系统喜欢用图表的方式来展示这些流程指标，我们把这种图形化展示流程执行状态的做法称为"流程可视化"。在实现流程可视化的过程中需要关注两个因素：一个是清晰的业务逻辑，这决定了搜集哪些数据和如何处理信息才能恰当地反映执行情况；另一个是呈现的方式与风格，界面的友好程度和美观程度对实现流程可视化十分重要。

●流程自动化。通过信息系统的功能对流程实施自动化的管控，可减轻执行人员的工作量，减少错误。对即将执行的工作任务做出提示、对执行不理想的结果做出预警、对某些审批环节实施自动检查、自动生成定制化的报告和看板等都是流程自动化的例子。

●管理者在流程的使用过程中会定期总结评估流程的运行绩效，找出持续改进流程的机会。例如库存控制流程的绩效会通过库存周转率、投资回报率、资产回报率得以体现。关于绩效考核的详细内容请参考本丛书M3模块《供应链领导力》第7章"供应链组织绩效管理"的相关介绍。

2. 供应链流程设计与改进方法论

有多种方法论可以帮助供应链团队实施流程改善。这些方法论总结了当前行之有效的解决办法，梳理出明确的解决问题的思路和大致的工作步骤，有利于供应链管理者高效地形成改善方案。

1）供应链图析

供应链图析描述了供应链各个流程之间的活动关系。图 3-10 所示为一个供应链图析的例子。供应链图析描绘的活动层级较高，虽然不像流程图那样可以指示详细的操作动作，但是可以给供应链流程的设计者提供一条清晰的线索，提供一个全景图，使其能有序、完整地开展对供应链问题的梳理工作。因此，供应链图析经常被视为一个诊断工具。供应链图析是分层的，在图 3-10 中，每一个流程模块都可以向下继续分解，形成更多的子流程模块，依次逐渐向下级流程排查就可逐步绘制出整条供应链的流程。对于流程设计和改造者而言，沿着供应链图析将所有流程逐步摸排清晰的过程不仅有利于其彻底地了解供应链运营的现状，还使其能够全面地了解当下的供应链问题，识别其中没有产生价值的活动，为后续的改善和提升打下良好的基础。

图 3-10　供应链图析

根据供应链图析实施诊断的目的是帮助组织对其流程实施改善和提高效率。这一过程的实施需要一支兼具理论修养和实战经验、拥有一定的战略视野和前瞻性思维的跨职能团队。这个团队可能包括销售、市场、计划、生产、物流、采购、质量和研发等部门的人员。此外，这个团队还应经常邀请财务人员参与这一图析供应链的过程，以从财务的角度加深对供应链任务和目标的理解。这样一个团队不宜过大，较为常见的规模为 5~10 名成员。对于较为复杂的供应链来说，团队成员中还需要有 1 名或数名经验丰富的辅导者，如企业内部的供应链高管或外部咨询顾问等。

2）对标管理

对标管理是将选定的流程和实施流程的结果与一个或多个其他组织的流程和结果进行比较以确定改进目标的过程。对标管理可以通过组织间的交流、客户访谈、产品分析，以及征询第三方（如咨询公司）的建议来进行信息搜集和比较，以识别行业最佳的组织或产品，识别和细致分析自身与其的差距，设立改善的标杆。对标管理不只是找到改善目标，还要通过流程和工具的变革逐步缩小与标杆的差距，直至完全达到与标杆企业或产品对等的水平。图3-11所示为实施对标管理的5个阶段。值得注意的是，对标管理在执行过程中可能存在反复和曲折，可能在行动阶段发现改进计划的不足，进而修改初始的计划；也有可能发现原本设立的标杆需要调整，例如在实施过程中发现了更加适合的对标对象等。

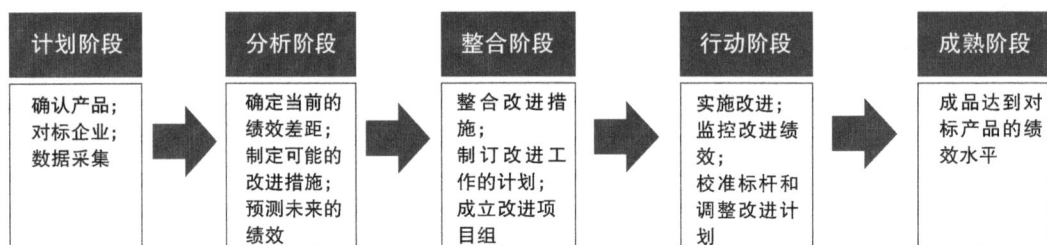

图 3-11　对标管理的 5 个阶段

3）PDCA 循环

企业管理学家戴明为流程改善制订了一个 4 步计划。

● 制订改善计划（Plan）。

● 执行改善计划（Do）。

● 检查改善效果（Check）。

● 根据效果采取合适的下一步行动（Action）。

将 4 个步骤的英文首字母连起来就是 PDCA。这一方法论认为应该通过不断重复 PDCA 过程来实现对流程绩效的逐步提升，一个接一个地完善流程，因此又叫作 PDCA 循环，是企业推行改善和变革时经常采用的工作步骤。图 3-12 所示为 PDCA 循环的示意图。

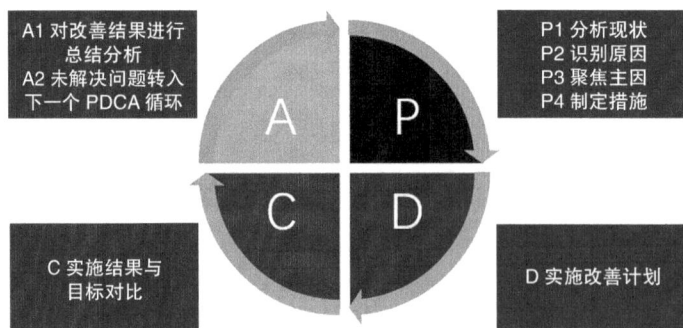

图 3-12　PDCA 循环

4）持续改进

持续改进是供应链管理者普遍采用的管理思想，也经常被称为改善（Kaizen）。这一方法鼓励团队不断实施小幅度的改进，在持续努力的积累下获得长足的进步。持续改进的好处众多，其中一项是降低了改善的困难，使得团队可以从最容易的改善做起，频繁获得成功改善的正向反馈，不断积聚信心。采用这种方法需要杜绝"一战定天下"的冒险心态，应踏踏实实、稳扎稳打地推进改善工作。事实上，即便是中小型企业的供应链也是一个复杂的系统，不能奢望其优化与提升存在速成的捷径。在中国的传统文化里，也有很多古训体现了这一管理思想，如成语"日积月累""集腋成裘"，荀子在《劝学》里也说"不积跬步，无以至千里。不积小流，无以成江海"等。

5）DMAIC 和 DMADV 改善方法

DMAIC 是六西格玛管理体系中用于改善流程绩效的工具。它从重新审视该流程对应的客户需求开始，经历衡量流程绩效、分析绩效不良的原因、改进工作流程，最终达到控制绩效的目标。DMADV 也是六西格玛管理体系中改善流程绩效的工具，与 DMAIC 不同的是，它用来处理颠覆性的流程变革。DMAIC 在审视了客户需求之后，直接进入了对现有流程的绩效测量和缺陷分析工作中，事实上是默认了流程想要实现的目标和评估绩效的标准是正确的，只需要做局部的调整即可获得良好的效果。DMADV 也从审视客户的需求开始，但随即开始重新评估现有的流程目标、产品规格和工作成果的优劣标准。这意味着 DMADV 认为当前流程有效性的基础和前提条件出现了问题，需要被重新设计或深度调整。图 3-13 所示为 DMAIC 和 DMADV 流程的对比。

DMAIC	DMADV
定义（Define）：交付成果和达到客户目标	定义（Define）：交付成果和达到客户目标
衡量（Measure）：流程产生的质量绩效	衡量（Measure）：目标的具体标准和规格
分析（Analyze）：质量缺陷的根本原因	分析（Analyze）：满足目标可能的流程和方法
改进（Improve）：优化质量流程以改进绩效	定义（Define）：定义质量流程以满足客户需求
控制（Control）：将来的绩效	验证（Verify）：验证流程的绩效

图 3-13 DMAIC 和 DMADV 流程的对比

3. 供应链流程优化的机会

上一小节描述了实施流程优化的操作方法，但是在应用这些方法之前，管理者时常遇到的问题是：应该从何处入手去寻找流程优化的机会点？常用的办法是审视现有的流程，排查流程存在的问题，识别需要改善提升的弱点或缺陷，从而定义优化的机会。以下是一些供应链流程的常见问题，它们可以作为审视流程的切入点，供管理者参考。

1）管理系统的输入问题

从前述流程的定义来看，流程的各项活动是把输入转化为输出的处理器。无论这个处理器设计得有多么精妙，如果输入的素材错误百出，输出的结果必然质量低劣，管理学上因此有"垃圾进、垃圾出"的说法。常见的输入问题之一是输入的信息和数据错误。例如在 MRP 流程中，许多企业都遭遇了物料清单、库存数据和采购在途订单数据不准确的情况，导致 MRP 运算结果错误，有的企业甚至因而放弃了昂贵的信息系统，而改用人工进行数据核实和运算，数以百倍地拖长了需求响应时间。另外一个较为普遍的输入问题是延迟，即虽然输入的内容是正确的，但是在时间上不能满足流程要求的标准，这还是会影响输出结果的质量。供应链是动态的，事实上并不存在内容正确但是时间错误的输入，在错误的时间出现的内容，就是错误的输入，因此改进信息延迟的问题往往会涉及工作流程、方法和工具的调整，不仅仅是修改输入时间点的问题。假如不是信息系统存在严重技术错误的话，造成内容错误和信息延迟这两类问题的原因通常是流程上游的相关工作存在缺陷，这可能会与流程、工具和人员的问题相关。在 MRP 的例子中，要想让库存数据实时准确，就需要仓储部门变革收货、过账、盘点、拣货、发货等流程中关于数据更新的操作要求。而这些操作要求的变更很有可能需要射频识别（Radio Frequency Identification，RFID）技术、扫描枪等软硬件系统的支持。只有上游环节的管理流程和技术工具同时到位，才能确保本流程的输入是及时和准确的。

2）需求评审

一个组织的供应链包含数不胜数的业务流程，如果组织认真搜集，会发现许多优化流程的需求。组织对这些优化需求应当有一个系统性的评审和筛选机制，在评审的基础上统筹安排优化工作的开展。这样做的一个原因是推动流程变革需要投入额外的资源，其中有些还可能是稀缺资源，如能够做到理论结合实践且管理技能突出的项目经理。如果不加以调度安排，就很容易不分主次地投入资源，甚至出现"会哭的孩子有奶吃"的现象，极大地浪费管理资源。另一个原因是本章之前提到的，"局部最优不等于整体最优"，如果没有纵览全局地评审，贸然选择针对某个局部流程的优化方案，很容易保障了局部效率而牺牲了整体利益，出现"捡了芝麻、丢了西瓜"的情况。还有一小部分需求本身就是基于错误的观念提出的，如生产部门为了方便而要求取消正式的采购流程，自行购买原材料。这样的流程优化需求显然是不能通过审批的。有一些组织设立了专业的需求评审团队，对组织内所有流程优化的申请进行审核，审批放行后才会进行实施。如果我们将每个流程优化的工作视为一个项目，需求评审可以被看作项目正式启动前的重要工作，而需求评审团队不仅代表提供资源的发起人，也应包含关键的利益相关者。所以，许多组织的需求评审团队是由跨部门人员组成的。关于供应链项目管理的更多内容，请参考本书第 7 章。

3）领导力的评测与挑战

无论是执行既定的业务流程，还是推动流程的变革都需要团队具备成熟的领导力。总的说来，领导力是影响他人共同合作的能力，如制定战略目标，指导、激励、说服他人完成工作等。因而，领导力并不是只有处于"领导"岗位的人员需要具备的能力，而是每个参与工作的人员都需要具备的能力，尤其是供应链管理者。然而，发展和评测团队成员的领导力水平是一件颇具挑战的事情，其所需要的技能并非供应链团队所熟悉的业务专长。这就要求供应链团队和人力资源部门开展深度的合作，而处于关键岗位的流程设计师和部门负责人更要在本部门职业特长之外，努力学习有关提升领导力的知识和技能。关于领导力的知识详见本丛书 M3 模块。

4）S&OP 实操问题

S&OP 是一个强大的管理工具，但是越强大的工具对使用者的要求越高。在采用 S&OP 的企业中，出现了一些较为典型的实操问题，本章关于 S&OP 的内容有过一些对该类问题现象的零星描述。这里大致梳理一下隐藏在 S&OP 操作流程中的问题。

● 高级管理层过多干涉中层和基层的意见和建议表达，造成高层意志决定一切的氛围，破坏了客观决策和协同合作的基础。

● 忽略企业文化的建设，片面强调流程和工具的优化，使得内外部合作伙伴在彼此猜疑、顾忌、部门墙、抢功推过、官僚主义的氛围下开展貌合神离的合作，导致 S&OP 体系虚有其表。

● 缺失组织建设。一方面，参与 S&OP 的跨部门团队未能清晰定义各岗位 / 部门的职责边界和任务分工，导致工作中的权责错位，难以支撑 S&OP 流程。另一方面，部分组织长期忽视人才培养，团队离职率高，团队成员职业技能和经验不过关，致使内外部协同水平不能维持稳定。

● 底层数据和信息存在错漏，影响了 S&OP 流程的输入，降低了决策的有效性。这一问题如前所述，需要各个职能部门优化自身的操作流程和改善相应的技术工具。

● 期望 S&OP 一蹴而就，对其需要持续改进、逐步打磨成熟、反复训练，渐次操作成熟的特点和困难认识不足，一遇挫折便容易动摇和放弃，错失转型和变革的机遇。

5）供应商的交付能力

供应商是供应链的重要组成部分，S&OP 体系将供应商视为位于上游的供应链的重要组成部分。涉及供应链上游的管理流程，如原材料采购流程、代加工服务流程、新产品研发中的打样流程等，无不需要供应商交付产品和服务予以支持。因此，提升供应商的交付能力，主要是交付的及时性、产量和质量的稳定性，就成为优化流程的一个途径。首先，组织要选择正确的供应商，与之合作。这意味着需要在寻源阶段就对供应商的交付能力做出正确的评价，这种评价应当是对由质量、成本、技术、服务等能力形成的供应商合作能力的综合评估。其次，组织要在与供应商的合作过程中，通过绩效考核和定期评审等手段识别问题，不断推动供应商交付流程和工具的改进，以进一步提高供应链流程的综合绩效。总的说来，评估交付能力需要从供应商的供应链入手，从规划准备和订单执行两个方面去评估其交付能力。规划准备主要是指中长期的产能、硬件设施、劳动力水平、长周期物料储备等方面的准备工作；而订单执行主要是指供应商从接到采购订单开始，安排生产计划、准备原材料、实施生产、质量检查、成品入库、最后拣货和发货的全过程。供应商管理者应该不断检查这两方面的现状，定期回顾，总结经验教训，找出改善点，通过淘汰更换供应商群体和推动供应商实施变革的双重努力，不断改进外部合作伙伴的交付能力。

6）资源计划

除了供应商的资源计划，组织内部和下游经销商等合作伙伴的资源计划也需要关注。组织需要建立起完整的供应链资源计划的管理体系，预先检查和储备用以支持流程活动的各项资源，如设备和生产线、人员、场地、物料、授权等。

7）流程中的职责划分和绩效考核

流程要想落地执行，就需要明确划分各部门或岗位的职责与权限，以及对应职责的关键绩效指标。如果这项工作不到位，就容易造成各团队在执行流程的时候无所适从，配合混乱，甚至形成浮夸推诿的工作风气。因此，对于那些执行效果不理想的流程，可以检查一下其工作职责的划分和绩效考核的标准。必要的时候，还可以引入专业的人力资源管理力量，与其共同识别和解决这一问题。

8）流程可执行度低

造成可执行度低的一个原因是流程设计过于理想，对现实操作的困难预想不足。这需要设计者和使用者在流程正式启用之前充分交流并测试流程，因此很多企业建立了新流程的试运行制度。另一个原因是分工和资源配置过细，导致流程僵化，难以应对实际工作场景。例如，将同种物料不同供应商的分配比例在系统中锁死，当某一家供应商暂时不能供货时，就不得不改变系统参数或者手工下达采购订单。流程设计者需要给流程留有一定的冗余度，而流程执行者也需要在授权允许的范围内灵活调整具体的执行动作。

9）人力资源问题

人力资源的缺陷主要是人手不足或者人员技能不到位，这也是流程执行不理想的原因之一。例如，在制定需求预测的流程中，销售人员没有掌握客观预测的数学建模和模型参数调试的技巧。为了解决这一问题，一方面需要设计者在创建流程时充分考虑和适配操作人员实际的技能水平，设置简便的操作动作降低流程复杂度。例如，简化销售人员的定量预测流程，配置软件等成熟工具，或更多采用定性预测的流程。这可能需要在现状调研阶段向人员技能方面投入更多的注意力。另一方面，需要流程使用部门科学规划人力资源，提出合理的人员增补要求，并在日常工作中持续培训和提高实操人员的熟练度。例如，通过设置小规模建模团队或引进外部第三方机构完成需要数学技巧的工作，使得销售人员可以重点关注需求的搜集和运算结果的分析。

10）重点流程缺失

有时候，重点流程缺失也是供应链运转不畅的重要原因。例如，只考虑从供应链上游往下游的正向流动，而遗漏产品退货、更换、召回和循环利用等逆向供应链的工作流程。重点流程的空白显然会带来混乱与不规范的操作。无论是组织还是设计者个人，都很难保证绝不遗漏任何一个供应链流程。因此，对组织来说，需要对流程设计方案实施跨部门的论证和检查，建立一个相对严谨的方案评审机制。对设计者个人来说，除了细心检查之外，不断积累理论知识和实操经验，与一线执行人员保持密切的沟通，有利于减少设计方案的盲点，少走弯路。

除以上内容之外，流程优化还有许多改善机会值得我们探索和总结。只要供应链管理者将循序渐进和与时俱进的原则结合起来，将理论知识和实际场景结合起来，将大胆创新和小心求证结合起来，本着实事求是、戒骄戒躁和积极主动的精神，就一定会打造出卓越的供应链。

4. 促进供应链流程协同的方法

1971 年，德国斯图加特大学的教授，著名的物理学家赫尔曼·哈肯（Hermann Haken）提出了协同的概念，并在 1976 年系统性地论述了协同理论。协同理论从物理学的角度描述了一个系统由无序到有序转变的共同规律。如果将之应用于供应链管理，协同可以帮助供应链从浪费和迟钝（无序）中解脱出来，逐步提升其精益性和敏捷性（有序）。因此，维护和促进供应链上各职能部门的协同是供应链流程得以顺畅运转、持续改进的先决条件。一个比较常见的促进供应链流程协同的方法是建设信息系统，利用信息技术提升供应链流程所需的各类数据的及时性和准确性，从而改善协同水平。但是，如果将开发信息系统作为促进供应链流程协同仅有的手段，就容易落入幼稚的"工具决定论"的陷阱。事实上，促进供应链流程协同是技术和管理手段并重的工作。

1）内容共享

执行流程操作的各方需要对业务信息有共同的认知，这需要供应链团队将准确的信息内容共享给所有必要的个人或组织。通过信息系统传输业务数据是实现内容共享的重要技术手段，但还需要供应链团队建设好内容共享的规则和流程。

其中一个重要的规则是设定内容共享的权限，这包含信息的阅读、修改和审批权限。无论是 S&OP 还是 IBP 都源自企业的战略规划，包含了企业对中期竞争环境的认知，而实时传递的各种业务信息更含有诸如报价和成本等敏感内容。如果不设立阅读权限，控制接触信息的人群范围，将会对企业造成不可挽回的损失。同样的道理也适用于修改共享内容的权限。信息审批权是对共享内容的复核和检查权，更应当被严格管理。

另一个规则是对共享人群提出保密要求，这可能包括阅览信息后的传播范围、使用的信息场景、机密的时效、违反保密要求的后果等。值得注意的是，探听和传播机密是人类好奇心的体现，具备天然的行为倾向。因此单单提出保密要求和处罚措施是不够的，还要在日常工作中常态化地开展保密教育和演习等工作，将保密规则落到实处。除了权限和保密要求外，还有其他各种内容共享的规则需要设置，例如有的企业要求阅览信息后必须发送回执等，需要视具体的业务情况而定。

基于规则，供应链团队可以建设内容共享的流程。这一流程需要定义搜集数据、处理信息、解读判断、制定行动方案和监控执行等各个阶段的工作。每一个阶段都需要详细描述操作步骤、操作方法 / 工具、操作成功的检查标准和操作人员的责任归属，定义每一个活动的输入信息和要求的输出内容或动作结果。

2）捕获和管理例外

流程运转的过程中难免会出现意外和特殊的情形，实施内容共享的企业需要及时捕获和管理例外，否则容易对内容共享的可信度和清晰度造成损害。例如，生产型企业在制造过程中会出现很多质量不良的现象。对于同一个不良现象，车间、仓库、研发、质检、销售等被影响的人员经常会出现截然不同的叫法，例如对于产品掉漆，有的人称为漆层脱落，有的人称为附着不良。对于质量不良程度的判定标准也会有所不同，例如质量认定不能放行的残次品，在销售眼中是客户并不介意的轻微瑕疵品。这些质量异常的术语和认定标准严重干扰了各部门在执行质量管理流程时的沟通和决策。为了降低协同的成本，有些企业在内部设置了质量异常术语集，清晰地定义每一种质量问题的现象特征、术语名称和认定标准，保证所有讨论质量信息的人员用同一种语言交流。在此基础上，企业还会定期（如每年或每半年）对这一质量异常术语集进行整理和修订，发布更新的版本。同样的管理还常见于采购、研发、仓储和物流等领域的异常与例外管理中。

3）修正模型

在搜集、处理和解读信息的过程中，经常会用到各种模型。这些模型不仅有数学意义上的分析模型（如指数平滑预测模型），也包含形成决策的方法论（如 SWOT 模型）。

这些模型不是一经创立就经久不衰的，恰恰相反，就算在相对稳定的市场环境下，它们也是在实际业务中不断被打磨和完善的。当市场环境发生变化时，这些模型不仅需要被修正，甚至可能被彻底推翻和取代。因此，不断修正模型的参数是提高分析水平、保障决策合理的重要手段，是使得各部门对协同保持信心和彼此间保持信任的基础。对于数学模型而言，模型中的各项参数需要不断调整以提高模型的精确度。例如，在指数平滑预测模型创建后，需要定期监测预测准确率，一旦明确发现预测准确性下滑的趋势，就有可能需要调整平滑系数 α 的数值，将平均绝对误差（Mean Absolute Error，MAE）、平均绝对百分比误差（Mean Absolute Percentage Error，MAPE）、均方根误差（Root Mean Square Error，RMSE）等指标恢复到正常水平。对于类似 SWOT 模型的方法论来说，就需要在实际业务开展的过程中，不断检视模型的默认条件和分析方法是否依然有效。例如，在采用 SWOT 模型分析时，供应链团队需要定期排查产品或企业的优势（Strength）和劣势（Weakness）是否发生变化，而市场的机会（Opportunity）与风险（Thread）是否和之前一致，以保证分析结果和随之而来的决策建立在真实有效的信息基础上。

4）促进内外部协同

哈肯的协同理论认为，系统能否发挥效率是由系统内各个组成部分之间的协同水平决定的，协同水平越高，系统的整体功能就越好。如果将供应链视为一个整体，这个系统的组成部分可以分为内部和外部两大业务单元。内外部业务单元里又包含更多的细分单元。这些业务单元可以是一家公司，也可以是一个部门，或者是一名员工。无论是促进内部还是外部的协同，管理者都需要构建和维护一个健康的合作伙伴关系。

现代管理学有数量众多的研究尝试定义和阐述评价合作伙伴关系的标准，以及基于标准建设良好伙伴关系的方法。综合这些论述的相通之处，再结合众多从业人员多年来交流形成的经验总结，我们认为以下一些原则性的做法可以帮助构建优质的合作伙伴关系。

- 在合作伙伴间设立合理互惠的合作目标。
- 在合作伙伴间订立公正合理的行为规则。
- 明确各合作伙伴的权限、职责和利益归属。
- 设置科学而细致的工作流程。
- 设置并认真执行定期的复盘回顾机制，实事求是地分析问题，提出解决问题的办法，从而持续提升和改善合作水平。
- 在工作中坚守既定的业务规则，赢得和维护合作伙伴彼此间的信任。
- 培养良好的个人沟通技能和构建健康的企业文化。

在参与协同的过程中，每一位供应链管理者都有可能遇到障碍。处理协同障碍有多种类型的策略，如竞争、迁就、回避、合作、妥协等。在具体的协同障碍场景中，也有很多管理者拥有丰富的实操经验和心得。但是，不论采用何种策略和做法，我们都还是要遵循公正、开放、透明和双赢的原则，尽量不去激化矛盾、增加克服障碍的困难，尽量用正面和积极的方法解决问题。

在构建内部和外部协同的时候，供应链团队需要注意沟通模式。在图 3-14 中，内部和外部团队协同时的沟通模式大致有两种。左边的图形展示的是统一输入和输出的沟通模式，内外部组织各自在内部进行沟通交流，形成统一结论后再由指定的渠道正式输出给外部组织，也从对方的指定渠道接收信息。这种模式在相对简单的业务或相对初级的合作关系中较为常见。右边的图形展示了另外一种沟通模式，内外部组织的执行层、运营层和战略层的团队不仅在企业内部进行纵向的交流，还在同级团队之间进行跨组织交流。这种模式要求组织的每一个层级要及时和准确地传递同时来自纵向和横向的信息。一般说来，内外部组织的战略层之间沟通的是组织的合作方向、意愿、目标等决定合作框架和原则的内容；运营层之间沟通的是中长期的合作方案、业务流程和沟通规范等制度性和规划性的内容；而执行层之间则会针对具体的实操场景进行频繁的信息交互，以求达成对具体问题及其解决进度的共识。这种沟通模式显然比左边的沟通模式更加复杂，对合作双方的业务治理要求更高，常见于较为复杂的业务或者深度合作的伙伴关系。

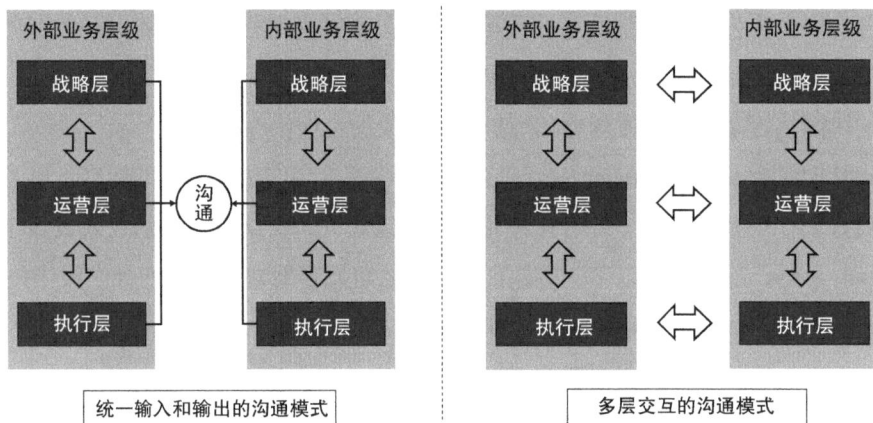

图 3-14　内外部协同时的沟通模式

第 4 章

供应链成本管理

无论是商业组织还是公共机构，在管理供应链的过程中，都会重点关注供应链的成本。供应链成本会深刻影响企业的盈利能力、市场竞争力和未来发展的潜力。纵然是不以营利为主要目的的公共机构，也需要不断提升供应链的成本管理水平，以达到节约社会资源的目标。因此，每一位供应链管理者都应该具备成本管理的专业知识，积极管理成本。成本管理可以描述为供应链管理者在满足内外部客户要求的基础上，持续优化和控制成本的行动。

本章目标

1. 了解各种成本概念和成本分类。

2. 熟练掌握成本分析的方法。

3. 掌握价格分析的方法。

4. 了解持续优化和控制供应链成本的途径。

|第1节| 成本管理基础

供应链管理者应在日常工作中时刻关注成本问题，然而我们在谈及成本的时候，往往指向某一个具体的供应链业务或环节的成本，如采购成本、制造成本或物流成本等。由于供应链囊括了多个职能的众多事务，如果我们试图对"供应链成本"这一概念进行明确定义，势必首先要澄清我们在特定语境下所说的"供应链"包含哪些事务和环节，即划定当下提及的"供应链"的范围。

1. 供应链的成本范围

本章所说的供应链成本泛指一个组织的供应链在运作过程中产生的各项成本，它不仅包含组织内部各职能部门的运作成本，也包含组织与供应商、经销商、政府主管部门等外部机构合作过程中产生的费用。在讨论具体问题的成本时，就需要视问题指向的业务场景而确定成本的范围。这意味着我们在每次讨论"供应链成本"时，首先必须明确成本对象这个概念。成本对象可以是以实物形式存在的产品和物料，也可以是服务、流程或项目，还可以是某个部门、客户或机构等。站在成本会计或税务的角度，企业可能会严格区分成本和费用这两个概念。一种简单的定义是，把那些先要记录为资产，然后逐步转化为费用的，作为资产化成本，如库存原材料等流动资产和生产设备等固定资产；而其余的，则可视为费用化成本。然而，从业务管理上看，管理者往往并不严格地区分成本和费用，而将所有的支出都视为成本管理的对象。在供应链中，成本对象有很多，管理者只有先明确成本对象，才能采用适当的方式进行成本归类、分配、核算与分析。以下是供应链成本范围内经常出现的成本科目，它们可能只属于某个环节，也可能同时出现在多个环节中。

● 原材料成本。这是直接成本的一个重要组成部分，来源于上游采购环节。

● 生产加工成本。这也是直接成本的一个组成部分。在上游采购环节，供应商会将其生产加工成本计入产品或服务的报价，作为采购成本的一部分。中游的制造过程中也会产生加工或者外协加工的成本。少数企业在下游的物流配送环节也会产生简单的加工服务成本，例如打包、贴标签和重新包装等的成本。常见的生产加工成本是由加工人力、加工辅料、设备折旧等组成的，它们分别归属于人力资源、间接物料和设备成本。其中设备成本又包含设备本身的采购成本和使用成本，如设备的维修成本、保养成本、能耗等使用过程中的成本，因此设备成本经常需要计算生命周期内的总拥有成本（Total Cost of Ownership，TCO）。TCO 会在本章第 4 节予以介绍。

●非加工相关的间接物料和服务成本。间接成本的内容繁多，总的来说是和成品不存在直接关系的物料或服务所产生的成本。例如，办公室里的打印纸张并不是生产线制造汽车时必需的物料，但是没有它又会影响企业的生产活动。不是所有的间接成本都可以计入供应链成本，例如打印纸，不仅供应链团队需要用，人事、行政等非供应链部门也在使用，因此需要一个合理的摊销方式才能计算出供应链相关的成本。

●税务成本。供应链的运营活动所产生的税务支出应当被计入供应链成本，主要包括：采购物料或服务时供应商添加的税点；采购用于生产的固定资产时产生的税费，经过折旧后被计入了产品或服务的生产成本；进口物料和生产设备时产生的关税；购置仓库和厂房等基础生产设施时产生的契税。通常来说，增值税和企业所得税被视为销售过程中产生的税务支出，不属于供应链成本。

●质量成本。质量管理活动和质量不良造成的损失都属于质量成本。从供应链成本的角度来说，预防和过程检查产生的质量控制成本要远小于质量问题发生后产生的修复和赔偿成本。

●库存持有成本。该成本是保有货物库存的成本，虽然它既不是购买货物的采购成本，也不是制造产品的加工成本，但是和产品的价值有着密切的关系。持有货物的价值越高、持有的时间越长，库存持有成本就越高。库存持有成本通常包括货物占用资金造成的机会成本、仓储成本、货物保险，以及可能的贬值或灭失成本。关于库存持有成本更为详细的介绍请参阅本节的第 4 部分。

●仓储和物流成本。仓储和物流过程涉及的活动和合作方较多，因此此成本的构成要素也比较多。同时，仓储和物流的计费方式也较多，这进一步加大了统计仓储和物流成本的难度。

●供应链各部门的人力成本。该成本包括供应链各部门的人员工资、福利、培训、招聘、团建等各种成本。需要指出的是，不论自动化和智能化进展到何种水平，人的因素对供应链的影响都是第一位的。供应链管理者也要在人力成本的投入上善加筹谋，而不能将之简单地视为人力资源部门的事务。

2. 成本的分类

根据管理目标的不同，成本可以从多个维度进行分类。通常，成本可以按如下标准进行分类。

- 职能部门：生产、销售、市场、研发、物流、管理等方面的成本。
- 成本对象：直接成本、间接成本。
- 成本习性：可变成本、固定成本。
- 合计或平均：总成本、单位成本。

1）直接成本与间接成本

无须进行二次分配就能归集到成本对象的支出，被称为直接成本；需要进行二次或多次分配才能归集到成本对象的支出，被称为间接成本。以生产制造环节为例，直接生产成本是与产品生产工艺直接相关的成本，如原料、主要材料、外购半成品、生产工人工资、机器设备折旧等。间接生产成本是与产品生产工艺没有直接关系的成本，如机物料消耗、辅助工人和车间管理人员工资、车间房屋折旧等。此外，在不同的业务场景中，表面近似的成本事项可能被归集为直接或间接成本，如图 4-1 所示。如果企业在制造产品时使用了某型号的机器设备，我们在核算产品成本时，就需要将该设备进行折旧并测算机时费，再按照不同产品生产活动消耗的机时进行分配。此时，机器设备的成本就被视为间接成本。而在另外一家专业从事设备采购和销售的贸易公司，同样型号的机器设备可能被整体采购而来，再作为标的物交付给客户，因而这台机器的采购成本就会被视为企业直接成本的一部分。

	固定成本	可变成本
直接成本	机器设备 厂房、土地 生产线工人工资	原材料 包装 销售折扣 增值税
间接成本	机器设备 仓库租金 广告费用 管理成本	运输费用 销售费用 所得税

图 4-1　成本分类

来看一个有趣的例子。某小区居民为了降低物业管理费，与物业公司开会协商。物业管理费中有一笔很大的开支是楼道的电梯维护保养费用。在双方僵持不下的时候，1 层住户郁闷地说："我家在 1 层，根本不使用电梯，因此我家不缴纳电梯的费用。"说罢起身，正准备离席之际还补充了一句："我觉得 15 层的住户应该多缴一些电梯费，他们住得高，升降距离长。"15层的住户听罢，郁闷地说："我家虽然住在15层，但我家就两位七八十岁的老人，他们一个月都不怎么出门。可10层的一家住户有10口人，而且他们是做销售的，每天进进出出好多趟，他们家应该多缴电梯费！"

的确，在供应链管理工作中，我们会经常遇到间接成本如何合理分摊的挑战。成本分摊需要在了解具体的生产和经营场景的基础上，设立符合实际情况的分摊逻辑。如果成本分摊不合理，就不能真实反映产品的实际成本，进而导致业务决策（如定价）的失误。

2）可变成本与固定成本

另一个常见的分类是将成本分为可变成本与固定成本。供应链管理者把那些随着业务量（如作业量、销量等）增减而相应增减的成本，称为可变成本；把那些不随业务量增减而变化的、稳定支出的成本，称为固定成本。在产能允许的情况下，机器设备这样的固定资产，其成本不随产量的变化而变化。无论当天有无生产活动，设备成本（按天计算的折旧费）都会发生；而原材料成本则不同，它们的消耗量与生产量成正比。

需要指出的是，可变成本与固定成本的定义是相对的。例如，如果我们做长期（如5年或10年）的成本规划，现有机器设备的产能上限就有可能被突破，因而随着时间的推移，企业需要投入更多的设备。这时，机器设备的成本就随着业务量的增加而增加了，而设备成本也有可能从原来定义的固定成本转变为可变成本。

另外，在实际工作中，可变成本的变化曲线也未必表现为严格的线性增减。例如，有些供应商会对原材料进行批量折扣报价。例如，购买50吨原材料，单价为2,000元/吨，而购买100吨原材料，单价就变为1,800元/吨。如果需要进行认真的量化分析，管理者就应该试图找到可变成本与业务量的量化公式。例如，空运的成本可能会随着货物重量或体积的增加而变化，航空公司需要找到业务量（重量或体积）增长和单位成本变化之间明确的量化关系，从而设置合理的单位费率。

3. 盈亏平衡点

管理者经常要考虑不同的业务方法是如何影响营业利润的，这时就会采用量本利分析方法。盈亏平衡分析就是量本利分析方法中的一种，寻求的是当总收入等于总成本，即利润为0的时候，业务量水平是怎样的，如图4-2所示。

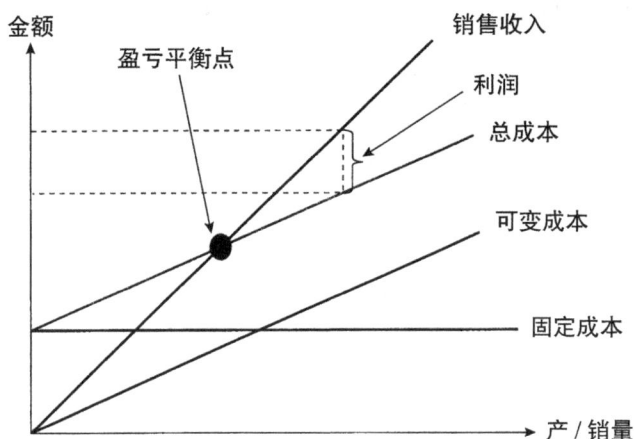

图 4-2　盈亏平衡分析

在供应链管理中，有很多业务需要应用盈亏平衡分析，例如分析供应商的盈利状况、计算自制或外包的成本表现，以及确定究竟是租赁还是购买更具成本优势等。下面是对一个培训公司进行盈亏平衡分析的例子。

北京某培训公司计划在上海开展一系列培训业务。历时 6 个月的培训课程分为 3 次，每次 3 天，培训公司向每名学员收费 1 万元，而培训的各项成本如下：

● 场地租金为 2,000 元 / 天；

● 培训师课酬为 6,000 元 / 天；

● 培训师差旅费为 4,500 元 / 次；

● 销售人员基本工资为 6,000 元 / 月，且每期历时 6 个月的培训课程平均需要 2.5 名销售人员来完成销售；

● 销售人员的奖金为销售额的 8%；

● 广告费、销售人员差旅费、宣传册 / 页印制费等其他销售成本为销售额的 8%；

● 参训学员的午餐费用为 40 元 /（人·天）；

● 讲义费、饮料费和零食费等培训杂费为 25 元 / 人；

● 开办课程需要的资质和许可证办理费用为 10,000 元。

在不考虑其他费用的情况下，如该培训公司期望获得 1 万元的利润，需要招收多少名学员才能达到盈亏平衡？

根据已知条件，我们容易计算出，每期历时 6 个月的课程需要上课 9 天（3 天 / 次 × 3 次），产生的固定成本为：

● 场地租金：2,000 元 / 天 × 9 天 = 18,000 元；

- 培训师课酬：6,000 元 / 天 × 9 天 = 54,000 元；
- 培训师差旅费：4,500 元 / 次 × 3 次 = 13,500 元；
- 6 个月的销售人员基本工资：6,000 元 /（人·月）× 2.5 人 × 6 个月 = 90,000 元；
- 开办课程需要的资质和许可证办理费用：10,000 元。

固定成本合计：18,000 元 +54,000 元 +13,500 元 +90,000 元 +10,000 元 = 185,500 元。而每名学员的可变成本包括：

- 销售奖金：10,000 元 / 人 × 8% = 800 元 / 人；
- 其他销售成本：10,000 元 / 人 × 8% = 800 元 / 人；
- 午餐费用：40 元 /（人·天）× 9 天 = 360 元 / 人；
- 讲义费等培训杂费：25 元 / 人。

可变成本合计：800 元 / 人 + 800 元 / 人 + 360 元 / 人 + 25 元 / 人 = 1,985 元 / 人。假设达到盈亏平衡点时的学员人数为 N，则可得出方程：

$10,000 \times N =$ 固定成本 + 可变成本，即 $10,000 \times N = 185,500 + 1,985 \times N$。

解方程得出 $N = 23.14$ 人，即当招收的学员为 24 人时，该培训公司才能实现盈亏平衡，盈亏平衡点即为 24 人。

此外，我们也可通过图示法（见图 4-3）绘制成本和收入的曲线，找到二者的相交点（23~24 之间），该点即为上例的理论解。在实际工作中，管理者通常会利用 Excel 进行盈亏平衡分析，如图 4-4 所示。

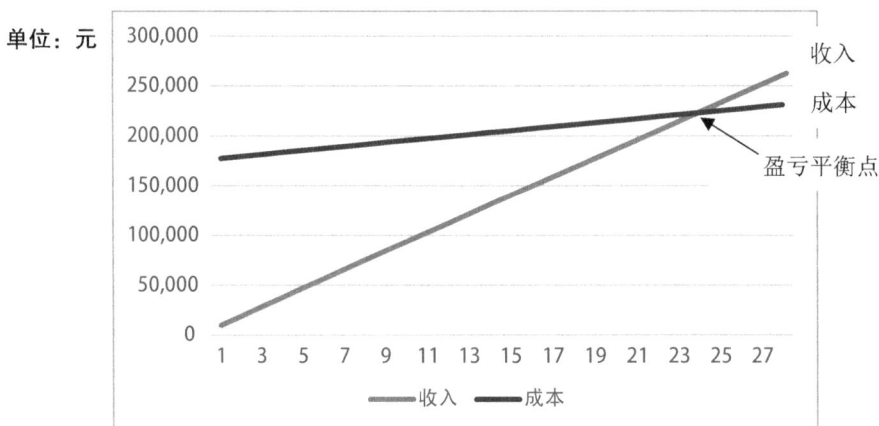

图 4-3　图示法

固定成本	185,500		学员人数	收入（元）	成本（元）	盈利与否
培训师课酬	54,000		1	10,000	187,485	否
培训师差旅费	18,000		2	20,000	189,470	否
场地租金	13,500		3	30,000	191,455	否
销售人员基本工资	90,000		4	40,000	193,440	否
资质和许可证办理费用	10,000		5	50,000	195,425	否
可变成本	**1,985**		6	60,000	197,410	否
午餐费用	360		7	70,000	199,395	否
销售奖金	800		8	80,000	201,380	否
其他销售成本	800		9	90,000	203,365	否
讲义费等培训杂费	25		10	100,000	205,350	否
			11	110,000	207,335	否
			12	120,000	209,320	否
			13	130,000	211,305	否
			14	140,000	213,290	否
			15	150,000	215,275	否
			16	160,000	217,260	否
			17	170,000	219,245	否
			18	180,000	221,230	否
			19	190,000	223,215	否
			20	200,000	225,200	否
			21	210,000	227,185	否
			22	220,000	229,170	否
			23	230,000	231,155	否
			24	240,000	233,140	是
			25	250,000	235,125	是
			26	260,000	237,110	是
			27	270,000	239,095	是
			28	280,000	241,080	是
					盈亏平衡点	24

图 4-4　Excel 求解

如果针对上例，管理者继续追问："每增加 1 名学员能给公司带来多少利润呢？"这就涉及利润贡献这个概念了。通常，利润贡献是指当业务量达到盈亏平衡点之后，每增加 1 个单位的业务量能带来的利润。因为在达到盈亏平衡点之后，固定成本已经被盈亏平衡点之前的业务量分摊完毕。就上例而言，在达到盈亏平衡点之后，每多招收 1 名学员，销售收入可以增加 10,000 元，减除单位可变成本 1,985 元，可产生 8,015 元的利润。

4. 其他常见的成本概念

除了本节前 3 部分已经描述的成本概念，管理者在分析和控制供应链成本时，还定义了一些特定的成本，其中使用较为频繁的如下。

1）累计成本与销售成本

在一件产品或一项服务通过一系列活动被制造出来或交付给客户的过程中，其成本是随着活动的累积而不断增加的。我们把这一成本递增的过程称为成本累计。对于制造业来说，产品的累计成本主要包含销售成本（Cost of Goods Sold, COGS）和管理费用（诸如办公室的打印纸和墨盒、员工食堂和宿舍等方面的开支）。销售成本又可分解为直接材料成本、直接人工成本和间接成本。而对于服务业来说，可能并不存在销售成本这样的概念，而是将累计的总成本直接拆解为管理费用、直接人工成本、直接材料成本和其他可能的间接成本。

2）库存持有成本

库存持有成本是指企业拥有库存所付出的代价，包括资金成本、仓储成本、保险、损耗、贬值和税金等要素。

●资金成本。库存占用着企业的运营资金，而资金是有成本的。例如，某企业购买了100万元的物料并在仓库中存放1个月，造成100万元的资金被占用了1个月。假如该企业没有采购并储备这些物料，那么在过去1个月中，就可以把100万元的资金投入其他经营或投资活动并赚取利润。假设该企业投入100万资金，经营1个月可以获得1%的回报，即赚取1万元利润，那么储备库存的行为使得企业丧失了在过去1个月中赚取1万元的机会，故而这一代价又被称为"机会成本"。不同企业由于盈利能力不同，因而占用资金造成的机会成本也不尽相同，如法国施耐德公司曾经按照每年17%的投资回报率来核算库存持有成本，而诺基亚曾经按照每年14%的投资回报率来核算。

●仓储成本。库存需要在仓库中存储和保管，这就产生了成本，例如仓库的保管和盘点等成本。对于租赁仓库的企业来说，库存的仓储成本可以通过库存所占用的仓间（平方米、立方米或货位等），以及单位仓间所分摊的租金和存储设备来估算。对于自建仓库的企业来说，核算库存的仓储成本较为复杂。举一个简单的例子，自建仓库时购买地皮的成本应当如何摊入仓储成本？按多少年分摊？按年度、季度还是月度计算？要不要考虑资金的贴现率？贴现率设为多少？这些问题不弄清楚，计算出的仓储成本就会出现偏差。自建仓库的仓储成本通常不会像租赁仓库那样，有一个明码标价的租金作为确定的成本。自建仓库通常需要更为深入和专业的评估才能较为准确地计算出仓储成本。

●保险。为了加强对库存的风险管理，企业通常会针对库存购买财产保险。库存水平越高，库存价值越大，则保险费用就越多。

●损耗。英文单词"缩水"（Shrinkage）最早指谷物在储存一段时间后因水分挥发而重量减轻，此概念后来逐渐拓展为库存随时间推移而产生的正常损耗。

●贬值。有些货物在存储一段时间后，即使数量／重量没有改变，但本身的价值降低了，如IT产品、服装或食品饮料等。当然，也有一些货物放置一段时间后出现增值的情况，这时增值的部分要从库存持有成本中扣减。

●税金。有些国家和地区对企业的库存征收财产税。

需要注意的是，库存持有成本并不是一次性的投入。如果管理者放任库存积压，库存持有成本就会随着时间的推移不断增加，像无底洞一般吞噬资金，对企业的盈利能力和财务安全造成越来越大的威胁，因而先进企业的供应链管理者都会对库存持有成本保持紧密的关注和警惕。

3）标准成本

标准成本通常是企业的财务部门根据近期（如过去一个月、一个季度、一年等）的历史数据，以及对未来一段时间（如一年）成本变化的预估而测算出来的成本。物料的标准成本往往和真实的采购价格有所差异。在财务上，该差异被称为采购（或材料）价格差异（Purchasing Price Variance，PPV）。当实际采购价格大于标准成本时，称为超支差异（Unfavored）；反之，称为节约差异（Favored）。

标准成本提供了一个可供参考的成本基准，可作为管理者在未来实施业务管理的依据。先进企业的最佳实践告诉我们，财务部门在测算标准成本时要有供应链部门的参与，以便相对准确、合理地评估构成标准成本的各项要素，如原材料的进货价格、运输费用、制造成本和其他各种费用等。

4）边际成本

边际成本（Marginal Cost，MC）是指厂商每增加一单位产量所增加的成本。举例来说，如果启动某产品生产线的成本是 10,000 元 / 次，该产品的物料成本是 100 元 / 件，辅料和人工等加工成本是 20 元 / 件。如果启动生产线后只生产 1 件产品，那么这件产品的成本是启动成本 + 物料成本 + 加工成本 =10,000+100+20=10,120 元 / 件。

如果生产线不停，继续生产第 2 件产品，就不用付出第二次启动成本，总成本仅仅增加了第 2 件产品的物料成本和加工成本，即 100+20=120 元。因此，总成本变化量 ΔC=120 元，总产量的变化量 ΔQ=1 件，生产第 2 件产品的边际成本 MC=$\Delta C / \Delta Q$=120 元 /1 件 =120 元 / 件。这两件产品的总成本 = 启动成本 + 物料成本 ×2+ 加工成本 ×2=10,000+100×2+20×2=10,240 元，而平均每件产品的成本 =10,240÷2=5,120 元。相比于只生产 1 件产品，单件生产成本下降了 10,120-5,120=5,000 元。

如果继续生产第 3 件产品，总成本增加了第 3 件产品的物料成本和加工成本，即总成本变化量 ΔC=120 元，总产量的变化量 ΔQ=1 件，边际成本 MC=$\Delta C / \Delta Q$=120 元 /1 件 =120 元 / 件。这 3 件产品的总成本 = 启动成本 + 物料成本 ×3+ 加工成本 ×3=10,000+100×3+20×3=10,360 元，而平均每件产品的成本 =10,360÷3 ≈ 3,453.33 元。虽然相比生产两件产品，单件产品的成本更低了，可是单件产品的成本只下降了 5,120-3,453.33=1,666.67 元。可以看出，随着产量的增加，单件成本的下降幅度在逐渐放缓。

边际成本告诉我们，随着产量的增加，每单位产品的成本在逐步变化。当实际产量未达到产能上限时，边际成本随产量的扩大而递减，但是递减的速度也随产量的增加而越来越慢，即规模增加带来的降本效果越来越不显著，直至达到一个稳定的成本水平。如果实际产量超越了产能上限，那就需要投资更多的固定资产，如增添生产设备，这时单件产品的成本又会猛地上升，然后再次随着产量的增加而回落。边际成本很好地解释了定制化产品的高成本现象，也揭示了通过推行产品和服务的标准化可以节约成本的原因。

| 第2节 | 折旧、作业成本法和分摊

供应链管理者试图了解成本的时候，经常会遇到如何计算的问题。本节将介绍 3 种常见的成本分析方法：折旧、作业成本法和分摊。

1. 折旧

折旧通常是指固定资产的折旧。讨论折旧的问题就不得不提到成本递延的概念。当企业的固定资产不能全部计入当年的损益，而必须在以后较长一段时间内逐步分摊时，我们就将该资产称为递延资产。采购和使用递延资产的成本就是递延成本。递延成本通常出现在生命周期较长（一年或以上）的资产中。举例来说，某公司花费 10 亿元建设了新的办公楼，该办公楼预计使用 20 年，如果该公司将 10 亿元的办公楼建设支出全部计入当年的成本，将会造成公司当年的生产成本出现高达 10 亿元的基建支出，而在后续 19 年的生产中，办公楼的成本为 0。这显然是不合理的，不仅会造成成本和盈利数据的剧烈波动，还会带来税务方面的问题。正确的做法是将基建支出分摊到每年，即把 10 亿元的基建支出递延到办公楼的生命周期（20 年）中去，这就是成本递延的概念。

上述例子就是典型的固定资产折旧。它指的是固定资产在其生命周期内，按照确定的方法对其应计的折旧额进行系统分摊。对供应链管理工作而言，最常见的固定资产折旧分析是计算生产设备的折旧金额，并将其分摊到生产设备所生产的产品中，使其成为产品成本的重要组成部分。折旧分摊需要回答 3 个问题：使用什么作为折旧的基础？资产可用的生命周期有多长？哪种成本分摊的方法最佳？折旧的方法有很多种，一般情况下，每个企业在一个财政年度内应该确定采用同一种方法进行折旧的计算。这些方法包括直线折旧法、作业量法（按照使用设备的次数、设备生产的数量或生产耗用的设备工时等计算折旧）、年数和法、双倍余额递减法、资产组群和集合折旧法等。

其中年数和法和双倍余额递减法通常又被称为加速折旧法。加速折旧能使企业在生产

设备生命周期的早期阶段更多地计提折旧额，从而冲减部分当期利润，减少企业当期缴纳的所得税。因此，各国的税务机构都会规定可接受的折旧方法。2014 年 10 月 20 号，财政部、国家税务总局联合发布《关于完善固定资产加速折旧企业所得税政策的通知》（财税〔2014〕75 号），对有关固定资产加速折旧企业所得税政策问题进行了细化和明确。该通知主要是落实国务院完善固定资产加速折旧政策，促进企业技术改造，支持企业创新。这项政策规定加速折旧的企业范围包括以下 3 类。

●第 1 类，生物药品制造业，专用设备制造业，铁路、船舶、航空航天和其他运输设备制造业，计算机、通信和其他电子设备制造业，仪器仪表制造业，信息传输、软件和信息技术服务业等 6 个行业的制造企业。

●第 2 类，新购进专门用于研发的仪器、设备的企业。

●第 3 类，持有单位价值不超过 5,000 元的固定资产的企业。

接下来将介绍几种常见的折旧方法。为了阐述的方便，让我们先模拟一个设备折旧的场景：ABC 公司在 2020 年 9 月 30 日在生产线上添加了一台新设备；该设备的成本为 117,900 元；ABC 公司估计设备在生命周期最后的残值（Salvage）为 12,900 元；设备的生命周期为 5 年，总的使用时间估计为 1,000 小时；财务年度的年末为 12 月 31 日。

1）直线折旧法

直线折旧法的特征是，每期（年）计提的折旧额均等。本例中，设备成本减去残值的部分是折旧基数，即 117,900-12,900=105,000 元。相当于在 5 年的生命周期里，因为设备变得越来越"旧"，所以其价值"折"去了 105,000 元。那么年度费用就是 21,000 元，即 105,000 元 /5 年 =21,000 元 / 年。因为在 2020 年，设备投入使用仅为当年的最后 3 个月，所以分摊年度费用的 3/12，即 5,250 元；同理，在最后一年（2025）中，使用期间为前 3 个季度，故而分摊年度费用的 9/12，即 15,750 元。本例中，直线折旧法的算例如表 4-1 所示。

表 4-1　直线折旧法的算例

年份	折旧基数 /元		折旧年数		年度费用 /元		年分摊比例		当年费用 /元	累积折旧额 / 元
2020	105,000	/	5	=	21,000	×	3/12	=	5,250	5,250
2021	105,000	/	5	=	21,000				21,000	26,250
2022	105,000	/	5	=	21,000				21,000	47,250
2023	105,000	/	5	=	21,000				21,000	68,250
2024	105,000	/	5	=	21,000				21,000	89,250

年份	折旧基数/元		折旧年数		年度费用/元		年分摊比例		当年费用/元	累积折旧额/元
2025	105,000	/	5	=	21,000	×	9/12	=	15,750	105,000
									105,000	
记账										
2020	折旧费用额/元						5,250			
	累积折旧额/元								5,250	

2）作业量法

在本例中，如果 ABC 公司事先预估设备在整个 5 年的生命周期中，一共投入使用 1,000 小时，则小时费率为 105,000 元 /1,000 时 =105 元 / 时。由表 4-2 可见，预计在未来 5 年，ABC 公司分别使用该设备 200、150、250、300 和 100 小时，每年的折旧金额为使用设备的小时数乘以小时费率，又叫作机时费。这意味着每年的折旧额未必是均等的。这种方法充分地反映了设备真实的使用状况。

表 4-2　作业量法的算例

年份	使用小时/时		小时费率/元·时$^{-1}$		年费用/元	年分摊比例	当年费用/元	累积折旧额/元
2020	200	×	105	=	21,000		21,000	21,000
2021	150	×	105	=	15,750		15,750	36,750
2022	250	×	105	=	26,250		26,250	63,000
2023	300	×	105	=	31,500		31,500	94,500
2024	100	×	105	=	10,500		10,500	105,000
总计	1,000						105,000	
记账								
2020	折旧费用额/元					21,000		
	累积折旧额/元						21,000	

3）年数和法

使用年数和法进行折旧，首先需要确定折旧的年限，在本例中是 5 年，然后按照等差数列1、2、3、4、5（即递减的年数）求和15。之后，每年的折旧比例即为5/15、4/15、3/15、2/15、1/15。可见，年数和法的折旧比例是逐年递减的，因此它属于加速折旧法的一种。它体现了新资产折旧速度快，而旧资产折旧速度慢的情况，常见于生产设备等资产的折旧计算中。在本例中，由于第1年即2020年是从9月30日投入的，因而在第2年2021的折旧比例计算中，应先考虑前9个月的折旧比例是归属第1年度，为5/15；而后3个月的折旧比例应归属第2年度，折旧比例为4/15。因此，2021年全年的折旧比例应按照下列公式计算：

$$5/15 \times 9/12 + 4/15 \times 3/12 = 4.75/15$$

从表4-3可见，之后的2022—2025年的折旧比例计算以此类推。

表4-3 作业量折旧法的算例

年份	折旧基数/元		年折旧比例		年费用/元		年分摊比例	当年费用/元	累积折旧额/元
2020	105,000	×	5/15	=	35,000	×	3/12	8,750	8,750
2021	105,000	×	4.75/15	=	33,250			33,250	42,000
2022	105,000	×	3.75/15	=	26,250			26,250	68,250
2023	105,000	×	2.75/15	=	19,250			19,250	87,500
2024	105,000	×	1.75/15	=	12,250			12,250	99,750
2025	105,000	×	0.75/15	=	5,250			5,250	105,000
								105,000	
记账									
2020	折旧费用额/元						8,750		
	累积折旧额/元						8,750		

4）双倍余额递减法

这个方法是在固定资产使用年限最后两年的前面各年，从年限平均法折旧率的两倍作为固定的折旧率，再乘以逐年递减的固定资产期初净值，得出各年应计提的折旧额；在固定资产使用年限的最后两年改用年限平均法，将倒数第2年年初的固定资产账面净值扣除预计净残值所得到的余额作为最后两年的折旧总额，然后平均分摊。其主要计算方法包括下面两个步骤：

$$最后两年之前的年折旧率 = 2 \times （1/预计的折旧年限）\times 100\%$$

最后两年的每年折旧额 =（固定资产原值 – 已发生的累计折旧额 – 残值）/2

由表 4-4 可知，在本例中，前期数年的年折旧率是每年平均折旧率（1/5）的两倍，即 2×（1/5）×100%=40%。其中，2020 年仅按照最后 3 个月的使用进行分摊。到了 2023 年第 3 季度末，由于案例中设备生命周期仅剩两年，故而改为直线折旧法，而当年的前 9 个月的折旧依然按双倍余额递减法计算，即分摊年费用的 9/12。这一阶段累计的折旧额是 91,160 元。从 2023 年第 4 季度初开始，至设备生命周期结束（2025 年第 3 季度末），采用直线法折旧，其年折旧额为 6,920 元，即（117,900 元 –91,160 元 –12,900 元）/2 年 =6,920 元 / 年。其中，2023 年第 4 季度按直线法折旧，即分摊年费用的 3/12，而 2025 年的前 9 个月按直线法折旧，即分摊年费用的 9/12。由此可以看出，双倍余额递减法也是一种加速折旧的方法。

表 4-4　双倍余额递减法的算例

年份	折旧基数 /元		年折旧比例		年费用 /元		年分摊比例		当年费用 /元	累积折旧额 / 元
2020	117,900	×	40%	=	47,160	×	3/12	=	11,790	11,790
2021	106,110	×	40%	=	42,444				42,444	54,234
2022	63,666	×	40%	=	25,466				25,466	79,700
2023	38,200	×	40%	=	15,280		9/12		11,460	91,160
			直线法		6,920		3/12		1,730	92,890
2024	12,900		直线法		6,920				6,920	99,810
2025	12,900		直线法		6,920		9/12		5,190	105,000
									105,000	
记账										
2020	折旧费用额 /元						11,790			
	累积折旧额 /元								11,790	

还有一种加速折旧的方法是余额递减法，是将每期固定资产的期初账面净值（原值减去累计折旧额）乘以一个固定的百分率来计算该期的折旧额，固定百分比按如下公式计算：

$$折旧率 = 1 - \sqrt[使用年限]{\frac{预计残值}{固定资产原值}}$$

5）资产组群和集合折旧法

除了上述几种常见的折旧方法以外，对于由相似资产构成的资产集合，可以根据各组成资产的耐用年限的加权平均值来确定该资产集合的折旧率，以分摊资产集合的成本。这种方法称为资产组群和集合折旧法。折旧率等于各组成资产的耐用年限加权平均值的倒数。

折旧的目的就是有步骤地把资产摊作费用。供应链管理者在分析固定资产的成本，特别是折旧成本时，一定要注意资产是否投入使用。例如，在分析供应链成本时，要确认计入折旧成本的设备是否在被涉及的项目或采购合同所使用。

2. 作业成本法

在企业目前所采用的财务体系中，各项记账和报表的服务对象更加偏向于股东，而不是各个职能团队的经理人，更不是基层的供应链管理者。例如，当供应链管理者向财务部门询问，仓库收货作业中每收取一托盘货物便直接放置在库位上，一次作业的成本是多少时，财务人员可能就束手无策了，因为传统的会计记账就没有这样的科目。

一些企业引入作业成本法的概念和方法，把某个产品、流程或项目从头到尾的作业动作进行拆解，形成图 4-5 所示的作业池，并逐一分析每项动作所消耗的企业资源，包括人力、现金和设备等；再结合恰当的成本动因，将资源消耗的成本合理归集到每项动作，并最终合并这些成本到产品、流程或项目上去。

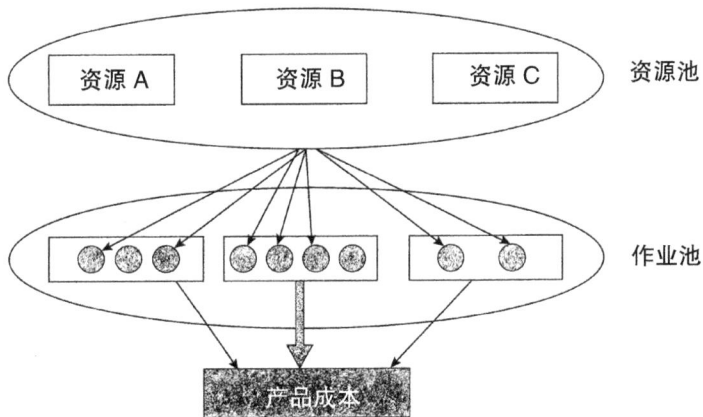

图 4-5　作业成本法分解示意

作业成本法涉及的一些基础概念如下。

●作业（Activity）：需要进行操作并因此消耗资源的流程或程序，如给供应商打电话订购就是一个作业。

●作业清单：产品或其他的成本对象所需要的作业及其相关作业成本的清单。

●成本对象：需要对作业绩效进行考核的对象，如产品、客户、市场、分销渠道和项目。

●成本动因（Cost Driver）：与作业直接相关的、易于衡量的因素，如采购作业的成本动因通常包括采购申请单的数量、零件型号的数量、供应商的数量、交付异常的数量或比例等。

以图 4-6 为例，要在仓库内将一托盘货物从 A 点移动到 B 点，分别测算单纯人工作业成本和人工辅以叉车作业成本。

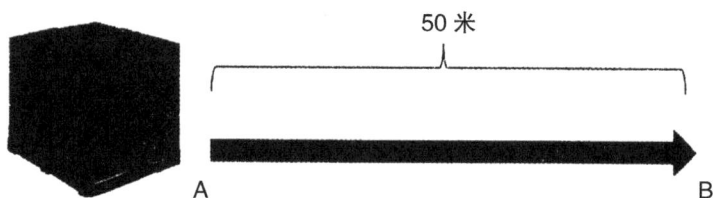

图 4-6　以单纯人工和人工辅以叉车的作业成本比较示例

1）单纯人工作业成本

这里把人工作业动作分解为拿起 – 行走 – 放下 – 回程。根据英国皇家物流协会的动作标准数据，考虑到人工的效率损失，拿起和放下的动作耗时为 15 秒（小件货物），库房作业的平均人工行走速度为 45 米 / 分。完成一箱货物往返 50 米的搬运，整个动作耗时 =15 秒 +100 米 /（45 米 / 分）≈ 148 秒。完成一托盘 50 箱的总耗时 =148×50=7,400 秒 ≈ 2.06 小时。假设库房的人工成本为 5,100 元 / 月，工作时间为 170 小时 / 月，约合 30 元 / 小时，则完成一托盘搬运（2.06 小时）的总作业成本为 61.8 元。

2）人工辅以叉车作业成本

这里把人工辅以叉车作业动作分解为叉起 – 行走 – 放下 – 回程。根据英国皇家物流协会的动作标准数据，考虑到人工和叉车的效率损失，叉起和放下的动作耗时为 65 秒（小件货物），叉车的行走速度为 83 米 / 分。由于有叉车的协助，完成一托盘货物往返 50 米只需一次搬运，所以整个动作耗时 =65 秒 +100 米 /83（米 / 分）≈ 137 秒 ≈ 0.04 小时。假设购买 1.5 吨重力平衡叉车的费用是 17 万元，生命周期为 5 年，残值为 2 万元，5 年内的维修保养零件成本为购买价值的 40%，即 6.8 万元。则每小时叉车成本 =（17 万元

+6.8 万元 −2 万元）÷5 年 ÷300 天 ÷8 小时 ≈ 18.2 元 / 小时。假设人工成本如前所述，约合 30 元 / 小时，则总作业成本为（18.2 元 / 小时 +30 元 / 小时）×0.04 小时 ≈ 1.93 元。

3. 分摊

管理者经常需要将某些科目的成本总额分摊到具体的产品和服务内容上，以便更精确地了解成本和更有效地控制成本。其中，较为常见的是人工成本和制造成本的分摊。

1）人工成本的分摊

作为一个成本分析的主要要素，人工成本更多的是按不同工作的时间花费来进行分摊的。较准确的方法是采用上文描述的"作业成本法"进行分析，即测算每项细分动作的人工耗时，再乘以人工的单位时间成本（如每小时劳动成本、每日劳动成本等）。有的时候，管理者会近似地采用人工在不同工作中处理的工作量按比例进行成本分摊。这时假设不同的工作量的人工消耗速度是相同的。例如，管理者在测算订单处理工作的人工成本时，可能会默认每个员工处理每张订单所用的时间 t 是一致的。假如某个员工处理的订单数量是 n，那么该员工处理订单的人工工时就是 $n \times t$。如果这 n 张订单同时来自多个项目，其中特定的某个项目的订单张数占其总订单 n 的 30%，那么在该项目中分摊的订单处理的人工成本就是 $n \times t \times 30\% \times r$，其中 r 是单位时间的人工成本。又如，管理者在测算车辆装卸的人工成本时，可能会简单地采取货量（如立方米或吨）来进行分摊。在这一计算中，管理者假定不同的货物和不同的人员在处理单位货量时付出的劳动时间是一样的。

在考虑单位时间的人工成本时，一定要从企业的总支出出发，而不是从人员的收入出发。为了保障一个人可以顺利地工作，企业除了要支付工资、奖金之外，还要支付社会保险、公积金等费用，甚至还有餐饮、住宿、服装和培训等项目的支出。20 世纪 30 年代，美国 Curtis Wright 公司的工程师在长期观察飞机的生产制造活动中发现，工人的单位生产时间会随着他们被分配的产量加倍而按照一个固定的比率下降，直至达到或逼近其劳动效率的上限，单位生产时间才会稳定下来。这个固定比率称为"学习曲线"（Learning Curve），如图 4-7 所示。

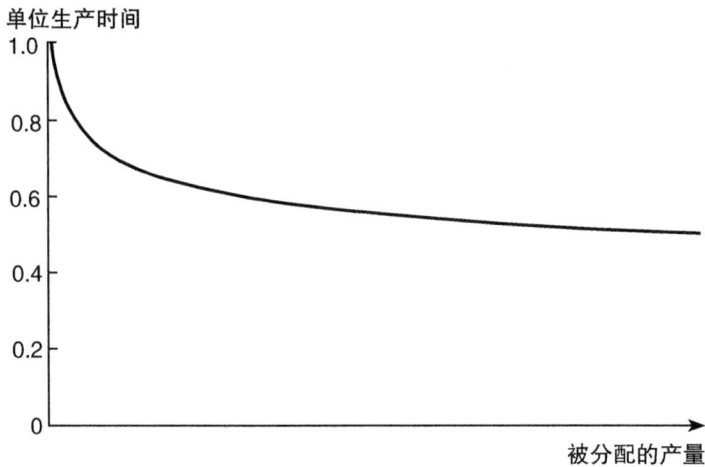

图 4-7　学习曲线

管理者们还总结了学习曲线的公式：

$$T_n = T_1 \times n^{\lg b / \lg 2}$$

式中：T_1 是生产第 1 个部件的时间；T_n 是生产第 n 个部件的时间；b 是学习曲线，通常以百分比的形式出现。对于一个学习曲线为 90% 的产品，生产第 1 个单位产品所需的时间为 43 分钟，则生产第 5 个单位产品所需的时间为：

$$T_5 = T_1 \times n^{\lg b / \lg 2} = 43 \times 5^{\lg 0.9 / \lg 2} \approx 33.7 \text{ 分}$$

无论是分析自己工厂还是供应商生产环节的人工成本，都可以使用学习曲线分析人工耗时，再结合人工的工时费，即可推算出生产环节的人工成本。在一些仓储作业环节，如分拣和打包等，也可引入这一概念。但是，学习曲线有其适用的范围，通常来说更加适合劳动密集型、复杂的生产活动。自动化控制的生产线或简单的动作，如翻饼烙饼，就不适合使用学习曲线了，或者说，人工的学习改进很少，学习曲线接近 100%，测算出的结果只有数学意义上的差异，对实际的生产经营活动没有显著的影响。经常使用这个概念的管理者还可能自行创建学习曲线表，如表 4-5 所示。这样，管理者就可以比较方便地测算学习曲线了。如前面的例子，计算可简化为：

$$T_5 = 43 \times 0.7830 \approx 33.7 \text{ 分}$$

其中，0.7830 为学习曲线为 90% 的情况下，第 5 个部件的学习曲线系数。

表 4-5　学习曲线表

单位数量	90%	80%	70%
1	1.0000	1.0000	1.0000

单位数量	90%	80%	70%
2	0.9000	0.8000	0.7000
3	0.8462	0.7021	0.5682
4	0.8100	0.6400	0.4900
5	0.7830	0.5956	0.4368
6	0.7616	0.5617	0.3977
7	0.7439	0.5345	0.3674
8	0.7290	0.5120	0.3430
9	0.7161	0.4929	0.3228
10	0.7047	0.4765	0.3058
11	0.6946	0.4621	0.2912
12	0.6854	0.4493	0.2784
13	0.6771	0.4379	0.2672
14	06696	0.4276	0.2572
15	06626	0.4182	0.2482
16	0.6561	0.4096	0.2401
17	0.6501	0.4017	0.2327
18	06445	0.3944	0.2260
19	0.6392	0.3876	0.2198
20	0.6342	0.3812	0.2141

2）制造成本的分摊

供应链管理者在进行成本分析时，经常遇到制造成本的分摊问题。制造成本主要由直接材料成本、直接人工成本和间接成本组成。直接材料成本、直接人工成本和间接成本中的设备折旧等费用的分摊通常较为明确，而除此之外，间接成本中的各项管理费用则相对不那么直观。管理费用可能涉及能源消耗、人员的薪酬福利、维修保养的服务费等。管理者的薪酬通常可按照对不同业务投入的工作量进行分摊。有些管理者的薪酬，如生产经理，可按照在其所管理的生产活动中，不同产品投入的直接人工比例进行分摊。能源消耗、维修保养、食堂和宿舍等行政开支既可以按照制造车间运营的天数或小时数进行分摊，也可以按照车间员工的数量计入每个人的成本，还可以分摊到每件产品上作为单件产品综合成本的一部分。如果在制造过程中需要用到外部的知识产权，也会产生相应的费用，如信息系统的版权金、制造工艺的专利费、生产许可和授权的费用等。这部分费用也会计入项目或者分摊到每件产品的成本中。

| 第3节 | 成本与价格分析

供应链管理者的日常工作之一就是管理和控制成本。成本与价格分析是每一位管理者需要掌握的工具，以识别成本节约的机会，制定出控制成本上升的管理政策和恰当的作业流程。而成本节约的源泉，应当来自供应链上下游和企业自身的效率提高，以及开发具有竞争性的供应商或服务商。

同时，管理者应该充分认识供应链的复杂性和各职能部门的相互影响，尽可能从供应链的总成本角度分析和管理，避免过度追求局部的成本降低而引发整体的成本上升。本书一再提及，局部的最优很有可能导致整体利益受损。例如，对库存持有成本实施控制的一些操作方法可能会产生大量的小批量、高频率的作业，在节约了库存持有成本的同时，却造成运输和仓储作业成本的上升。因此管理者需要对这两种成本进行量化分析，找寻总成本最低的库存政策。

从采购管理的角度来说，成本与价格分析有着不同的业务背景和侧重点。通常，对于影响大、支出金额多的业务或产品，管理者值得付出更多的精力，分析成本构成中的每一项组成部分；而对于次要的、金额小的业务或产品，管理者出于时间的限制，仅能分析供应商或服务商的报价。图4-8汇总了采购经理通常开展成本分析和价格讨论的重点领域。图中横轴区分了采购企业和供应商之间的关系等级，越往左边越偏向于普通的交易关系，越往右边越偏向于共享专利、合资、相互参股等战略性的伙伴关系；纵轴区分了采购的特点，越往上频率越高，倾向于长期的频繁交易，越往下越接近于一次性的买卖操作。纵横两轴将物料成本和价格的组合分为4个类型。

●战略采购。交易频繁、采供双方关系深厚的产品，重点关注持续加深合作、持续成本改善的机会。产品的成本信息较为全面，经常采用总拥有成本、目标成本法等方式分析和改善成本。

●杠杆采购。交易频繁、普通交易关系的产品，重点开展成本分析的工作，逐渐完善成本模型，加强对成本的理解和信息搜集，力求对成本明细有着日渐清晰的认识。

●关键采购。交易次数少、但是采供双方关系深厚的产品。因为合作次数有限，所以关注每次合作的成本，又因为关系深厚，使得采购方有可能实现对成本的精确掌握和深入分析。相比战略类的产品，关键类产品更加关注产品在全生命周期的成本表现。

●低影响采购。交易稀少、关系普通的产品，体现为以价格驱动采购行为，通过竞争性招标、历史最低价对标等手段，在有限的交易次数和平淡的合作关系中，实现每次采购价格的最优。

采购的特点	与供应商的关系：正常交易	与供应商的关系：战略伙伴
经常性	**杠杆采购** 关注成本分析 · 估算成本关系 · 分析供应商成本明细 · 内部成本估算 · 整体成本模型	**战略采购** 关注持续改进 · 目标成本分析 · 总拥有成本
一次性	**低影响采购** 关注价格分析 · 竞争性招标 · 历史价格 / 目录比较 · 已有市场的比较 · 历史数据比较 · 价格指数	**关键采购** 关注生命周期成本 · 总成本分析 · 生命周期成本核算

图 4-8　采购经理开展成本分析和价格讨论的重点领域

1. 成本模型

如前所述，供应链管理者需要分解重要的业务支出，了解构成价格的各项成本要素及其发生机制，寻找可能的管控机会。这种通过分析人工、原材料、生产和行政的间接支出以及利润额等数据，预估出来的产品或服务的成本结构，被称为“成本模型” 。管理者需要投入足够的精力为主要的业务支出构建成本模型。在图 4-9 中，制造业供应商的价格通常可以分解为利润和总成本，而总成本又可以分解为行政管理费用和销售成本。其中，销售成本大致包括直接材料成本、直接人工成本和间接成本。而对服务业的供应商而言可能并不存在销售成本这样的概念，其总成本直接被拆解为行政管理费用、直接材料成本、直接人工成本和间接成本。例如，针对物流公司的运输价格，总成本就可以被分解为行政管理费用（如员工的薪酬福利、差旅费和管理费用等），直接材料成本（可能包括油费、路桥费等)，直接人工成本（即司机的人工成本），间接成本（可能包括车辆的购置和维修保养等费用）。

图 4-9　制造业供应商的价格分解

供应链管理者通常可以采用下述方法搜集成本要素的信息，并在自己或部门不断积累的基础上推断出成本的构成要素，建立成本模型。

- 要求供应商提供成本结构表。
- 在对供应商多次访问，与其洽谈、交流的过程中，有计划、有目的地不断搜集。
- 从同业方探听。
- 从各种财经报道、杂志、互联网上搜集。
- 从专业的行业协会购买有关分析报告。
- 请专家分析或向专家咨询。

2. 应当成本

应当成本是对成本模型的一种应用，它将产品和服务所应该具有的成本和实际运营所产生的成本，如供应商的报价、生产产品的制造成本等，进行对比 。这种对比有利于分析者识别供应商和本企业运营过程中导致总成本高出预期的成本因素。在此基础上，分析者可以进一步分析和定位造成不合理成本因素的原因，并制订改善计划和实施改善行动。应当成本需要较为完善的成本模型。

3. 回归分析

进行价格分析时，不仅要对当前的价格进行比较和控制，很多时候还要了解所购买的产品或服务的价格变动。某产品或服务的价格变动有时会受到其他产品或服务价格变动的传导影响，例如运费价格可能会受到汽油或柴油价格变动的影响，化工材料 PE 可能会受到原油价格波动的影响等。回归分析可以帮助管理者找出这种价格传导机制。

如果管理者发现产品 B 的价格会受到产品 A 价格波动的影响，需要寻找二者的量化关系，则可以对搜集的历史价格表做回归分析，根据 A、B 两列数据绘制散点图，如图 4-10 所示；再针对图中的数据点绘制它们的趋势线，趋势线设置界面如图 4-11 所示。管理者可根据对图形的初步判断，尝试为趋势线选择指数、线性、对数、多项式或幂等数学表达式，并勾选趋势线设置界面下方的"显示公式"和"显示 R 平方值"。R 平方值越大，则代表绘制的曲线及公式与图中的数据点越吻合，效果如图 4-10 所示，当选择一元三次多项式时，$R^2=0.9878$，这应该是几种数学表达式中 R^2 最高的结果了。如此，管理者可决定是否接受分析的结果，即产品 A 的价格变化会按照如下公式传导影响产品 B 的价格：

$$y=3E^{-8}x^3-0.0008x^2+7.5446x-22,141$$

回归分析能帮助管理者识别产品或服务当前价格波动的机理，特别是如何受某种初级产品或服务价格的影响。同时，回归分析也为管理者构建了一种价格预测的机制。如果产品 B 的价格波动滞后于产品 A 的价格波动，如上例，那么利用回归分析可以让管理者根据当前产品 A 的价格（x）预测 3 个月后产品 B 的价格（y）。

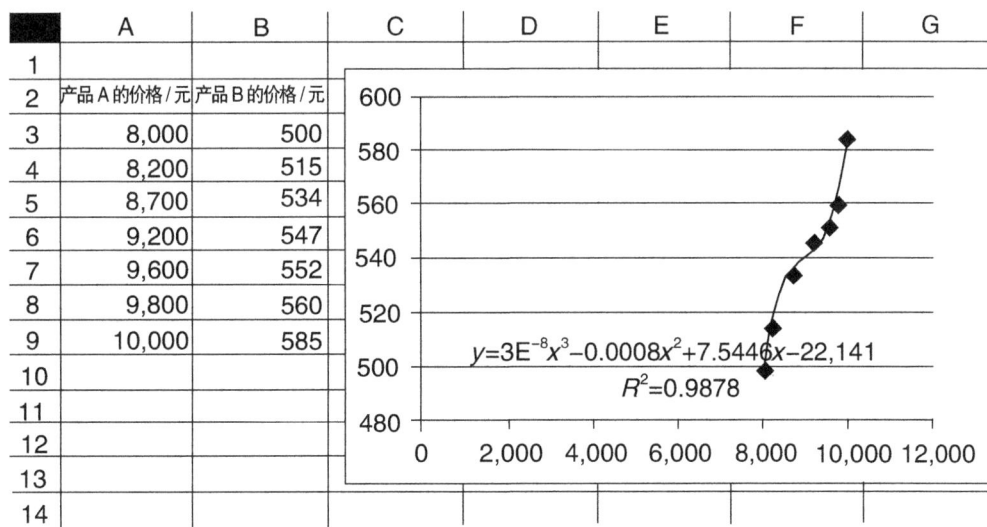

	A	B	C	D	E	F	G
1							
2	产品 A 的价格/元	产品 B 的价格/元					
3	8,000	500					
4	8,200	515					
5	8,700	534					
6	9,200	547					
7	9,600	552					
8	9,800	560					
9	10,000	585					
10							
11							
12							
13							
14							

$$y=3E^{-8}x^3-0.0008x^2+7.5446x-22,141$$

$$R^2=0.9878$$

图 4-10　产品 A 和产品 B 的价格回归分析

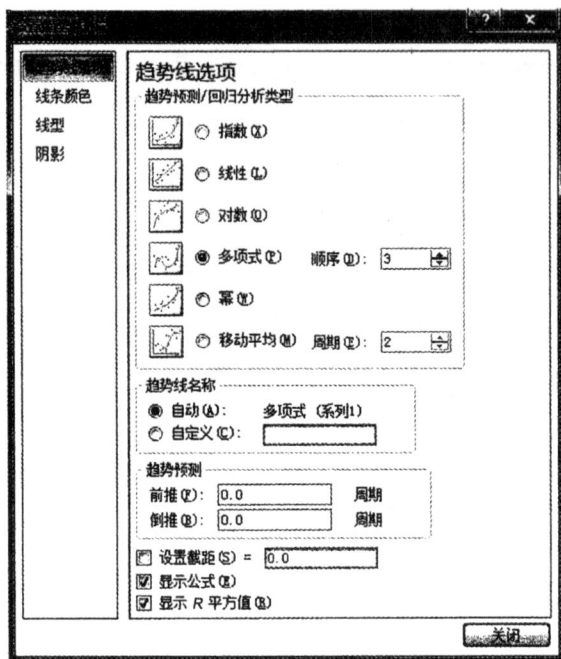

图 4-11　趋势线设置界面

4. 净现值分析

当某个投资方案需要跨越一个及以上年度时，需要投入的资金及其获得的回报就有可能在多个年度出现。例如，当我们购买一台使用寿命为 10 年的生产设备时，它在每年都会产生能耗、维修和保养等支出，也会给企业带来一定金额的收益。具有经济学常识的人都会意识到，当前年的 1 元钱和 10 年后的 1 元钱具有完全不同的价值。如果经济正常发展的话，当前年的 1 元钱能够买到的物资和服务要比 10 年后能买到的多，即当前年的资金价值更高。因此，当我们在评估投资方案时，就不能将未来几年的资金等价于当前年同等金额的资金，而是要把未来的金额换算成为当前年的金额。换算后的金额是未来的资金在"现在"（当前年）的价值，简称"净值"（Present Value，PV）。拿前面买生产设备的例子来说，管理者们把设备逐年的投入和每年创造的收益都换算为当前年的金额，就得到了按现值计算的投入总额（PV 成本）和按现值计算的收益总额（PV 收益），而净现值（Net Present Value，NPV）=PV 收益 -PV 成本，净现值可以被认为是投资方案按现值计算产生的总利润。

管理者可以根据 NPV 来判断投资方案的可行性。当 NPV 大于等于 0 的时候，投资方案才具有可行性；如果 NPV 小于 0，就需要有财务收益之外的考虑，这样投资方案才具备可行性。例如，某企业出于支持国产设备产业的目的，即使国产设备的 NPV 表现不及进口设备，仍然决定采购国产设备。

将未来的金额换算成当前价值的过程叫作"贴现"或"折现"。为了计算折现，我们需要明确"折现率"的概念，即以多大的比例将下一年的金额折算成现在的金额？举例来说，假如折现率是 0.1，就意味着明年的 1 元相当于今年的 1/（1+0.1），约合今年的 0.91元。当企业采用内部投资回报率作为折现率的时候，我们还可以换一个角度理解折现的过程：企业在今年将 0.91 元投入生产经营，经过 1 年后增值为 1 元，所以明年的 1 元即相当于今年的 0.91 元。如果需要将未来第 3 年或更远年份的资金折算为当前价值，就需要多次重复这一过程，即按照（1+R）^{2} 或更高的指数进行折现。净现值的计算公式如下：

$$NPV = \sum_{i=1}^{n} \frac{(C_l - C_o)}{(1+R)^i}$$

式中：C_l 表示各期间的现金流入量；

C_o 表示各期间的现金流出量；

n 表示折现计算跨越的年限；

R 表示企业采用的内部折现率。

在上面的公式中，如果把 1/（1+R）^{i} 单独看作一个系数，这就是现值系数（Present Value Factor，PVF）。应用净现值分析方法，可以计算出前 3 年某项目的 NPV 为391.25 万元，如表 4-6 所示，该项目具备投资可行性。

表 4-6 某企业的项目投资测算

	A	B	C
1	投入 / 万元	收入 / 万元	说明
2	114	-114	初期成本费用
3		-884	第 1 年的净收入
4		132	第 2 年的净收入
5		1649	第 3 年的净收入
6			
7	FIRR	33%	投资 3 年后的内部收益率
8			
9		0.00	交叉检验
10			
11	NPV	391.25	

5. 价格分析

如前所述，对于不重要的、支付金额小的产品或服务，管理者仅需对供应商或服务商的报价进行分析。有时供应商的报价是有附带条件的，如国际货运中的 INCOTERM、折扣、装卸责任等，这就要求管理者不仅要分析价格本身，也要分析其他的条款和条件，从总成本的角度看待报价。常见的价格分析涉及价格比较、折扣分析等。

1）价格比较

对于常见产品或服务，管理者使用的最简单的一种价格比较方式就是与同期的市场价格进行比较，得出供应商报价在市场价格序列中的位置，理解差异的形成原因。供应商所处的位置、产能的利用率、技术优势、人工成本优势或其在行业内垂直整合的能力，是产生价格差异的主要原因。

较为专业的管理者也会使用行业的指标，如 PPI（生产者价格指数）作为某些产品或服务价格变动的标尺。美国劳工部下的经济统计局每月会公布多达 10,000 种工业品的 PPI，管理者很容易就可以找到相同或相近的产品进行比较。我国的国家统计局每月也会发布 39 个以行业归类的 PPI，但总体较为粗放，还在不断完善。物流管理者也可以利用行业协会发布的运价指数评估第三方物流公司的运输报价。例如，物流管理者经常参考上海航运交易所的 SCFI 航运价格指数。

2）折扣分析

供应商或服务商通常会提供 4 种折扣：批量折扣、账期折扣、渠道折扣和季节折扣。

（1）批量折扣

供应商有时会因购买批量的增加给采购方不同的优惠或折扣价，如表 4-7 所示。如果不仔细分析，采购方可能会认为随着购买量的增加，单价逐渐降低。针对这种情况，采购方应该进行批量折扣分析。我们可以看出，如果购买 100 吨产品，则等同于先购买 50 吨产品，然后立即追加购买 50 吨产品，而后追加的这 50 吨产品的单价 =（838 元 -444 元）/（100 吨 -50 吨）=7.88 元 / 吨，即供应商给出了很大降幅；同理，我们可以看出，购买 250 吨产品，也相当于先购买了 100 吨产品，然后立即追加购买了 150 吨产品，那么这 150 吨产品的单价 =（2,070 元 -838 元）/（250 吨 -100 吨）≈ 8.21 元 / 吨，又上涨了！我们是否可以问问供应商或自己，这是为什么呢？通常，要不就是供应商没有仔细测算它的成本，要不就是在供应的生产活动中，存在随着批量上升而造成了产能不足，从而追加了固定资产投资的情况。图 4-12 展示了一个较为完整的分析曲线，这是常见的"过山车"式图形。

表 4-7　批量折扣分析示例

数量 / 吨	50	100	250	500	1,000
单价 / 元	8.88	8.38	8.28	8.18	8.13
采购金额 / 元	444	838	2,070	4,090	8,130

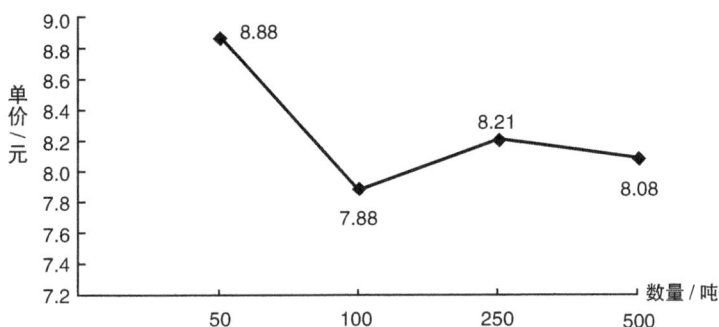

图 4-12　购买单价变化曲线

批量折扣报价除了上面展示的这种节点报价形式，还有一种常见的形式，即按阶段报价，如表 4-8 所示。这种情况下，批量折扣分析如下。

表 4-8　按阶段报价

数量 / 吨	1~49	50~99	100~999	1,000~2,999	3,000~5,999
单价 / 元	6.25	2.96	2.37	1.69	1.49
最低采购额 / 元	6.25	148.00	237.00	1,690.00	4,470.00

如果采购方需要购买 90 吨产品，要支付多少钱呢？经验不足的采购方可能会很自然地查报价表，得出单价是 2.96 元，因此需支付 266.40 元。真是如此吗？事实上我们可以看到，购买 100 吨产品仅需要支付 237 元。这种现象的出现，是因为在供应商的报价中出现了拐点，超过拐点的数量后，价格就可以进入下一区间了。计算拐点的方式是，使用下一区间的最低采购额除以上一区间的单价。以区间 1~49 为例，用下一区间的最低采购额 148 元除以上一区间的单价 6.25 元，得出拐点为 23 吨。这意味着购买量如果超过 23 吨，则采购金额将大于 148 元，即可进入 50~99 的区间了。同理，我们可以得出 50~99 区间里的拐点为 80 吨。通过批量折扣分析，采购方可以选择接受供应商的批量折扣报价或者与供应商展开进一步协商。

有时，管理者还可以根据供应商的批量折扣报价尝试分析供应商的固定和可变成本。

供应商给出了批量折扣报价，如表 4-9 所示，我们可以列出如下公式：

$$购买 2 吨：2 \times 5,000 = 10,000 = FC + 2 \times VC;$$

$$购买 5 吨：5 \times 4,500 = 22,500 = FC + 5 \times VC;$$

$$购买 10 吨：10 \times 4,300 = 43,000 = FC + 10 \times VC;$$

式中，FC 是供应商的固定成本，而 VC 是供应商的可变成本。

表 4-9　批量折扣报价

数量 / 吨	2	5	10
单价 / 元	5,000	4,500	4,300

通过上述第一个和第二个公式，我们可以得出，$VC \approx 4,167$ 元，$FC \approx 1,666$ 元。同样，通过第一个公式和第三个公式，我们可以得出，$VC = 4,125$ 元，$FC = 1,750$ 元。而通过第二个公式和第三个公式，我们可以得出，$VC = 4,100$ 元，$FC = 2,000$ 元。在以上方程组的计算结果中，我们可以选择最接近的，即可认为，供应商的固定成本 FC 应该为 1,666 元~1,750 元，而可变成本 VC 应该为 4,125 元~4,167 元。

（2）账期折扣

供应商或服务商有时为了鼓励采购方提早支付款项，会给出账期折扣，即对比默认账期提早支付的款项给予一定的折扣。例如，在北美，厂商们习惯的报价方式是"$60 2-10/net30"即对于默认账期为 30 天的报价是 60 美元，而如果采购方 10 天付款，则给予 2% 的折扣。这种情况下，如果采购方的资金成本率为 12% 每年，那么采购方应该选择 30 天账期，还是选择 10 天账期支付呢？如果我们以 30 天账期 60 美元为基准进行对比分析，10 天账期支付的总成本如下所示：

$$60 \times (1-2\%) + \frac{30-10}{360} \times 12\% \times 60 = 58.8 + 0.4 = 59.2 \text{ 美元}$$

因而，选择 10 天账期付款的总成本为 59.2 美元，小于 30 天账期付款的 60 美元。

（3）渠道折扣

有不少制造商为了维护渠道和终端市场的产品单价，对于不同身份的采购方会给予不同的报价或者折扣。例如，国际上常见的一种渠道折扣报价可书写为"$100 25-10-5"，其具体含义如下。

给零售商的单价：$100 \times (1-25\%) = 75$ 美元。

给经销商的单价是在给零售商的单价的基础上，再给予 10% 的折扣，按此结算的单价为：$75 \times (1-10\%) = 67.5$ 美元。

而给 OEM 厂商的单价是在给经销商的单价的基础上，再给 5% 的折扣，则实际结算的单价为：67.5×（1-5%）=64.125 美元。之所以会给 OEM 厂商额外的折扣，是因为有的企业鼓励为自己代工的 OEM 厂商成为自己的销售渠道，将货物直接从工厂销售给客户，因为减少了中间商环节，所以给出的折扣会更低。在我国也有类似的情形，例如家具行业很多工厂既有自己的销售门店和自有品牌，也同时为其他品牌代工，甚至采购方和 OEM 厂商交叉代销对方产品的情况也时有发生。

当然，这种价格结构也给采购方提供了一个机会，即找不同的渠道谈价格，有时会出现供应方为增加销售额让利的情况。

（4）季节折扣

对于季节性非常明显的产品，制造商会考虑在淡季提供折扣，以吸引订单，从而达到生产或物流活动较为均衡的目的。

|第4节| 降低供应链成本的途径

供应链管理者不仅需要判断成本或价格的合理性，还需要不断寻找降低成本的途径。如果供应链管理者不从成本动因的角度出发，研究控制和消除造成成本过高的因素，而是简单粗暴地要求团队或者供应商降低成本，势必会引发诸如质量下降的风险或者造成层层虚报、整天玩弄统计数据的恶劣作风。降低成本的途径多种多样，本节介绍几种常见的做法：目标成本法、标准化和简化、集中采购、推进成本节约项目、分析总拥有成本等。

1. 目标成本法

在供应链管理中，无论是针对采购、物流、生产，还是针对运作，供应链管理者经常面临如何使供应链运作的成本在可控范围内的问题。供应链管理者往往会以既定产品或服务项目的目标售价扣除期望的利润而倒推出所需要的各业务环节的期望成本，即目标成本（Target Cost）。

很多企业在供应链管理中，最常提及的目标成本为服务成本（Cost to Serve）。例如，某装饰涂料就定义产品到达零售环节的所有成本为服务成本，如图 4-13 所示。这其中就包括分销成本、物流成本、生产制造成本和原材料的采购成本。目标成本法在新产品或新服务的开发过程中应用得更为普遍。开发者可以从期望的产品售价一直推导出所需原材料的采购价格。

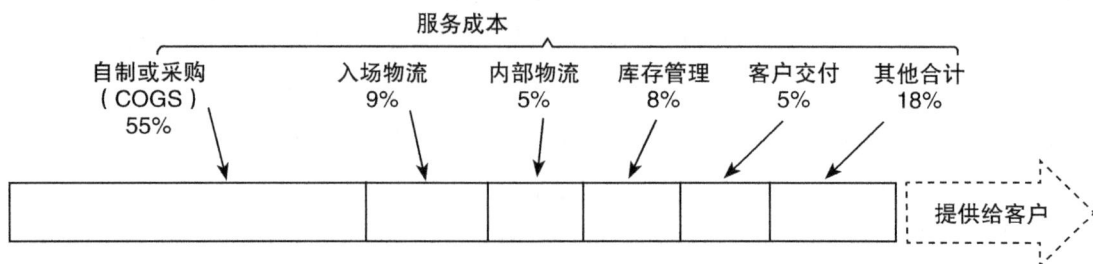

图 4-13　服务成本的构成

　　考虑"服务成本"概念的目标成本法，有助于企业在供应链管理中识别利润率低的客户或产品，以及成本高的流程。这样，企业就更有能力与主要的客户协商，选择产品或服务的不同分销模式，增强客户获利能力，改进定价方法和作业流程。此外，企业还可以根据目标成本采用价值分析（Value Analysis，VA）和价值工程（Value Engineering，VE）的方法，找出可以标准化和简化的产品或服务，通过统一规格和去除冗余来创造优化成本的机会，确保实现成本要求。

2. 标准化和简化

　　如果组织需要在一段时间内反复使用功能相同或类似的产品或服务，就有机会通过推动标准化和简化实现成本节约。标准化和简化是两个近似但不同的概念。标准化是将多种规格统一为少数几个规格的过程，例如在 iPhone 出现之前，业界流行的产品设计思路是提供形状结构、颜色和材质各异的手机供客户选择，而苹果公司采取了一系列的措施将产品的外观设计统一为有限的两三种颜色和几乎完全一致的材质与结构。简化是减少相似产品或服务的型号或种类、去除同一产品的冗余功能，例如有些经济型的航空公司在短途飞行的航班上取消了用餐服务，从而同时减少了服务人员的工作时间和餐食的费用。

　　标准化和简化对节约成本的贡献主要在于以下几点。

　　●降低了产品或服务复杂度带来的各种管理成本。标准化减少了产品或服务的型号。这节约了采购、计划等部门的工作时间，还降低了在不同型号产品间切换生产而造成的产能损失。在运输过程中，多种尺寸和重量不同、但是功能相似的产品会给包装和装卸带来额外的工作量。对于销售人员来说，当产品型号过多时，他们需要付出更多的时间向客户介绍产品和分析产品差异，这增加了销售活动的成本。总而言之，标准化通过限制产品或服务选择的空间，降低了管理的复杂度，从而降低了管理的成本；而简化则更为彻底，直接去掉了不必要的产品或服务。

●通过规模效应降低了采购和制造成本。标准化将多个规格统一为少数几个规格，对原材料的采购来说，这相当于合并了采购需求，增强了采购方的议价能力，有可能通过规模效应获取更具竞争力的价格。简化一方面可能意味着放弃部分需求，另一方面也可能把原本差异化和个性化的需求向标准化的产品引导。

●降低了库存问题造成的成本。型号有限的标准化的物料通用性较高，因此形成呆滞库存的风险相对较低。同时，由于上文所述的采购议价能力的增强和供应商操作复杂度的下降，相对的断货风险也较小。简化在这一问题上和标准化有异曲同工之妙，由于减少了不必要的产品和部件，直接减少了维持库存的需求。

●降低了质量风险造成的成本。标准化有助于提高质量表现，从而降低由于质量修复、报废、召回、赔偿、追溯和检讨而产生的多项成本，同时还有助于避免品牌美誉度和客户关系方面的风险。简化更为直接，产品、部件和服务流程被简化之后，其中的质量风险自然也就不复存在了。

因为好处众多，标准化和简化成为许多企业供应链建设的目标。然而，在实际的建设过程中，管理者遭遇了许多困难，进而总结了一些推进标准化和简化工作的方法。其中，被广泛接受的工作方法包含如下几条。

●获得高级管理层的认可和支持。

●制定较为明确的财务目标。

●创建良好的跨部门合作的企业文化和工作流程。

●从产品的需求源头出发，如销售部门进行需求整合和客户引导，研发部门在设计产品时注重落实标准化和简化的要求等。

●具有出色的项目管理能力。

3. 集中采购

众多跨国公司在实施供应链成本控制时，一个工作重点就是尽可能地通过集中采购获得经济规模，控制和缩小对外支出的金额。集中采购的一种体现是地域上的集中，包括从地区到国家甚至全球的集中。例如，2008 年，曾任荷兰飞利浦公司首席采购官的杜裴然（Barbara Kux）女士加入西门子股份公司（以下简称"西门子"）管理委员会，上任伊始，她就大力强化西门子全球的集中采购，并推动了著名的"60：25：20"采购变革方案，其重点有如下 3 条。

●在西门子内部更多地集中或协同合同，特别是在年花费达到 150 亿美元的间接采购领域，目标为集中采购上升 60%。

●更多地从新兴国家寻源，这些地方的采购额占总采购额的比例由 20% 上升到 25%。

●供应商群体缩减 20%，从 11.3 万家供应商缩减到 9 万家。

集中采购的另一种体现是职能的集中，就是把各种原先散落在不同职能部门的对外支出逐渐集中到专业的采购部门。例如，博世公司就把间接采购划分为 12 个品类，包括公司几乎全部间接物资和服务的门类。国内一些大型企业，如 OPPO 手机等，近些年也建设了类似的间接采购中心来管理整个集团所有的间接物资和服务的采购。

1）集中采购的优势

一般说来，集中采购的主要目的是获取经济规模，从而试图获得较强的议价能力。集中采购通过扩大经济规模还能使供应链的各项作业提高效率和降低成本，如销售或采购订单处理、生产制造、运输和仓储等作业环节。集中采购的优势如下。

●降低了综合管理成本。

●不同品类的采购人员聚集在一起，相互交流，提升了专业能力。

●有利于自由裁量权的管控，不易出现事业部／子公司／部门各自为政的局面。

可以看出，上述优势与标准化／简化的优势类似。事实上，集中采购的过程往往伴随标准化和简化的操作。

2）集中采购的劣势

集中采购有众多优势，当然也会有劣势。相对于分散采购，集中采购的优势往往是分散采购的劣势，而其劣势却恰恰是分散采购的优势所在。集中采购常见的问题主要有以下两个。

●远离使用部门，造成需求沟通和操作过程中的不便。

●容易滋生官僚作风，特别是采购权限集中在大型集团公司总部的时候。

中国物流与采购联合会的采购与供应链管理专业委员会对在中国经营的企业的调查显示，2012—2016 年，企业更倾向于集中采购或集中／分散混合式采购模式，如图 4-14 所示，而这一数值在 2009 年的时候仅为 17%。随着集中采购的规模不断扩大，其弊端也会逐渐暴露出来，企业也需要随之做出调整，达到集中与分散的平衡。因此，集中采购和分散采购好坏并没有绝对的标准，企业需要根据自身的实际情况权衡究竟是集中采购还是分散采购，以及集中采购或分散采购的程度。

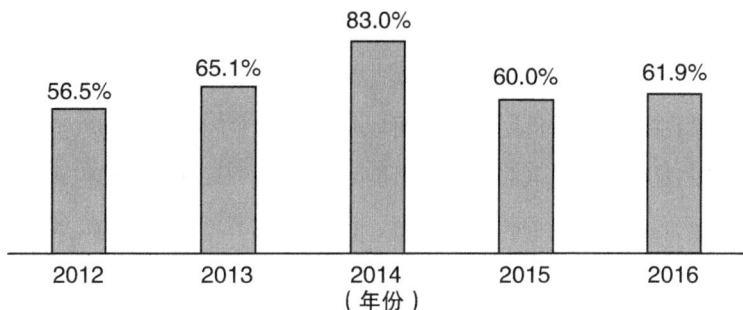

图 4-14 实施集中采购或集中 / 分散混合式采购企业的占比

3）集中采购的形式

在寻源阶段，从采购需求提出一直到签订供应商合同，供应链管理者都可以采用集中的形式，统一寻找供应商、招标或谈判、敲定价格 / 服务，以及签订合同。这种做法更有利于配合采购和寻源战略，获得规模优势，确定较优的采购总成本或生命周期成本。我们不妨将之称为"统采统购"的模式。

另一个可以用来开展集中采购的环节是订单环节。供应链管理者把不同规格的物料 / 服务，或者把短期内不同时间点的采购需求合并下单。这种做法一方面可以节省采购方的行政管理费用，另一方面有利于供应商优化生产和物流活动，降低成本。由于这种模式只在交易环节实现集中，我们将其概括为"订单统筹"的模式。

企业还可选择在最后的应付账款过程中应用集中采购。对于拥有众多事业部、业务主体的集团公司，可以要求所有供应商在送达物料 / 服务后，按照集团的要求统一将发票、订单和签收单据提交给指定的应付账款中心，完成结算。对于集团公司来说，这有利于节省行政管理成本和减少分散支付过程中对账期执行的一些干扰因素。这种模式更关注支付过程的集中和资源节约，因此我们可将其称为"集中支付"的模式。

4. 推进成本节约项目

无论通过何种方式实现成本节约，对企业来说都是一个复杂的工程。成本节约工作具有一次性的特征，即本次成本节约的目标实现后，下次成本节约将会和本次成本节约在工作内容、工作方法、工作目标上存在很大不同。实现成本节约的过程涉及的各个部门和组织通常也是临时组建的，例如需要降低库存成本，就需要采购、计划和仓储等部门的深度参与；而控制质量成本的改善行动，通常就会有质量团队的合作。由于成本节约同时符合工作的一次性和临时性特征，因此成本节约行动往往以项目的形式展开。

既然要推进项目，企业就需要一套完善的管理成本节约项目的制度和流程。此外，虽然成本节约项目是临时性的，但是企业管理此类项目的组织未必是临时的。管理成本节约项目的既可以是临时组建的项目团队，也可以是常设的专门推动成本和其他方面改善的组织，有的企业称之为卓越中心（Center of Excellence，COE），它也可能有其他名称。这样的组织专注于发起和管理各种改善项目，帮助企业不断实现卓越的运营绩效。关于项目管理的具体内容，请参考本书第 7 章"供应链项目管理"的内容。

5. 分析总拥有成本

管理者在控制供应链的成本时，需要建立起供应链总拥有成本的概念。多年以前，供应链管理者就意识到，仅仅将供应商的报价（或采购价格）作为成本分析的主要依据的做法过于片面了。总拥有成本这个概念最早是由美国 IT 研究机构 Gartner 于 1987 年提出，并随后普及的。他们在分析个人计算机的拥有和使用成本时发现，一台计算机每年耗费企业将近 1 万美元，因而震惊了当时的信息技术领域和 CFO 们。简单地讲，总拥有成本包含那些贯穿资产生命周期的所有成本，诸如采购获得、安装、调试、支持和停用后的成本等，既含有直接成本，又含有间接成本。有的管理者习惯将总拥有成本划分为图 4-15 所示的 3 个部分：采购价格、获得成本和内部（使用）成本。

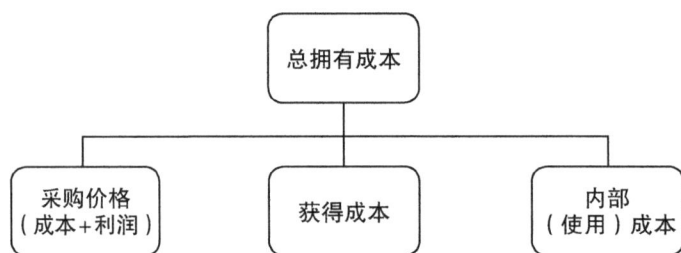

图 4-15　总拥有成本的组成

其中，采购价格即企业向供应商购买产品或服务的价格，通常包括供应商的成本和利润。购买过复印机或汽车的管理者会知道，仅仅比较不同供应商的报价是远远不够的。获得成本通常指从采购一直到产品或服务变为可用状态这个过程中发生的成本。有时，即使两家供应商的采购价格相同，但可能由于不同供应商的质量或操作规范不同，从而造成采购方在其达到可使用状态的过程中花费的收货检验、吊装、安装、调试、培训等成本不同。内部（使用）成本，通常包括使用过程中产生的耗材、能耗、操作、维修、维护保养、残值和最终废弃时的处理成本。甚至，有的管理者还将供应商日后的切换成本也纳入总拥有成本范畴。

分析总拥有成本需要了解资产在其全生命周期所产生的支出，这涉及如下几个步骤。

●确定资产成本分析的生命周期，以资产寿命或使用时限为依据。

●罗列生命周期过程中所发生的成本要素。如果该资产在使用寿命到期后尚存残值，也应该估算其残值，将其视为对总拥有成本的一项对冲，从总拥有成本中予以扣减。

●量化以上罗列的成本要素，并考虑成本和残值在不同时间（年度）价值的变化，具体可参见本章第3节中的现值系数。

●把生命周期中各年份成本的现值进行相加汇总，从而得到生命周期成本。

表4-10和表4-11所示为关于设备总拥有成本的例子。该设备的使用年限是5年，其中当前年为第0年。表4-10列举了该设备的总拥有成本。需要注意的是，表4-10中能源消耗、维护保养、故障检修和设备残值等参数会经历数年的跨度，因此需要将未来数年的成本金额换算为等价于当前年的金额，即需要对未来的成本进行贴现计算。本章第3节介绍的净现值分析也用到了相同的计算方法。表4-11展示了这些事项在各年的支出，这些支出包括"名义金额"和它们被贴现后的金额（"现值金额"），其采用的现值系数PVF=0.1。从中我们可以看出，名义金额和现值金额之间存在一定的差距，如果不进行贴现计算，将会使总拥有成本的分析结果出现一定的偏差。

表4-10 某设备的总拥有成本

设备名称	采购价格	运输费	安装费	能源消耗	维护保养	故障检修	设备残值	TCO
设备A	200,000.00 元	5,000.00 元	4,000.00 元	62,547.98 元	25,019.19 元	33,358.92 元	21,732.25 元	308,193.84 元

表4-11 某设备的使用成本和残值

设备A	金额种类	第0年（当前）	第1年	第2年	第3年	第4年	总计
能源消耗	名义金额	15,000.00 元	15,000.00 元	15,000.00 元	15,000.00 元	15,000.00 元	90,000.00 元
	现值金额	15,000.00 元	13,636.36 元	12,396.69 元	11,269.72 元	10,245.20 元	62,547.98 元
维护保养	名义金额	6,000.00 元	6,000.00 元	6,000.00 元	6,000.00 元	6,000.00 元	36,000.00 元
	现值金额	6,000.00 元	5,454.55 元	4,958.68 元	4,507.89 元	4,098.08 元	25,019.19 元
故障检修	名义金额	8,000.00 元	8,000.00 元	8,000.00 元	8,000.00 元	8,000.00 元	48,000.00 元
	现值金额	8,000.00 元	7,272.73 元	6,611.57 元	6,010.52 元	5,464.11 元	33,358.92 元
设备残值	名义金额						35,000.00 元
	现值金额						21,732.25 元

除了设备等固定资产的总拥有成本之外，产品和服务也有类似的概念。无论是产品还是服务，它们都需要经历 4 个阶段，即启动、成长、成熟和衰落阶段。如果从销售量或市场规模的角度来看，启动阶段主要是对产品和服务进行研发设计，包含从概念或创意产生到产品或服务的原型被打造出来的过程，这时来自市场的实际需求较少或者没有；成长阶段主要是产品和服务推向市场后，需求量不断增长的过程；成熟阶段指的是产品和服务经历过成长阶段后，需求达到一个较为稳定的水平；而衰落阶段则是产品和服务的需求逐渐萎缩，它们逐渐退出市场的过程。这 4 个阶段被称为产品和服务的"生命周期"（Life Cycle）。生命周期中所产生的成本总和被称为"生命周期成本"（Life Cycle Cost）。启动阶段产生的研发和打样成本，成长阶段产生的广告成本，成熟阶段产生的原材料、半成品和成品的库存持有成本和缺货成本，以及衰落阶段产生的冗余物料处置销毁的成本等，都可以与采购和制造成本一同被视为产品生命周期成本的一部分。

在本章第 1 节中，我们描述了供应链的成本范围，列举了一些常见的供应链成本种类。然而，它们都还只是供应链自身存在的成本，并未包含供应链对组织其他部门和社会造成的成本影响。这些成本包括但不限于以下内容。

●法务成本。供应链可能会因为与供应商和服务商的纠纷而进入诉讼程序，也可能因为产品质量等问题被客户起诉，这就给企业带来了一定的法务成本。如果供应链管理者在挑选合作方时不够谨慎，那么就会产生高于预期的法务成本，从而影响企业的盈利能力。

●信息系统成本。现代供应链的运作离不开信息系统的支持。信息系统成本不仅包括开发信息系统的成本，还包括在使用过程中的升级迭代、版权、扫描枪和服务器等配套硬件资源的成本。在网络安全威胁日益严重的今天，维护信息系统安全，使其免于被攻击和陷入瘫痪的境地也是不能忽视的活动。用于维护供应链信息系统安全的成本也是必要的供应链成本之一。

●可持续性成本。供应链在运作过程中往往会产生废水、废气、废热、废渣等需要排放的废弃物，还会产生老旧产品、剩余材料等可以回收利用的资源，有时候甚至会造成需要严格管控和谨慎处理的有毒有害物质。为了保证供应链可以长久健康地运营下去，也就是保障供应链的可持续性，供应链管理者就不可以对这些问题视而不见，必须按照法律、行业规范或者企业内部制度的要求采取处置措施，因而会产生不容忽视的成本。

●品牌成本。产品和服务的交付速度、质量水平、价格等都对品牌美誉度有着极大的影响。供应链在服务水平、质量控制和成本控制方面做得越出色，企业在市场上的品牌就越能获得良好的口碑；反之，则会招致市场的差评，损害品牌的形象。有时候，供应链出现的负面新闻，如工厂污染环境、供应商侵犯员工权益等问题，也会影响企业的品牌形象。这就要求供应链管理者关注社会责任的问题。

●社会责任成本。社会责任的范围较为宽泛，每家企业对其管理内容的定义也各不相同，但总体上来说，企业需要付出一定的成本以防止其自身可能产生的社会性危害，以及对社会做出其应有的贡献。例如，企业需要为员工配置必要的劳动防护用品、定期举办生产安全培训和逃生演习、持续研发能耗更低的生产设备和工艺、在行有余力的情况下积极开展公益活动等。企业在履行社会责任的过程中，既可能主动推行供应链的管理变革，也可能因为供应链的失误而被动陷入社会责任的危机，例如被媒体曝光供应链管理者向供应商索贿等丑闻，因此对供应链社会成本有较大的影响力。

●自然灾害和人为事故的成本。如果供应链关键设施的所在地发生自然灾害，就很有可能造成重大的损失，如工厂被洪水冲毁等。人为事故当然也会造成巨大损失，如仓库失火造成货物焚毁等。管理自然灾害和人为事故不仅包含问题发生后的应急处理，更应当采取预防和检查措施。对于能够被预报的自然灾害，要提前做好防护措施，例如每年台风季到来之前，中国沿海省份的企业都会检查其仓库和厂房的防水措施；而对于不能被预报的风险，如地震等，也需要提前设置应对预案；对于人为事故，则需要定期检查、培训和整改问题点，防微杜渐，尽可能避免事故发生，当然也要制定发生人为事故时的应对方案。这些工作固然会增加一部分的供应链成本，但如果供应链管理者吝于投入，对上述风险视而不见的话，在自然灾害和人为事故发生时会遭受更为惨烈的损失。

总而言之，供应链成本不仅包含产品和服务在其采购、生产和物流过程中的成本，还包括从产品创意产生到产品退市整个生命周期的成本，有的企业俗称其为"从摇篮到坟墓"的成本。从事供应链成本管理工作的人员，需要具备较为宽泛的视野和跨领域的专业知识，无论是对供应链组织还是对个人来说，这都是不小的挑战。

第 5 章

供应链财务分析与
供应链金融

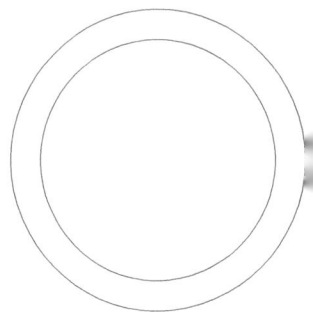

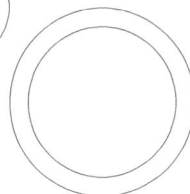

与企业供应链运作相关的职能部门都会涉及财务与金融活动，包括采购支出、销售收入、研发与资产投入，以及企业间资本互动等活动。企业的财务表现，以及管理者对它的细致分析与判断，都影响着企业的正常运行。

财务分析能力是供应链管理者的必备技能。管理实践中，这种能力主要涉及供应商财务与风险分析、经营性租赁与融资租赁及各种形式的供应链金融等方面的工作。

本(章)目(标)

1. 学习财务报表的结构和内容。

2. 学习与掌握供应链财务的基本指标。

3. 学习与掌握供应链金融的概况。

|第 1 节| 财务报表分析

在采购与供应链的管理实践中，往往涉及大量的财务分析内容，如供应商财务风险分析、供应商盈利能力判断，以及企业自身的现金流等问题。财务报表可能因为选择了不同的会计政策、产生不同的数据而受到影响。根据《中华人民共和国会计法》《企业财务会计报告条例》《企业会计准则》，财务报表主要包括以下内容。

1. 资产负债表主要科目

资产负债表主要反映公司的财务状况，包括资产、负债和所有者权益，是根据特定的会计准则编制的、特定时期内的报表。资产负债表包括两部分，左边是资产，右边是负债与所有者权益，负债与所有者权益之和就是总资产。资产科目根据资产流动性的大小排列，流动性越大，越往前排；流动性越小，越排在后面。右边的负债与所有者权益按法定优先受偿权的顺序排列；所有负债科目排在所有者权益科目之前。

● 资产。资产是指企业拥有或控制的经济资源，其能够以货币进行计量，可在未来为企业带来经济利益。

● 流动资产。流动资产是指在正常商业周期内，能够在 1 年（含 1 年）或更长时间内贴现或消耗的资产，主要包括现金、短期投资、应收账款、存货等科目。

● 长期资产。长期资产主要包括长期投资、固定资产、无形资产及流动资产以外的其他资产。

● 流动负债。流动负债是指在 1 年及以上的正常商业周期内以流动资产偿还的负债，主要包括短期贷款、应付款、预付款、应付工资、应付税款等。

● 长期负债。长期负债是指偿还期为 1 年及以上的债务项目，包括长期贷款、债券等其他长期负债。

● 所有者权益。所有者权益是指企业投资者在资产中享有的经济权益，是投资者从公司资产中扣除负债后的剩余权利。它主要由两部分组成，一部分是投资者投入的实际资本，另一部分是企业在生产经营中产生的利润。

接下来，我们来看一张资产负债表（见表 5-1）。

表 5-1　资产负债表示例

单位：元

流动资产	金额	负债	金额
现金	1,500,000	短期借款	150,000
应收账款	500,000	应付账款	400,000
存货	320,000	长期贷款	600,000
固定资产	金额	所有者权益	金额
固定资产原值	3,500,000	实收资本	2,770,000
累计折旧	1,200,000	盈余公积	300,000
固定资产净值	2,300,000	未分配利润	400,000
总资产	4,620,000	负债和所有者权益	4,620,000

在表 5-1 中，我们可以了解最主要的供应商财务数据，如现金情况、流动资产比重、库存水平和负债水平等。

2. 利润表主要科目

利润表是在特定时间段内反映企业经营成效的报表。通过分析利润表，我们可以解释、评价和预测企业的盈利能力。比较分析同一企业在不同时期或同一时期不同企业的资产收益率和成本回报率，可以明确企业在利用经济资源方面的效率。

●营业收入。营业收入主要包括企业所有核心和非核心业务的总收入，前者通常被称为主营业务收入，后者通常被称为其他业务收入。

●营业成本。营业成本反映了企业在其核心业务活动和非核心业务活动中产生的总成本，其会计核算分为两部分：主营业务成本和其他业务成本。

●税金及附加。税金及附加是核算企业经营活动发生的消费税、市政维护建设税、资源税、教育费附加及房产税、土地使用税、车船使用税、印花税等相关税费。

●销售费用。销售费用是企业销售过程中发生的成本及建立销售团队发生的运营成本，主要包括包装费、运输费、装卸费、保险、销售佣金、广告费、展览费、租赁费、售后服务费、产品质量损失等成本。

●管理费用。管理费用是企业在组织管理中产生的成本，包括行政管理部门的员工薪酬、相关税费、排污费、运维费、无形资产折旧、库存盘亏等。

●财务费用。财务费用主要包括利息费用、外汇损益、金融机构手续费，以及分期销售产品、售后、回购、租赁等融资和资金使用成本等各项费用。

●所得税费用。所得税费用是指企业从当期利润总额中扣除的所得税。

●每股收益。每股收益是指每股普通股在当期能够享有（或应负担）的净利润。

接下来，让我们来看一张利润表（见表 5-2）。

表 5-2　利润表示例

单位：元

营业收入	1,800,000
减：销售成本	800,000
营业利润，类似营业收入	1,000,000
管理费用	200,000
销售费用	150,000
财务费用	90,000
利润总额	560,000
减：所得税	168,000
净利润	392,000

在表 5-2 中，我们可以了解该企业的基本营收，从而掌握供应商盈利水平和企业成长能力的数据。

3. 现金流量表主要科目

现金流量表是反映特定会计期限内经营活动、投资活动和融资活动导致的现金及其等价物流入流出情况的会计报表。现金及其等价物是指可以随时以现金和存款形式支付的科目。现金流量主要由 3 种企业活动产生：经营活动、投资活动和融资活动。经营活动是指生产销售产品或提供服务，也是企业产生收益的最主要活动；投资活动包括长期投资和不涉及现金及其等价物流入流出的活动；融资活动是指企业为改变资本和债务的规模和结构而进行的活动。

1）现金流入

●销售产品、提供服务收到的现金。

●收到的税费返还。

●收到的其他与经营活动有关的现金。

2）现金流出

● 购买货物、接受服务支付的现金。

● 支付给职工的现金。

● 支付的各项税费。

让我们来看一张现金流量表（见表5-3）。

表5-3 现金流量表示例

单位：元

项目	本期发生额
经营的现金收入	1,000,000
经营的现金支出	850,000
经营的现金余额	150,000
投资的现金支出	500,000
投资的回收	300,000
投资的现金余额	−200,000
借入资金	800,000
归还借款	500,000
融资的现金余额	300,000
当期总现金余额	250,000

4. 财务指标分析

1）偿债能力指标

（1）短期偿债能力指标

企业的短期偿债能力是衡量企业财务安全性的重要因素，企业债权人和原材料供应商通常关注企业的短期偿债能力。

流动比率 ＝ 流动资产 / 流动负债

流动比率作为短期偿债能力的一个指标，能够反映企业在1年内用流动资产偿还流动负债的情况。该指标越高，说明企业偿还短期债务的能力越强，流动负债到期无法偿还的风险越低。然而，如果该指标过高，则意味着该企业拥有过剩的营运资本，这可能会降低自身及其供应链上下游的盈利能力。

速动比率 ＝（货币资金 ＋ 短期投资 ＋ 应收票据 ＋1年内应收账款）/ 流动负债

由于库存等流动资产可能存在过剩、无法折现且折现值远低于账面价值的情况，待摊费用一般也不会产生现金流入，因此速动比率是根据流动资产中最具市场变现价值部分与流动负债来计算的。

$$现金比率 =（货币资金 + 短期投资）/ 流动负债$$

现金比率的计算是在速动比率的计算中去掉了应收票据和 1 年内应收账款，能够最"保守"地估计短期偿债能力。

$$营运资本 = 流动资产 - 流动负债$$

如果该数值为负值，企业将面临无法偿还短期流动负债的风险。

（2）长期偿债能力指标

长期偿债能力是指企业偿还长期债务的能力。在正常生产经营条件下，企业不能出售资产偿还长期债务，必须将长期贷款投资于高收益项目，并通过经营所得盈利偿还所欠债务。

$$资产负债比率 = 负债总额 / 资产总额$$

该指标反映了债权人提供的资金在企业总资产中所占比例。

$$股东权益比率 = 股东权益 / 总资产$$

该指标反映了股东权益在企业总资产中的份额。该指标越高，企业偿还债务的风险越低，但也反映出企业没有充分利用所借资金。

2）资产管理能力指标

资产管理能力反映了企业运营、管理和利用资产的能力。

$$应收账款周转率 = 主营业务收入净额 / 应收账款平均余额$$
$$应收账款周转天数 = 360 / 应收账款周转率$$
$$应付账款周转率 =（主营业务成本 + 期末存货成本 - 期初存货成本）/ 应付账款$$
$$存货周转率 = 主营业务成本 / 存货平均余额$$
$$流动资产周转率 = 主营业务收入净额 / 平均流动资产$$
$$总资产周转率 = 营业收入净额 / 平均资产总额$$
$$固定资产周转率 = 主营业务收入净额 / 平均固定资产净值$$
$$流动资产占总资产的比率 = 流动资产 / 总资产$$

3）盈利能力指标

利润不仅是投资者产生投资收益的来源，也是债权人利息的来源，是衡量企业发展能力的重要指标。

$$主营业务毛利率 =（主营业务收入净额 - 主营业务成本）/ 主营业务收入净额$$

上述指标反映企业主营业务的盈利能力。

$$主营业务利润率 = 净利润 / 主营业务收入净额$$

上述指标反映企业主营业务的收入产生净利润的能力。该指标越高，企业销售产品的净利润越高。

$$净资产收益率 = 利润总额 / 平均股东权益$$

上述指标反映所有者权益所获报酬的水平。

$$总资产利润率 = 利润总额 / 平均资产总额$$

上述指标反映企业总资产的盈利和综合利用的效果。

$$每股收益 = 利润总额 / 年末普通股股份总数$$

上述指标反映普通股每股所享有的利润。每股收益越高，企业支付股息的能力越强，投资者回报也就越高。

4）供应商财务分析应用示例

在采购实践中，我们会对供应商的资产负债表和利润表做研究与分析。这样做一是为了把握供应商的实际经营状况；二是预防供应风险；三是给合作模式及价格的制定带来参考价值。

我们通过表 5-4、表 5-5 及相关数据进行模拟分析。

表 5-4　资产负债表

单位：元

流动资产	金额	短期负债	金额
现金	1,500,000	短期借款	150,000
应收账款	500,000	应付账款	400,000
存货	320,000	长期贷款	600,000
固定资产	金额	所有者权益	金额
固定资产原值	3,500,000	实收资本	2,770,000
累计折旧	1,200,000	盈余公积	300,000
固定资产净值	2,300,000	未分配利润	400,000
总资产	4,620,000	负债和所有者权益	4,620,000

表 5-5　利润表

单位：元

营业收入	1,800,000
减：销售成本	800,000
营业利润	1,000,000
减：管理费用	200,000

销售费用	150,000
财务费用	90,000
利润总额	560,000
减：所得税	168,000
净利润	392,000

在以上资料里，我们解读资产负债表就可以看出这个供应商的资产结构与状态的好坏。

第一，资产负债比率是 $115 \div 462 \times 100\% \approx 25\%$，这个资产负债比率是比较良性的，按我国财务惯例，这个比率不宜超过 50%。

第二，流动资产占总资产的比率是 $232/462 \times 100\% \approx 50.2\%$，这意味着供应商的资产流动性是好的，具有较强的发展能力和支付能力。

第三，流动比率是 $232/55 \times 100\% \approx 422\%$，这反映出供应商的现金流是良性的。

第四，其他指标。供应商存货周转率是 $80/32 \times 100\% \approx 250\%$，这说明供应商的库存偏高，销售不是很顺畅，可以据此与供应商谈判更好的条件。供应商主营业务毛利率是 $100/180 \times 100\% \approx 56\%$，这个指标是很高的，意味着供应商的盈利能力很强。总资产回报率是用来衡量每单位资产创造多少净利润的指标，按表中的数据，我们可以算出供应商总资产回报率是 $39.2/462 \times 100\% \approx 8.4\%$。

我们通过以上财务指标分析可以得出的基本结论是：该供应商财务数据很健康，而且盈利潜力很大，可以在价格上争取很好的条件，其持续经营具有稳定性。

｜第 2 节｜　供应链财务分析

1. 供应链管理对企业财务的提升作用

从本质上来讲，获取丰厚的利润是广大投资者持有股票的根本目的，所以企业经济效益的好坏直接决定着投资者投资本企业股票的保有量的多少和时间的长短。

假设公司 A 的利润为 100 万元，公司 B 的利润为 1 亿元。从表面来看，公司 B 的利润要比公司 A 更加丰厚。但如果公司 A 的总净投资为 100 万元，公司 B 的总净投资为

100 亿元，这时，对股票持有人来说公司 A 的净价值回报率为 100%（100 万元 /100 万元），而公司 B 的净价值回报率为 1%（1 亿元 /100 亿元）。显然，投资公司 A 对股票持有人来讲，更能够实现良好的回报。除了净价值回报率之外，一家公司的财务状况和绩效状况，还可以通过利润与相关资产的对比来进行分析，即所谓的资产回报率。现实生活中，企业的资产回报率是一个公认的财务状况指标，用于同行业企业之间和相近行业企业之间相互比较管理水平和衡量企业业绩。企业的股东收益率和资产收益率取决于企业的整体盈利能力，而提升这两个财务指标的关键都在于有效地实施经营和供应链管理。有效地实施供应链管理对资产回报率的提升主要体现在以下几个方面。

● 网络结构管理。在供应链运营过程中，如果所有的资产和活动都由单一企业自身承担，不仅投资较大，占用资本较多，而且运营的效率和效果也不佳。而恰当地将外部拥有更丰富供应链专业知识和更高供应链效率的企业纳入供应链运营，会使企业自身的供应链成本降低，更为有效地服务于客户。特别是在高度的市场不确定条件下，这种外部资源的利用效果更为显著。然而，过度地外包也会产生潜在的成本，例如在物流外包服务中，关系性风险（包括供方的机会主义、较差的沟通、缺乏共享的目标、权力不对称）会导致资产风险（较差的员工利用、信息风险、内部治理成本和依存风险），进而产生能力风险（服务绩效恶化、失去控制、战略发展受阻、能力丧失）。因此，组织合理的合作网络，在保持有效利用外部资源的前提下，又能将潜在的成本和风险降到最低，这是提升资产回报率的关键。

● 供应链库存管理。减少供应链渠道库存可以减少资金占用，提高资本效率。而这一目标的实现，有赖于供应链成员能够在不同的层级和环节之间充分地利用共享的信息，降低预测误差，增加协同的频次，并有效规划和设置网络结构。例如减少不必要的中介环节，一方面可以使整个供应链渠道库存下降，另一方面可以及时应对市场变化，有效地减少供应链资本投入，增加销售收入，最终全面提高资产回报率。

● 供应链订单管理。供应链订单管理是一项非常复杂的管理活动，涉及不同的承担者，它有赖于流程活动中不同的任务、资源和主体的交互。订单管理的目标主要有两个：一是在正确的时间和地点为正确的客户提供有效的产品或服务，二是提高应对内外部环境中不确定性的灵活性。提高和优化订单履行率意味着订单处理时间的缩短及应收账款入账时间的缩短。改善订单处理时间，可以缩短客户赊账时间、减少应收账款额度及债务投资资本成本。相反，订单管理的失误不仅会产生较高的成本，而且会引起销售收入的下降。

● 供应链运输管理。货物的运输时间及其变化都会对销售和库存产生重要影响，运输配送时间的延长意味着客户反应时间的延缓，从而使产品滞销的可能性增大。同样，运输配送途中的产品也是在途库存，在途库存增大，必然占压大量资金，进而降低资产回报率，因此，要改善供应链中的财务状况，也需要优化供应链全过程的运输和配送管理。

2. 供应链财务绩效的测度方法

现金流量周期（Cash to Cash Cycle，CCC）是用于衡量从购买原材料、生产加工、形成库存，到产品被销售后获得现金总共经历的天数。现金流量周期通过将库存天数与产品销售天数相加，再减去平均付款周期计算得出。现金流量周期取决于许多因素，如从供应商处购买后取得产品的天数、制造和加工的天数，以及销售前维持库存的天数，最后还包括从客户处回款的天数，具体计算公式为：

$$库存（天）= \frac{库存价值（元）}{产品销售成本（元）} \times 365（天）$$

$$应收（天）= \frac{应收账款（元）}{净销售额（元）} \times 365（天）$$

$$应付（天）= \frac{应付账款（元）}{产品销售成本（元）} \times 365（天）$$

$$CCC（天）= 库存（天）+ 应收（天）- 应付（天）$$

现金流量周期体现了供应链活动的整个过程，不仅包括采购、存储、生产和销售等企业内部活动，还包括客户服务等外部活动。现金流量周期测度了资产折现力和资产价值，度量了企业内外部的流程状况，有助于企业建立绩效衡量工具。例如，如果企业的现金流量周期较长，则企业所需的最低流动资金较高，必须从外部获得资金；而较短的现金流量周期能带来潜在的更高的净现金流，创造商业价值。

3. 供应链财务绩效的改善方式

供应链服务效果取决于企业能否及时、有效地实现客户和用户的价值。此外，供应链的流程和效率对成本和资产状况会产生影响，供应链效率降低，不仅成本会上升，而且相应的投资收益也会下降。在图 5-1 中，资产回报率的计算方法是用利润除以投资资本或资产，当投资资本或资产水平固定时，利润越高，资产回报率就越高。

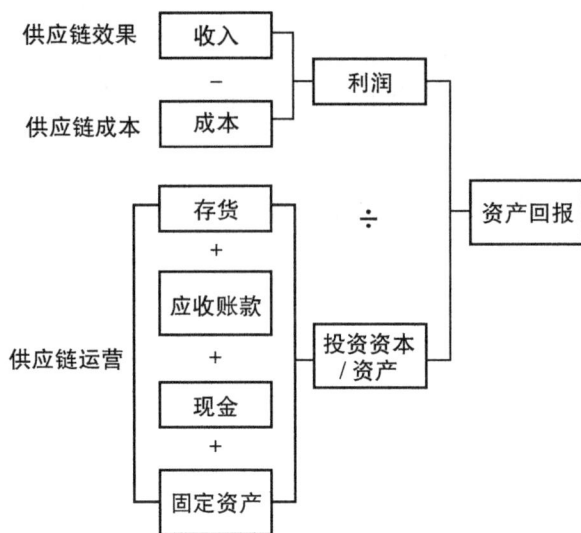

图5-1 供应链管理对资产回报率的影响机制图解

从具体的供应链运营的角度来看，一个企业的现金和应收账款是受订单周期时间和现金流量周期影响的。订单周期时间指从订单准备，到订单受理、订单发货跟踪，一直到收到货物所需的时间。订单周期时间越长，说明企业需要消耗越多的资金对订单进行处理。现金流量周期是评估企业供应链经营绩效的重要工具，是从原材料投入到市场价值实现的时间周期，该指标直接影响着企业如何加速现金流和对应收账款进行管理。现金和应收账款除了会受到以上两个因素的影响外，供应的可靠性和信息的准确率也是影响这两个指标的重要因素。供应的可靠性是指企业有效服务客户的状态，它往往表现为订单的完成率和配送的及时性，这两个指标实现得越好，应收账款就越有可能减少，现金流就越有可能加速；相反，供应的可靠性就越差。信息的准确率主要反映为票据、单证传递及时准确，这一因素显然也会对现金和应收账款产生影响。从上述分析中可以看出，供应链运营的效率和效果直接决定了占用资本的程度。

缩短现金流量周期不仅需要有效的内部管理，还要通过企业间的合作与协调来实现。单纯增加或减少应收、应付账款以缩短现金流量周期，不一定能够带来财务绩效的改善，原因在于供应链中某一方应收、应付账款的增加或减少，将对供应链中的另一方产生对应但反向的影响，所以应从整个供应链而不是单个企业的角度来控制现金流量周期。企业间的协调与合作包括整合业务流程、进行有效的信息交换、克服企业间的各种障碍。综合上述因素，企业要提高资产回报率，除了提升自身的经营能力外，还需要通过更好的供应链管理来实现上述目标。这些可能的供应链管理途径包括网络结构管理、供应链订单管理、供应链库存管理和供应链运输管理（见图 5-2）。

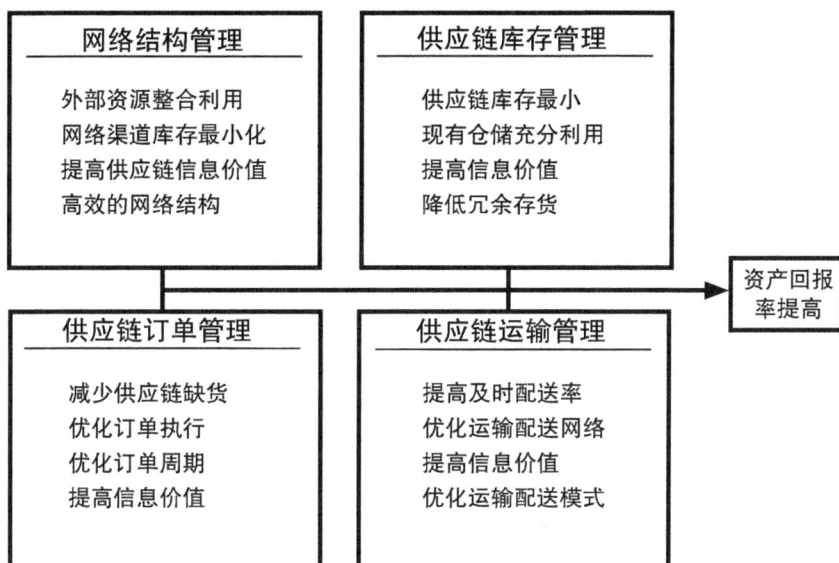

图 5-2　供应链管理对资产回报率的提高机制图解

从上述分析可以看出，要提高资产回报率，企业需要对整个供应链活动实现端对端的有效组织和管理。这是因为如果企业不能够有效管理供应链，其财务状况必然会恶化；相反，合理有效的供应链活动不仅能够促进资产回报率的提高，也能借助供应链金融优化供应链成员企业的财务状况，降低财务费用，加速现金流。

| 第 3 节 | 财务策略及工具

1. 开发内部的资金资源

成立财务公司是集团为开发内部资金资源的财务战略模式，能够为集团成员提供包括贷款、拆借、结算等服务，加速集团内部的资金流转，增强集团的凝聚力。开发内部资金资源是成员企业信贷资金的一个重要来源，可使成员企业进一步紧密地联系在一起。

2. 围绕主业的套期保值

套期保值是指将期货市场作为转移价格风险的场所，在现货市场和期货市场同时买入、卖出相同数量的同类替代品。现货交易因价格变动在一定期间产生亏损后，现货交易损益可以由期货交易的利润抵消。保值的原理在于，特定产品与其同类替代物的现货和期货价格通常会受到相同或相似的经济和非经济因素的影响，根据期货合同到期时必须以现金交付的条款，实物价格和期货价格也必须一致。换句话说，在期货合同到期之前，两者的价格之间的差异接近于零，并且期货价格与到期前的价格存在显著关联，具有对冲的效果。套期保值具有较高的风险，容易由于对市场判断的失误导致资产减值，因此在进行套期保值时一般不要脱离主业，套期保值应该以对冲风险为目的，而不是进行单纯的期货炒作。

3. 围绕主业的融资租赁

租赁是指出租人在约定期限内转让资产使用权，向承租人收取租金的经济行为。租赁有助于在一定时期内降低企业成本，改善资金的用途及其利用率。融资租赁期结束时，承租人通常会取得租赁标的的所有权，因此融资租赁的主要目的是增加企业总资产。经营租赁的目的是满足企业对租赁资产使用的短期需求，租赁期满后，须归还租赁资产。融资租赁是转移与资产所有权有关的全部或大部分风险和利益的租赁形式。资产所有权可以转让，也可以不转让。出租人会根据承租人对租赁财产的具体要求进行选择，出资向供货人购买租赁物件并租给承租人使用。承租人分期支付租金，在租赁期间，租赁物的使用权属于承租人，承租人有权使用租赁物。

4. 围绕产业的基金和投资

企业可以围绕产业发展进行兼并收购，成立投资公司、私募基金、并购基金等，可提高兼并收购的资金实力；对相关企业的股权投资和兼并收购，可以加快行业整合，以实现规模经济和范围经济效益。这种围绕产业进行的融资和投资活动，也是企业财务策略的一部分，在助力产业发展的同时可增加企业价值。

| 第4节 | 供应链金融

从资金流动的角度来看，供应链金融可以连接各个供应链节点的参与者，它扩大了用于采购原材料到生产，再到销售的融资范畴，构建了新的战略合作关系。

1. 基本定义

供应链金融起源于 20 世纪 80 年代，并从供应链管理的概念演变而来，供应链管理致力于通过全球业务外包等方式将成本降至最低。然而，供应链金融的总成本和一些供应链节点的现金流瓶颈，削弱了全球化分工带来的成本降低和效率提升的成效。因此，从供应链的视角来看，企业开始对资金流的价值创造进行思考，开始进行财务供应链管理创新。随着创新程度的提高，企业财务管理和融资逐渐形成了不同的形态和模式，其中与供应链业务相关的创新包括物流金融（Logistics Finance）、贸易金融（Trade Finance）和供应链金融（Supply Chain Finance）。这 3 个概念高度相关且相似，但在资金流与供应链业务、参与者配置和风险控制方面有所不同。

1）概念一：物流金融

物流金融是为物流企业提供融资、结算、保险等服务的金融活动。物流金融在我国实业界往往被称为"金融物流"（Financial Logistics），无论叫"物流金融"或者"金融物流"，其实质是通过开发并应用各种金融产品，有效组织和规范资金的流动，保持物流业务的稳定发展，实现物流服务的高质量和高绩效。

物流融资涉及 3 类在满足金融需求方面发挥着不同作用的主体：物流公司、其客户及上下游，以及金融机构。在某些情况下，第三方物流公司在物流金融中通常扮演着平台服务提供商和风险管理者的角色，金融机构则成为风险载体和流动性提供者，并与第三方物流公司合作进行风险管理。物流金融是一个融合物流和金融的复合概念。有效实施物流金融不仅可以使第三方物流公司的业务有所拓展，运营能力和效率有所提升，还可以在为客户提供融资之外提高客户资金的利用率。对于金融机构而言，物流金融可以扩大贷款范围，降低信用风险，支撑不良资产的管理，有效管理客户，改善抵押估值能力。

2）概念二：贸易金融

贸易金融是一项综合性金融服务，其基础是贸易关系和债务关系，可以贯穿产品交易和服务贸易价值链全过程的各种金融活动。有序的贸易金融能够满足生产经营的需要，同时也能保障交易安全、顺利、高效地开展。

贸易金融与物流金融的区别有以下几点。第一，服务支点有所差异。贸易金融是为产品和服务的交易提供融资、支付、结算、担保等服务的，是围绕"贸易"展开的经济活动。物流金融虽然也为买卖双方提供金融服务，但这些服务是基于"物流和产品"展开的。第二，债务偿还方式有所差异。贸易金融中，金融机构根据融资客户及其上下游企业的实际交易情况和资信状况，以单笔贷款或额度授信的形式提供短期金融产品和封闭式贷款，即以债务人确定的未来现金流量（销售或交易收入）作为支付贷款本金及利息的来源。物流金融虽然也是基于与上下游的实际交易和信用进行的融资活动，但其偿付来源于物流服务以及对货物和动产的控制和管理。第三，收益来源有所差异。贸易金融收益主要来自三方面：一是直接的融资收益，即净利息收入；二是中间业务的收益，包括手续费、外汇收入等；三是融资交易的佣金收入，为了避免汇率和利率波动的风险，进出口商可能不得不通过贷款进行一些对冲套期保值的操作，如期权、远期或掉期等，贸易金融可以从中获得佣金收入。物流金融的收益也有几个方面：一是直接的物流金融收益，同样也是净利息收入；二是来自物流服务的收益，包括货物监控、质量管理、储存和运输等；三是与客户企业所建立关系衍生的其他专业服务带来的潜在收益。

贸易金融与物流金融之间还有着另外一些微妙的区别，即业务的参与主体构成差异。物流金融通常包括第三方物流公司、买方、卖方、商业银行和其他金融机构，其中，第三方物流公司扮演着平台服务提供商和综合风险管理者的角色。在贸易金融中，与平台供应商一起发挥全面风险管理作用的主要实体既可以是第三方物流公司，也可以是供应链中的其他参与者（如商业银行、上下游公司等）。

3）概念三：供应链金融

供应链金融是集金融、物流、贸易等供应链活动于一体的融资管理行为和过程，其将买家、卖家、第三方物流公司和金融机构紧密整合到融资交易中，利用供应链运营激活资金。这一概念与物流金融和贸易金融的异同主要体现在供应链管理的3个层面。

第一个层面是物流活动的水平。随着经济的现代化和物流服务的专业化，物流服务已经从传统的为单一物流环节提供服务，向整合物流服务、提供综合物流解决方案的服务形态发展。物流活动如果只涉及产品在时间和空间上的移动，如储存和运输，则其物流管理能力水平较低；如果能够提供定制服务，则其物流管理水平较高；如果能够进一步提供综合的物流解决方案和集成服务，则其物流管理能力处于更高的水平。

第二个层面是商流活动的水平。商流是指与产品所有权转移、价值创造和传递有关的交易过程。商流活动如果只涉及单一产品生产和交易环节，则其商流管理能力水平较低；如果延伸至组织和管理的流程，如产品的柔性开发、生产过程的柔性管理、全面质量管理以及流程优化等，则商流管理能力处于较高水平。因为这些活动不仅反映了企业独特的生产经营能力，也反映了其价值链的组织管理能力；商流的更高阶能力体现在挖掘客户价值、赋能客户能力等生产经营过程中。

第三个层面是信息流的水平。信息流的水平是指信息的广度、长度和频率，即信息聚合度。信息的广度是指所有类型的信息整合到供应链中的程度，即企业的信息管理和系统可以映射从订单接受、分拣配送到客户数据更新的业务活动的程度。信息的长度反映了供应链中信息的延伸度，即来自上下游的信息是否能够被捕获、维护和整合。信息的频率反映了信息的流动性和连续性。交易的连续性越强和信息的持续更新程度越高，对交易活动的映射效果就越明显。

在这 3 个层面上，物流金融的物流整合水平相对较高，而商流整合水平低于物流整合水平。换句话说，物流金融中资金流的产生及相应的风险控制更多通过物流整合来实现。虽然商流和信息流同样非常重要，但对出资人来说，物流金融对商流和信息流的参与和管理是有限的，相应的信息集成也侧重于对物流信息的集约化管理，对交易信息的整合相对有限。

相比之下，贸易金融的商流整合水平较高，而物流整合水平则相较更低。换句话说，贸易金融活动的开展和风险管理主要基于对商流即业务流程的把控。尽管金融机构对物流活动可能也非常感兴趣，但由于其参与和管理的程度较弱，因此在信息管理维度上，贸易金融对交易信息的管理水平较高，而对物流信息的整合水平则有限。

然而，供应链金融可以同时融合这 3 个维度，即供应链金融在兼顾商流、物流和信息流的基础上展开综合性的融资业务。供应链金融对风险的控制不仅基于整个交易流程和价值创造的运营和管理，还基于对物流的设计、运营和方案整合。供应链金融为供应链各个阶段的不同参与者提供广泛的融资解决方案。因此，供应链金融的信息整合水平很高。

2. 供应链金融的业务模式

供应链金融根据不同的流程阶段可分为寻源融资（Sourcing Finance）、装运前融资（Pre-Shipment Finance）、在途融资（In-transit Finance）和装运后融资（Post-shipment Finance）。

1）寻源融资

寻源融资是一种特殊的金融行为。严格来说，在寻源阶段，买卖双方之间还没有实际的交易，但为了稳定或维持战略供应商、优化供应链运作，需要在这一时间段实施融资行为。显然，寻源阶段的供应链金融完全基于供需双方之间的长期交易所形成的信任和伙伴关系，然而相对应的风险也是最大的。如果这种信任关系消失、合伙关系受到怀疑，资金流动就会中断，风险就会增加。

这一阶段主要的金融业务有战略融资和预付折扣。战略融资（Strategic Financing）是为了维系良好的供需关系，一方给予另一方资金，以支持其战略性投资或者提升产品或业务竞争力的金融行为。严格意义上讲，买卖双方在这一阶段并没有发生实际购销行为，但是供需双方形成了长期稳定的合作关系，也具有高度的信任感，在这一背景下，通过支持合作方的战略性投资或者提升竞争力的行为，企业给予对方资金上的支持，从而在未来优先获得合作方的竞争力产品或者其在分销上的支持，稳定和发展战略性供需合作关系（见图5-3）。诸如，为了在将来优先获得具有竞争力的技术或产品，需要在资金上支持供应商进行技术升级改造，从而锁定未来订单。这种金融行为的保障是未来的订单、产量或者销售支持，信用保证的提供者以及融资方均是买方，服务的对象是买方的上下游合作企业。

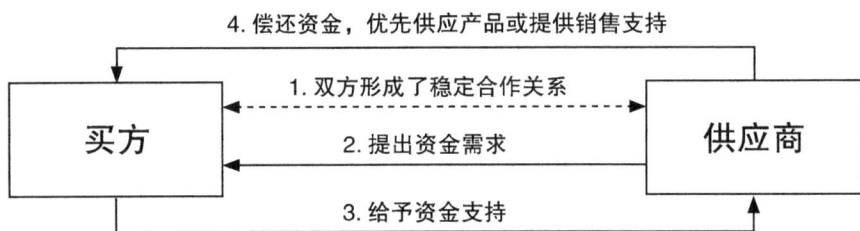

图 5-3　战略融资示意图

预付折扣（Advanced Payment Discount）是买方将资金预付给供应商，以获得将来产品交付时一定的折让。供应商的折扣承诺激励买方提前支付资金，从而缓解供应商运营资金的紧张，而对于买方而言，提前支付有利于保障产品供给（见图5-4）。预付折扣从严格意义上讲，尚未形成实际的采购协议，而是一种意向性订单，以便在未来获得优惠的价格或者经营上的支持。预付折扣与战略融资的差异在于战略融资时供需双方的保障是未来的订单、产量或销售上的支持，也就是说是一种对未来行为的期待，而预付折扣的保障是意向性订单，相对而言，其保障的要素更为具体。此外，预付折扣与战略融资的目的也不完全相同。战略融资的目的比较宽泛，既可以是战略性的行为，诸如增强企业运营能力，也可以是具体的经营业务，如订单锁定；而预付折扣的目的是获得一定折扣的供货。两者的相同之处在于信用和资金的提供方都是买方。

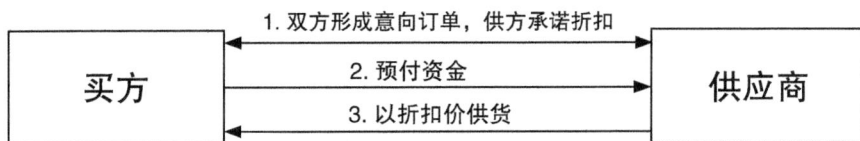

图 5-4　预付折扣示意图

2）装运前融资

装运前融资则是供应商基于买方采购订单从金融机构获得资金的行为，以满足装运前所需的营运资金。在这个阶段，供应链金融不是基于票据，而是基于采购订单信息（即销售行为），因此信用风险也很高，因为这种供应链金融同样也是基于双方之间的信任关系。

在这个阶段中，最重要的供应链金融模式是订单融资（Purchase Order Financing）和买方支持的订单融资（Buyer-backed Purchase Order Financing）。订单融资是指中小企业在产品发货运输前，基于买方的采购订单向金融机构申请购买生产所需原材料的资金，金融机构则根据企业的资产信用情况决定是否为其提供资金（见图 5-5）。显然，在此类产品业务中，信用担保人是供应商，资金提供方是银行等金融机构。

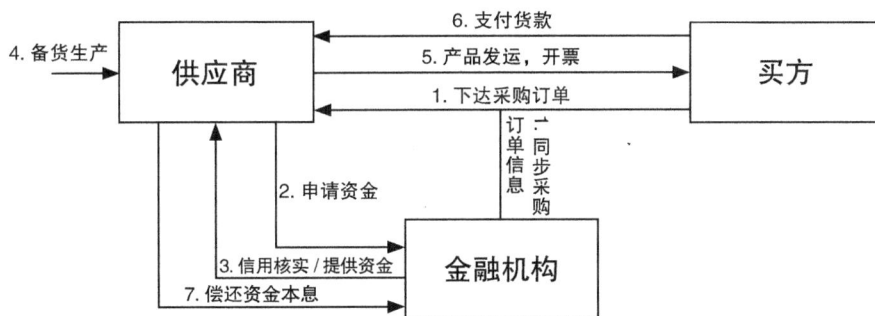

图 5-5　订单融资模式示意图

买方支持的订单融资也称为信用融资（Credit Financing），与订单融资同样为基于买方采购订单、由金融机构向供应商提供资金的模式，以满足供应商生产或备货的资金需求，或满足供应商及时并全额获得销售资金的要求（见图 5-6）。这种模式与上面的订单融资模式的区别在于，信用的提供方不是供应商本身，而是买方。一般来说，当买方没有担保时，金融机构对供应商的融资利率取决于金融机构对中小企业的征信和信用评级。在由金融机构信任的买方的支持和发起下，金融机构对供应商的融资利率取决于买方的资信水平。

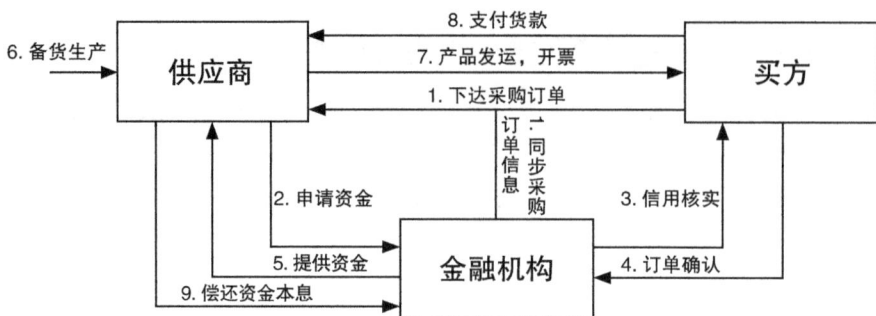

图 5-6 买方支持的订单融资模式示意图

3）在途融资

在途融资是借方基于运输或其他物流服务过程中的产品或库存从金融机构获得融资的行为。在途融资的风险控制基于物流活动中的产品，信用风险低于装运前融资和寻源融资，且融资利率普遍较低。

当供应商制造产品并将其运输给买方时，主要的供应链金融模式是仓单质押融资（Warehouse Receipt Finance）和存货融资（Inventory Pledge Financing）等。仓单质押融资模式的担保标的是仓单，信用担保人是库存管理的第三方仓储公司（见图 5-7）。

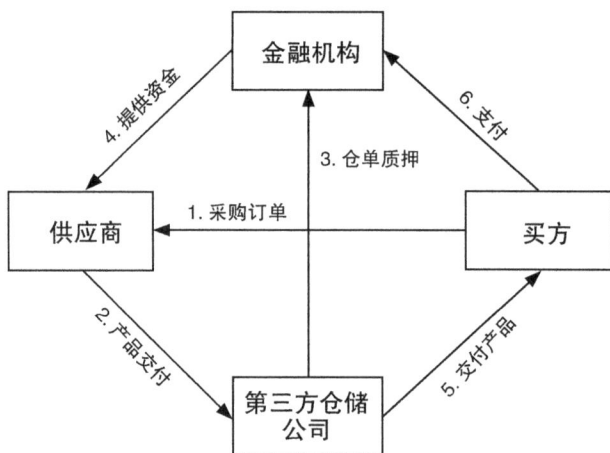

图 5-7 仓单质押融资模式示意图

存货融资与仓单质押融资模式相似，也是金融机构基于存货提供担保融资的模式（见图 5-8），也有利于满足供应商扩大产能、设备升级、材料供应等营运资金的需求。存货融资与仓单质押融资的不同在于，仓单质押融资的信用担保人是第三方仓储公司，而存货融资的信用担保人是借方企业；此外，仓单质押融资的担保物是仓单，而存货融资的担保物更为广泛，包括原材料、半成品、产品等不同形式的库存，还可以是在途库存。

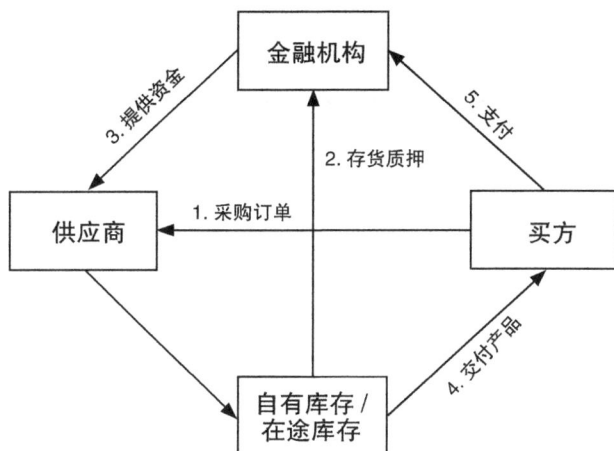

图 5-8　存货质押融资示意图

4）装运后融资

装运后阶段指的是产品抵达买方后形成票据提单、买卖双方形成了实质性的应收应付关系的状态。基于债务债权关系，装运后融资有许多融资模式，包括保理、反向保理、福费廷、动态折扣等。装运后融资是借方基于应收应付账款从金融机构获得融资的行为，其标的是票据、装运单、提单等，因此风险也低于前几类。

保理（Factoring，或称"托收保付"）是指根据与买方签订的购买协议，将现有或未来应收账款转让给提供保理服务的金融机构（通常为保理公司）的金融活动（见图5-9）。保理公司提供买方信用评估、销售账户管理、信用风险担保、账款催收等金融服务。保理业务的担保物是买卖双方形成的商业票据，信用担保人是供应商，融资服务的提供者是金融机构，受益人是供应商。

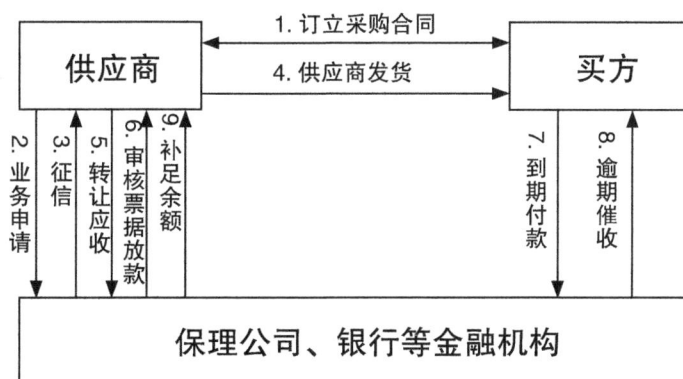

图 5-9　保理示意图

反向保理（Reverse Factoring）也称为买方保理，是债务人发起申请的保理（见图5-10）。与一般保理业务不同，反向保理的风险评估不是基于对供应商信用状况的评级，而是基于作为买方的供应链核心企业的资信状况。此外，为了更好地了解买方，保理公司通过买方事先批准支付的应收账款进行融资，可以大大降低保理公司的风险，并降低供应商的融资成本。因此，在反向保理中，融资担保人是买方（核心企业）提供的票证，信用担保人是买方，受益人是买方支持的供应商。

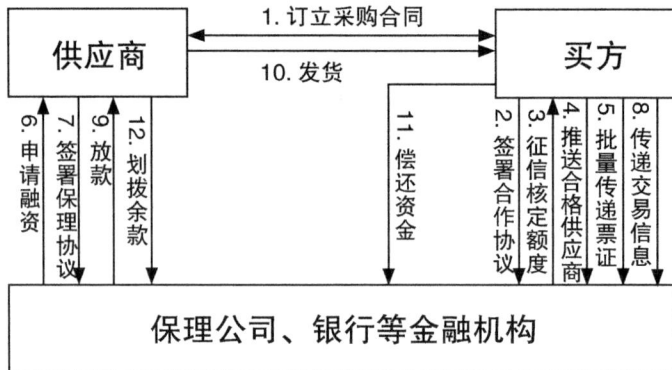

图5-10　反向保理示意图

福费廷（Forfaiting）是一种有关出口贸易业务的供应链金融产品，银行和其他金融机构在无追索权的情况下从出口商买断应收账款（见图5-11）。与其他类型的贸易融资相比，福费廷最突出的特点是无追索权，即出口商在不占用授信额度的情况下就可以从银行获得100%的便利融资，用于改善资产负债率，有效避免汇率变动等风险。保理通常是综合性服务，包括保理账户管理和账款催收，但福费廷更偏向于单一的融资业务。

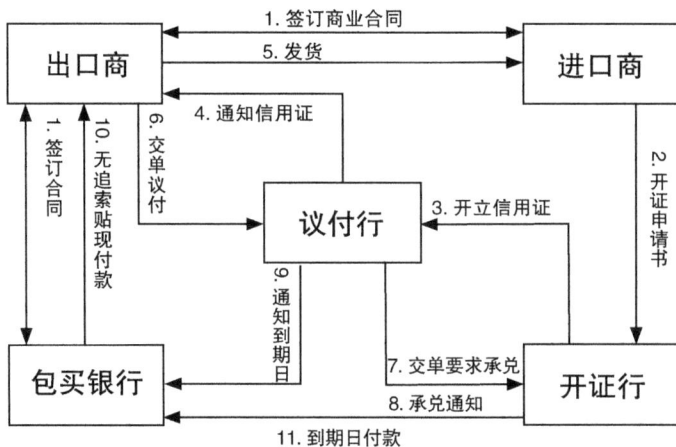

图5-11　福费廷示意图

动态折扣（Dynamic Discount）是一种具有金融属性的交易活动。在买卖双方约定的账期内，如果买方提前付款，可获得供应商对采购价格的动态调整和折扣，使买卖双方都从中获益。动态折扣还可以与金融机构融资结合，例如在协商付款期限和折扣价格的基础上，买方可以向金融机构申请贷款提前付款，待一段时间后，买方偿还金融机构本息（见图 5-12）。在这种模式中，买方是否申请融资取决于融资利率和预付款折扣率之间的比较，如果折扣率优于融资利率，预付折扣则很可能发生，并产生相应的收益。动态折扣中，信用担保人是供应商，资金提供方是金融机构和／或供应商，受益人是买方。

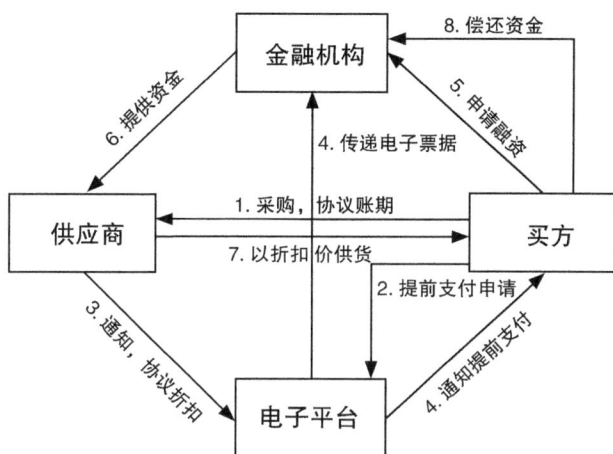

图 5-12　动态折扣示意图

3. 供应链金融风险管理

从定义上来说，供应链金融是从产业供应链整体出发，在供应链交易信息可信、现金流和风险可控的条件下，依托核心企业构建的风险管理系统。因此，在供应链金融的具体实施中，也需要通过应用各种金融科技和数字技术，建构"金融科技＋供应链产业经济"的"主体信用"、交易标的"物的信用"以及交易信息"数字信用"的风控系统，建立全流程、系统化的供应链金融风险管理模式。

1）主体信用

为体现供应链金融中业务的真实性，遏制主体的机会主义，需要从债项评级和主体评级两个维度加强信用管理。

风险控制的基础是债项评级，即在充分了解交易中债权债务关系结构的基础上，通过对行为过程的控制和管理，有效地管理潜在的金融风险。供应链金融之所以能有效解决中小企业的融资问题，在于它注重贷前交易信息和交易信用的评估，同时强调贷后对结构的嵌入和行为的控制。

与债项评级相对应的另一个风险管理维度是基于经营主体的信用画像，也称为主体评级。这个维度的风险控制的基础是对借款人进行全方位、一系列的属性描述。这种方式随着大数据分析技术以及机器学习的发展，已经成为商务智能领域最为重要的技术化手段。有效的信用画像可以刻画借款人的信用和运营状况，从而为金融服务决策奠定基础。例如，可以通过标签化集合来描述中小企业的信用状况。标签数据源主要是能够动态反映企业运营状况的税务数据，还可以与政府数据和互联网文本等数据相结合。

需要关注的是，中小企业的主体评级中，对企业间交易行为和关系的分析非常重要。交易分析包括对借款人的交易客户、关联企业、关联股东、交叉贷款等的分析。通过交易网络分析，可以更全面地描述借款人的网络关系以及可能存在的交易关系及其对应风险。显然，这种风险控制和风险管理的手段的主要载体是数字信用，即通过对借款人周边数据的深入挖掘和分析，获知借款人的信用状况，为信贷提供支撑。

2）物的信用

供应链金融风险控制需要针对供应链结构和要素进行管理，即在全面把握供应链资产和交易流程的基础上有效防范金融风险。在传统融资借贷中，金融机构因为无法了解借款人的真实信息而出现了怕贷、拒贷的情况。供应链金融则是基于供应链运营的实际场景和资信动态，使金融机构能够直接利用供应链信息和要素，使金融活动得以进行。因为供应链资产如第三方管理的库存，为金融机构提供了最直接的方法来评估产品和价值，或者通过供应链运作中创造的良好的交易信用，促进融资活动的进行，提升资金流动的效率。

通过商业票据与实体货物交接对应的方式，完成从物流闭环到信息闭环再到资金闭环的大区域移动定位功能，货物、运输工具、货物单证、支付凭证与发票和货主身份五位一体，从而确保物权货权的统一标的，使供应链上的资产在不同环节、不同主体之间的转移和价值变动实时透明化，真实地反应物的信用价值。

3）数字信用

随着供应链金融的发展，基于供应链运营的结构化信用和基于经营主体的信用画像逐渐融合。这是因为，完全依赖于结构化信用的风控手段，无法更有效地了解更多参与者的特征，尤其当供应链向网络化和生态化发展时，很多业务难以被核心企业或金融机构掌握和把控，单一基于结构化信用的金融就无法为更多中小企业提供服务；此外，完全依托信用画像进行的金融活动和风险控制，限制了供应链金融服务的规模化发展。结构化信用与数字信用的结合则能产生供应链信用，它可以充分利用新兴的机器学习、区块链等信息通信技术，刻画供应链参与主体的信用画像，通过对企业间业务关系的了解和分析，系统性地降低并管理供应链金融的风险。

具体来说，数字信用的建立有以下 6 个特征。

●工具性。管理中的数字信息必须由自动化设备或传感器生成，业务和资产从原来的被管理，变为积极、平等地参与业务，与人的行为校验，从而避免人为错误和道德风险。

●关联性。所有参与主体、资产、信息系统和业务等必须紧密串联，所有维度的活动和信息高度关联，从而在相互校验的同时确保交易和资产状态的真实性。

●智能化。数字技术可以全面优化决策，提高供应链的运营和管理绩效，降低运营和财务风险，如果数字技术不能支持管理的优化和决策，数字技术就失去了其效用。

●自动化。业务流程可以由数字技术驱动，而不是由其他低效资源（尤其是低效的人工干预）驱动，从而使业务流程高效且平稳运行，还可以克服人的道德风险和机会主义。

●整合性。促进不同参与者之间的协调与合作，如联合决策、公共系统投资、供应链运营标准的制定等。

●创新性。促进供应链管理和供应链金融的创新，通过提出新的综合性解决方案创造新的价值，并用新的方法满足新的价值诉求。

| 第 5 节 |　供应链相关的财务报告责任

1. 国外相关的财务报告制度

2001 年 11 月起，美国的安然、世界通信等许多国际知名公司的会计舞弊事件不断遭到曝光，严重损害了广大投资者对美国证券市场及其会计制度的信心。为解决其中暴露出的财务制度和公司内部控制等方面的问题，同时加强美国上市公司会计信息质量监管，美国国会与联邦政府很快就通过并颁布了《2002 年公众公司会计改革和投资者保护法案》，又名《萨班斯 - 奥克斯利法案》（SOX 法案）。

该法案在美国原有的《1933 年证券法》《1934 年证券交易法》等法规基础上进行了重大修订，特别是完善修改了证券市场监督、会计从业管理、企业财务审计等领域的相关内容。该法案主要涵盖以下内容：其一，设立独立的会计监管机构——公众公司会计监督委员会（The Public Company Accounting Oversight Board，PCAOB），负责监督从事公众公司审计业务的会计师事务所；其二，要求增强注册会计师的独立属性，强化职业责任意识；其三，增强美国证券交易委员会在证券监督和管理等方面的监管力度；其四，要求美国审计总署对职权范围内的重要财务活动开展更多调查研究；其五，要求强化公众公司对财务报告的责任；其六，要求强化财务披露义务；其七，加重违法行为的处罚措施。

该法案共计 11 章、1107 个条款。其中，前 6 章主要涉及如何监管企业会计的各项基本职能行为，后 5 章则是关于如何强化对企业管理层违法犯罪的刑事处罚。其中，第 4 章涉及对财务信息披露的要求，其 401（a）、404 和 409 条款对供应链管理提出了相关要求。

（1）SOX-401（a）：定期财务报告的信息披露要求

法案译文

在美国《1934 年证券交易法》第 13 节基础上，修订并增加下述条款。

第一，财务报告的准确性。提交给美国证券交易委员会的包含财务报表的财务报告，必须符合本法所规定的公开认可的会计准则，而且需要报告会计师事务所依据相关会计准则和证券交易委员会有关信息披露的要求而进行的所有重大调整。

第二，表外业务要求。美国证券交易委员会预计在法案生效后的 180 天内颁布相关规范要求，如果公司与未并表实体及其他个体具有潜在的对公司财务状况、经营绩效、资本性支出、资本来源、收入或费用的重要组成部分造成重大的当期或未来影响的其他关系，也应当同时披露。

在企业的供应链管理中，供应商采购、客户订单交付和库存资产管理这 3 个环节都将直接或者间接影响企业的财务状况，因此，根据上述法案要求，对于可能引发重大影响的供应链事件及其影响关系需要被准确地披露在企业的财务报告中。

（2）SOX-404：管理层对内部控制的评估

法案译文

①内部控制的要求。美国证券交易委员会应发布有关规定，依据《1934 年证券交易法》第 13 节（a）或第 15 节（d）形成的年度财务报告需要有内部控制报告这一部分，该报告应包括：

第一，说明公司高管团队为设立和保持一个合理有效的内部控制结构和流程所承担的责任内容；

第二，在新近一个财务年度末，管理层需要就其内部控制结构与流程的有效性加以评价。

②内部控制评价与报告。对于本节条款①中所要求的内部控制报告，任何为公司年报编制或出具审计报告的注册会计师事务所，应当对管理层提供的内部控制报告进行核实鉴证，并出具报告。本条款所要求的核实鉴证工作应当遵循美国证券交易委员会发布或采用的鉴证业务准则。上述过程不应作为一项单独的业务。

根据这一规定，企业内部控制体系的建设就需要考虑日常经营中的供应链管理内容。

例如，在采购环节，为了预防、阻止和发现供应商欺诈，企业应当在内部设立相关规章制度，如采购问责制度和质量扣分制度，对采购产品或服务的主体及其行为进行规范，及时发现并预警供应商的单方面欺诈及其与有权利采购的内部人合谋等风险行为。此外，企业还可以结合行业标准制定供应商认证制度，确保经认证的供应商是符合资质的、所有注册文件是合法有效的、资质综合评估报告是经过认证小组和采购决策评审组织批准通过的。

（3）SOX-409：实时的信息披露

法案译文

本法案将修改《1934 年证券交易法》的第 13 节，在其现有文本之后补充以下条款：

根据《1934 年证券交易法》第 13 节（a）或第 15 节（d）的有关规定而需要提供财务报告的公司，应当更实时、快速、便利地对外披露有关公司财务状况或经营活动的重大变化的附加信息，这些信息应当简单明了，并涉及由美国证券交易委员会或法规要求的、对保护投资者和公众利益是必需或有意义的趋势、定性资料和图片等。

例如，供应商发生交期延误或者外包合作者不能提供产品和服务等情形，并造成采购方产生重大收益损失，这类事件应当被视为重要事件并在内部控制报告中及时披露。

2. 国内相关的财务报告制度

美国在 2002 年颁布《萨班斯 - 奥克斯利法案》，随后我国也于 2006 年成立企业内部控制标准委员会。在 2008 年，财政部等有关部门颁布了《企业内部控制基本规范》，要求国内上市公司自 2009 年 7 月 1 日起执行该规范，同时鼓励其他未上市的大中型公司积极遵循该规范。执行该规范的上市公司需要对内部控制的有效性开展自我评价，并编制年度报告以披露相关信息，同时还可以聘请具有证券、会计从业资格的第三方独立机构对公司内部控制的有效性开展审计工作。

2010 年 4 月，财政部等有关部门在《企业内部控制基本规范》的基础上制定了《企业内部控制配套指引》。该指引包括 21 条应用指引、1 条评价指引和 1 条审计指引。其中，"第 7 号——采购业务"要求企业加强请购、审批、购买、验收、付款、采购后评估等环节的风险管控；"第 8 号——资产管理"对规范存货管理流程、保障资产安全完整、提升资产使用效能、严格执行固定资产订立保险的政策、加强固定资产抵质押管理等内容提出了要求；"第 9 号——销售业务"要求加强销售、发货、收款等环节的管理、完善客户服务和应收款项管理制度、加强坏账管理；"第 14 号——财务报告"对财务报告从编制、公开披露及分析使用的全流程做出了详细规范。

此外，证监会先后修订了《上市公司信息披露管理办法》《公开发行证券的公司信息披露内容与格式准则第 2 号——年度报告的内容与格式（2021 年修订）》，这两项规定均旨在加强对上市公司信息披露活动的指导和监管，从而更好地保护投资者和其他利益相关者的合法权利与收益。

（1）表外负债

表外负债主要由表外融资负债和不确定性负债组成。前者常包括多种不转移资产所有权的融资方式，如租赁、附有追索权的应收账款出售、资产证券化、未合并实体债务等；后者则是指在经营过程中产生的一种不确定的负债，如对外担保、未判决的诉讼等，或有负债产生的对外负债、关联交易引发的负债、人力资源负债、环境负债、币值变动负债等。

我国现行财务报告制度对表外负债的信息披露缺少明确的要求与规范，主要在《企业会计准则》中的"第 13 号——或有事项""第 36 号——关联方披露""第 37 号——金融工具列报"等文件中有所提及。表外负债的发生常常会造成企业未来财务收益的减少，而且由于其存在不确定性、难以识别等特征，因此也容易造成企业与外部信息使用方之间的信息隔阂。高质量表外负债的披露有助于向外展示企业实际经营情况，从而增强财务信息的真实性和可靠性。以房地产行业为例，住建部和中国人民银行等机构于 2020 年 8 月联合提出的《重点房企资金监测和融资管理规则》就要求采取"实质重于形式"的认定原则对该行业广泛存在的表外负债进行披露和监测。

（2）担保

财政部于 2010 年 4 月颁布了《企业内部控制应用指引第 12 号——担保业务》，将企业担保业务定义为"企业作为担保人按照公平、自愿、互利的原则与债权人约定，当债务人不履行债务时，依照法律规定和合同协议承担相应法律责任的行为"。该指引对担保业务的对象、范围、方式、条件、程序、担保限额和禁止担保等事项做出了明确界定，同时对调查评估、审核批准、担保执行等具体流程加以规范。

证监会发布的《公开发行证券的公司信息披露内容与格式准则第 2 号——年度报告的内容与格式（2021 年修订）》也对公司担保业务做出了相应规定。其中，第 46 条和第 54 条分别要求公司对以下情形进行披露：一是公司违反法律行政法规和中国证监会规定的对外担保决议程序订立担保合同；二是公司与关联方存在担保关系。此外，第 55 条对公司需要依规披露的重大担保合同及其履行情况做出要求。

此外，证监会、公安部、国资委等有关部门于 2022 年 1 月联合发布《上市公司监管指引第 8 号——上市公司资金往来、对外担保的监管要求》。该文件是对原有文件的整合归并，涉及上市公司对外担保和金融机构贷款审批的规范性要求，以及违规担保的监管与处罚等内容。该文件也在原有内容的基础上做了一定的变动，例如，明确说明"上市公司控股子公司对于向上市公司合并报表范围之外的主体提供担保的，应视同上市公司提供担保"、新增关于上市公司占用担保行为的整改要求及监管规定。

（3）重大事项

《公开发行证券的公司信息披露内容与格式准则第 2 号——年度报告的内容与格式（2021 年修订）》对公司的重大事项披露做出了多点要求。例如，第 25 条："公司应当分析报告期内的主要经营情况，并应当披露对报告期内的主要经营情况产生重大影响以及未来会产生重大影响的事项。"第 6 节共 14 条，均涉及重要事项的披露规范。《上市公司信息披露管理办法》也规范了重大事项的披露行为，特别是在原有相关条例内容的基础上细化了对临时报告的要求。

第6章

数字化供应链技术及其应用

第四次工业革命推动社会经济进入智慧时代。以数据 + 算力 + 算法为核心的智慧经济决策模式正在推动供需快速匹配，以数字化技术为核心驱动的智能制造正在重构和变革原有的生产方式。同时，大数据、云计算、人工智能和区块链等信息技术促使虚拟经济和实体经济深度融合。数字化不仅改变单个企业的生产模式，也改变整个供应链的组织模式；数字化技术赋能供应链，实现了全链条的透明化、智能化、数字化、协同化。基于数字化技术，本章主要介绍了数字化供应链系统架构、数字化供应链转型。

本章目标

1. 了解信息与通信技术的发展。

2. 了解数字化技术的相关知识，掌握其如何变革供应链。

3. 掌握数字化供应链的系统架构与业务管理。

4. 了解数字化供应链战略，掌握数字化供应链转型路径。

5. 掌握数字化供应链各环节的运营管理。

6. 掌握数字化"使能"对供应链运营管理的价值创新。

|第 1 节| 信息与通信技术的发展

1. 基于半导体的工业革命

第三次工业革命起始于 20 世纪 50 年代，以计算机的发明、信息化和通信产业的变革为标志。随着互联网、移动互联网、物联网的迅猛发展，信息技术对经济活动和人类生活方式产生了较为深刻的影响。半导体工业成为最精密、产值最高、全球化程度最深的产业，半导体材料则成为承载信息社会的重要物质基础。

半导体技术的兴起与半导体工业的发展使人类进入了高度发达的信息社会，基于半导体技术的开发与应用，计算机信息系统开始全面推广。[1] 计算机信息系统是指由计算机及其相关的和配套的设备、设施（含网络）构成的，按照一定的应用目标和规则对信息进行采集、加工、存储、传输、检索等处理的人机系统，即信息管理系统。

计算机信息系统的主要结构主要包括基础设施层、资源管理层、应用表现层、业务逻辑层及应用接口平台层（如图 6-1 所示）。基础设施层由支持硬件、软件和系统运行的网络组成。资源管理层包括各种数据信息与资源管理系统。应用表现层通过多媒体等形式为用户呈现数据处理结果。业务逻辑层由信息处理代码组成，可实现各种应用业务。应用接口平台层可支持各种软硬件设备、程序、网页以及监视器等。

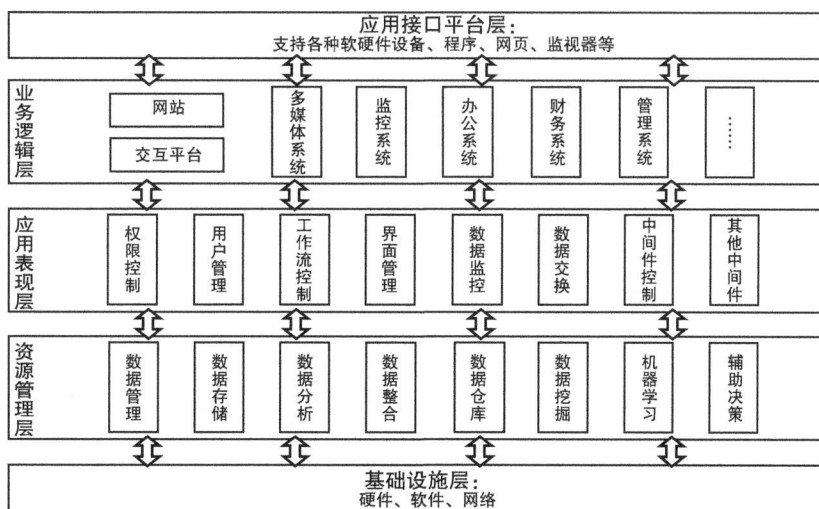

图 6-1　计算机信息系统结构图

2. SCM 信息系统的发展

SCM 信息系统基于协同供应链管理的思想，配合供应链中各实体的业务需求，使操作流程和信息系统紧密配合，实现整体供应链可视化、管理信息化，从而提高供应链总体水平。企业应用的 SCM 信息系统主要包括 MRP/MRP II/ERP/ERP II、P2P 系统、E-Sourcing 系统、S2S 系统等。

1）MRP/MRP II/ERP/ERP II 的产生与发展

信息系统在管理中的作用是不容小视的，它为一个企业的良好运作发挥了重要的支撑作用。MRP、MPR II、ERP、ERP II 这 4 者并非相互分离，后 3 者都是在 MRP 的基础上发展起来的。

（1）物料需求计划（MRP）

20 世纪 60 年代，美国 IBM 公司开发并实施了首个 MRP。MRP 是一个基于计算机的库存管理系统，旨在提高企业的生产力。企业使用 MRP 来估计原材料的数量并安排交货时间。

（2）制造资源计划（MRP II）

20 世纪 80 年代后期，制造资源计划（Manufacturing Resource Planning, MRP II）应运而生，"MRP II 是一种以 MRP 为中心，涵盖了整个企业的各个领域，有效地利用了资源的生产管理思想。"[2]MRP II 引入了企业财务的理念，将原材料、资本等方面的数据整合起来；MRP II 基于生产结构，从最低的原材料采购费用入手，逐步积累材料费用、制造费用、人工费用，直至成品成本，然后结合市场和销售，对产品利润进行剖析。

MRP 与 MRP II 有一个称为闭环 MRP 的过渡期，而闭环 MRP 则基于原有 MRP 的两项职能：制定产能要求方案；设立信息反馈制度。[3]闭环 MRP 将企业的财务与制造两个系统有机地融合在一起，运用计划 - 实施 - 反馈的管理方式，实现了对企业各种资源的高效规划与控制。

（3）企业资源计划（ERP）

企业资源计划（Enterprise Resource Planning, ERP）扩展了管理范围，并基于 MRP II 给出了新的结构，美国高德纳公司（Gartner Group Inc.）首次明确定义了这种新结构。ERP 是一种软件，企业使用它来管理日常业务活动，ERP 包含分销、制造、财务、人力资源等部分。另外，ERP 也是一种企业资源管理与业务流程管理的计算机系统，侧重点在于对企业资源的利用、管理和整合。

MRP II 是在 MRP 的基础上发展起来的，ERP 较 MRP II 增加了更多的现代管理技术。MRP/MRP II/ERP 这 3 者的区别如图 6-2 所示。

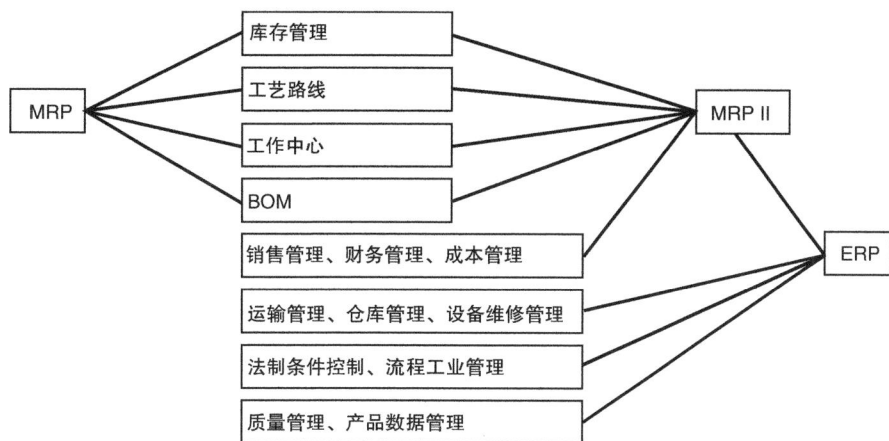

图 6-2　MRP/MRP II/ERP 这 3 者的区别

（4）ERP II

2000 年，美国高德纳公司首次提出了 ERP II（Enterprise Resource Planning II）。ERP II 是 ERP 的延续，它是企业内部和外部的一种业务策略和财务流程，将后台处理功能和操作扩展到延伸的供应链，重点强调供应链自动化、提高效率、更多的成本控制和一些供应商的有限创新协作。ERP II 包含 6 个基本特征，ERP 与 ERP II 的区别如表6-1 所示。[4]

表 6-1　ERP 与 ERP II 的区别

特征	ERP	ERP II
作用	企业内部管理优化	参与价值链 / 协作商务
领域	制造业	所有行业
功能	制造、销售、财务等	跨行业、行业段和特定行业
处理	内部业务	外部联结
结构	封闭、单一整体	开放、组件化
数据	内部产生和使用	内外部发布和采用

2）P2P 系统

采购到付款（Purchasing to Pay，P2P）系统处理从购买产品到向供应商付款的所有获取环节。P2P 系统是一个完整的企业采购系统，从采购产品到供应商付款，流程是自动化的，可以节省成本并降低风险。P2P 系统旨在优化采购流程，从而通过更好的财务控制和更高的效率使组织受益。这种简化的集成系统节省了成本并降低了风险。典型的 P2P 系统包括以下 5 个步骤。

●目录确定。该目录通常包括首选供应商的目录，这是 P2P 系统的首要要求。

●采购申请。从目录中选择产品后，买方将采购申请发送给相应的经理。

●采购订单工作流程。一旦采购申请被经理批准，系统就会生成采购订单。

●发票。自动发票处理是 P2P 系统的关键组成部分，可节省时间和金钱。P2P 系统还包括使采购订单与发票相匹配的对账功能。

●付款。一旦发票被批准付款，企业的应付账款系统中就会生成一个文件。批准的发票会导致企业在供应商提供信用额度的期限结束时向供应商付款。

3）E-Sourcing 系统

E-Sourcing 系统是一个基于互联网的在线寻购管理平台，也称为电子寻购系统或者电子寻源系统。它提供了网上招投标、反向竞拍、调查问卷、综合排名、决标授标、供应商搜寻、供应商管理、在线沟通等工具，实现了对招投标全过程的管理，是一个强大的信息交互门户，一般具有 SaaS 云计算架构。E-Sourcing 系统也可以独立部署在企业内网，并与客户已有系统实现对接。

E-Sourcing 系统的应用对象是对于整个采购流程的价值驱动（包括直接原材料的价格和质量）具有重大影响的、具有战略意义的采购过程，同时要提高供应链的响应速度。通过这些应用，E-Sourcing 系统提供了特殊功能，包括成本分析、供应商风险分析、原材料 / 零件优化、招标文件发布 / 报价生成、合同管理等。

看一则案例：A 公司的 E-Sourcing 系统推动业务流程一体化。

A 公司作为特大型中央企业，生产企业遍布全国。企业不断实现创新发展离不开信息技术的支撑引领，而 E-Sourcing 系统寻源是 A 公司信息化的基础。E-Sourcing 系统寻源后生成采购订单，并根据订单信息签订合同。A 公司电子采购的合同与订单管理模块为项目单位的验收和核算提供了便利。合同管理主要针对签订长期框架合同，设计单位可根据实际需要下单；订单管理分为商城订单（电力区、电子超市等电子商城直接下单）和平台订单（非招标采购公司创建的交易），分别咨询接货，收集发票信息，执行集中管控，提高了智能化水平。目前，A 公司采购管理系统已逐步实现与 E-Sourcing 系统的信息交流与整合，如提供采购计划及采购文件、供应商注册与选择等，并逐步实现两个平台的整合，提升平台采购绩效，使得采购业务智能化水平进一步提高。

4）S2S 系统

越来越多的企业开始转向以供应链为核心中枢的寻源到结算（Source to Settle，S2S）系统，该系统覆盖从战略寻源、询价招标、供应商选择、合同、PO、验收、结算和付款，到供应商管理、风险管理、合同管理等全过程。S2S 系统都是模块化的，其体系结构都包含一些通用的关键模块：寻源、采购、库存控制、会计与结算、决策分析 。[5] 其中，在决策分析方面，S2S 系统采用多种数据挖掘管理技术，提供标准化的报表和信息，并按品类和供应商开展支出分析、按成本中心或部门列出开支数据、开展供应商绩效分析、统计与非合同供应商的支出。

3. 数字化供应链

1）数字化供应链的定义与内涵

数字化供应链以客户需求为中心，通过多渠道实时获取所需数据，利用各种数字技术和智能算法指导供应链的预测、规划、决策和执行。数字化供应链的实质是"供应链管理"+"数字化"，其采用数据驱动的方法干预供应链数据的实时采集、分析、反馈、预测和协调，从而数据化并分析复杂交错的供应链运营和信息流。企业通过数字化供应链可以找到适合自己的发展趋势，然后制定配套的转型战略及方案，并在日常工作中进行贯穿融合，这才是改变企业运营模式的方法。

2）信息化与数字化的区别和联系

一般来说，信息化是指计算机信息系统的建设，通过信息系统对传统业务中的数据进行处理，将技术应用于单个资源或流程，以提高效率。数字化就是在计算机系统中模拟物理系统，在计算机系统中反映物理世界，利用数字技术驱动组织商业模式的创新，驱动商业生态系统的重构，驱动企业服务的巨大变化 。[6] 两者的区别主要体现在以下 5 个方面。

● 从数据的角度来看，信息化虽也有大量的数据，但这些数据分散在不同的系统中，数据的价值并没有被打开或真正发挥出来；而数字化把"数据"当作一种"资产"，使企业能够通过"数据资产"获得更高的利润或提高企业的效率。

● 从强调的重点来看，信息化强调集中管理，它更多的是服务管理的分析和决策，以方便管理和使用，如许多公司建造的指挥中心的座舱、呼叫屏幕、监控屏幕等；数字化强调分权，它可以提供决策和行动点，为个体赋能。

● 从思维的方式上看，信息化所反映的是一种管理思维，这类建立在管理思维条件下的信息系统，缺少有效提高客户工作效率的思想；数字化反映的是一种战略思维，数字化的核心是要提高客户工作效率和经营工作效率，要高度反映如何有效提高各个系统节点客户的工作效率，依靠数字化方法促进企业工作效率的改善。

● 从战略视角来看，在信息化时代，企业能做什么取决于企业有什么资源和能力，企业满足客户需求依赖的是竞争优势的比较；而在数字化时代，企业能做什么取决于重新定义的能力，要以客户为中心，不断创造客户价值。当企业以客户为中心创造价值时，重点不在于跟谁竞争，而应该是跟谁合作，以创造更大的客户价值。

●从应用范围来看，信息化强调单部门应用，很少有跨部门的整合与集成，其价值主要体现在效率提升方面；而数字化则是企业全部业务流程的打通，全线打通数据融合，为业务赋能，为决策提供精准洞察。

|第2节| 数字化技术基础

1. 物联网

1）物联网的概念

物联网的概念于 20 世纪 90 年代末首先在美国麻省理工学院提出，其基本概念是将各种现实物品，利用射频识别、传感、定时测距等系统与网络技术相连，完成物到物、人到物和人到人的互联并实现信息数据的互动流通，以达到人对万物的智能识别与控制。物联网最重要的特点表现为以下 3 方面：一是网络特性，即物联网仍是网络的泛在形式，且万物互联仍离不开网络信息技术的支撑；二是识别和通信特性，即物必须具有自动识别、与人和物传输、交换信息的特性；三是智能特性，即物联网将具备自动识别传感、自主获取反馈、对结果处理可控等新特性。目前，物联网技术已应用于家居、医药、交通运输等众多行业，并越来越充分地为人们的生活和生产业务带来保障。

2）物联网的结构

物联网的结构主要有 3 层，如图 6-3 所示。感知层负责收集物与物关联的信号；网络层是异构融合的泛在性数据通信网络系统，包含多种网络概念，如互联网、专用网等，由数据通信网络系统对接收到的对象信息进行传输与管理；应用层主要与使用级的手机、笔记本电脑等各种终端用户设施相连接，为其提供感知信息的服务。

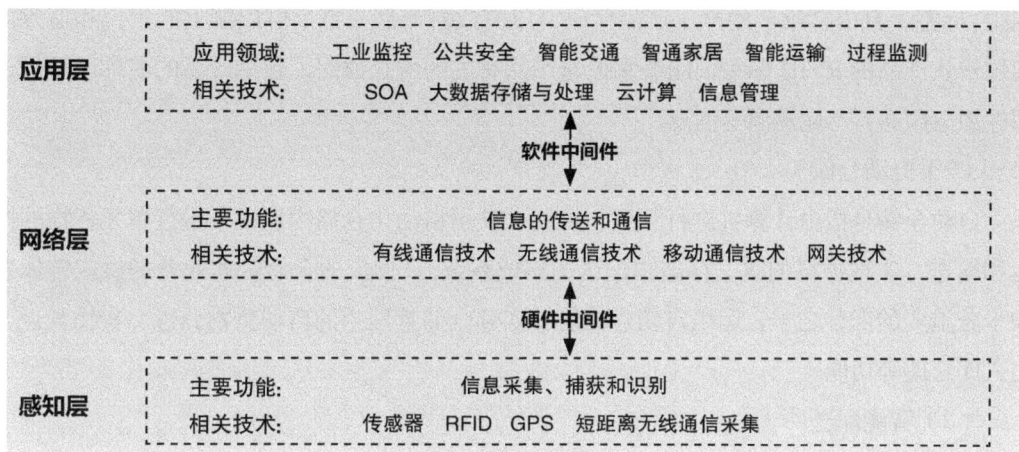

图 6-3　物联网的结构

3）物联网的关键技术

（1）射频识别技术

射频识别是由 RFID 标签、读写器、后端系统与读写器之间的空中接口通信链路、后端系统之间的网络传输通信链路等构成的自动识别体系。[7]射频识别技术能识别高速运动的物品，并且可以同时获取多种标记。其获取距离能够达到几十米，足以满足多种数据信息收集的要求。

（2）传感器技术

传感器（Sensor）是指可以被检测并根据特定的规则，转换出可用输出信息的元件或设备，一般由敏感元件和交换元件构成。[8]具体是将现实中的模拟信号转换为数字信号，通过模数转换帮助机器理解，并开始下一次的信息处理。传感器技术建立了世界与计算机沟通的桥梁，是物联网中最重要的部分。

（3）M2M 技术

M2M（Machine-to-Machine）技术是指机器与机器之间的通信或机器与人之间的通信。目前，M2M 技术已经广泛应用于城市管理（数据监控、电力控制）、环保（水土、空气污染监测）等诸多领域，为各个业务的信息收集、传递、大数据分析和管理等工作提供了综合解决方案，帮助实现了业务整个流程的智能化管理。

4）物联网在供应链中的应用

（1）信息服务

产品电子代码（Electronic Product Code，EPC）是运用物联网手段对任一产品进行具体标识的编码方式，EPC 系统可以提供信息获取服务。其在任一产品上都粘贴了一个

RFID 标签，且内含唯一的电子产品代码，以完成对产品在整个供应链上的辨识和追踪。通过辨认产品的 RFID 标签，能够掌握与产品有关的所有数据，包括产品的名称、型号，部件加工厂商，产地溯源等信息。

（2）自动仓储

自动仓储是指由计算机进行管理和控制，使用自动化仓储物流设备进行单元货物的搬运和输送，实现物料的收发存储和配送的集成系统。[9]物流的仓储管理业务是供应链体系中十分重要的部分之一，运用自动仓储能够实现仓储管理中的自动货物分拣、货物盘点、出入库管理等功能。

（3）智能配送

通过物联网的支持，供应链主体间能够基于物流仓储的共享进行产品的智能配送。在具体的配送流程中，物流配送机器人通过物联网终端的数据信号对货物实施扫描、跟踪。物流配送机器人在站点发车时，根据配送系统中给出的路径进行引导。当送达用户确定配送地址后，配送人员会采用去电、发送短信等形式告知用户收货，并提供人脸识别、短信验证码等各种人机交互手段等帮助用户快速取货。

来看一则案例：B 公司领跑"智能仓储"新时代。

B 公司的应急物资储备库建立于 2010 年 10 月，总建筑面积为 14,400 多平方米，是根据紧急储备物资的特点投资建设的具备先进技术条件的现代化紧急储备库房。物联网信息技术的率先运用是该智能化仓库的一个亮点。在该储备库房里，一件物品从出厂之前的基本信息、入库的状态、是否经过检查与验证，到检验数据报告等，再到出库后的去向（如将该物品用于什么项目、甚至细化到地址和位置等）等信息，都能通过物联网信息技术在现代货物管理系统中体现。

2. 大数据

1）大数据的概念

大数据（Big Data）指具有体量巨大、来源众多、生产极快等特点并且难以用传统数据结构高效管理的含有大量数据集的数据。[10]随着大数据分析的不断发展，大数据分析的市场结构已由垄断竞争向完全竞争格局发展。当前，大数据公司数量急剧增加，产品与业务之间的差异性日益扩大，技术门槛将逐渐下降，市场竞争也日趋激烈。

2）数据挖掘与数据分析

（1）数据挖掘

数据挖掘（Data Mining）是指在海量的数据中运用计算机学、统计学中数据处理的方法，寻找其中隐含信息的过程。[11] 在供应链产业中，数据挖掘是发展较快的应用领域之一，其主要原因是在供应链的全过程中产生了大量数据，可以广泛利用、深度挖掘。数据挖掘的具体过程如下。

- 数据清理：消除数据中的噪音。
- 数据集合：将各种来源的数据集合到一起。
- 数据选取：在数据库中，选取与任务有关的数据。
- 数据转换：把信息转换成更适合挖掘的形式。
- 数据挖掘：使用数据挖掘的方法发现知识。
- 模式评估：识别知识中有用的模块。
- 知识表示：运用可视化的手段表示得到的知识。

（2）数据分析

数据分析（Data Analysis）是指运用适当的分析手段，对所采集到的大数据加以研究、整理、概述、理解的过程，目的是从繁多冗杂的大数据中进一步获取有用的信息，并从信息中总结、归纳出知识，以便寻找其内在原理。

数据分析的结果可以用列表、作图等方法表示。列表法强调通过横向与纵向的对比来展示数据间的关系，表 6-2 所示为 3 个月内产品销量的数据，从时间与类别两个方面表示了数据的关系。作图法强调描述标的的数量变化情况，常见的图形有环形图、直方图、散点图等。

表 6-2　货物销售表

单位：万元

企业	1 月	2 月	3 月
企业 1	113	129	130
企业 2	135	117	121
企业 3	201	198	220

3）数据挖掘与数据分析的主要技术

（1）数据分类

数据分类是指用部分已经贴上标签的数据建立集合，通过分析带有标签的数据特征构建分类模型，目的是对其他无标签的数据归类。常见的分类算法有决策树、Naive Bayes、支持向量机、神经网络模型等。

（2）数据聚类

数据聚类是指按照数据的内在特性把数据细分为多个组或聚簇，分类后的各个类别中的数据都带有大致相同的特性。聚类的主要目的是分析组数据是否具有同一特性，以及组中的数据是否有彼此相似的特性或和其他组中的数据有不一样的特性。常见的聚类算法有K-means、层次聚类等。

4）大数据在供应链中的应用

（1）改进供应链需求预测

供应链企业的产品经营大致分为5个过程，如图6-4所示。在这条供应链中，客户的信息是逐层向上反映的，而处于上游的企业与处于下游的客户的关联程度相对较低。企业根据每个节点步骤向上传递的信息制定经营策略，并以此预测客户需求，容易产生牛鞭效应。大数据分析技术的出现有利于降低供应链中企业掌握客户需求的难度，从而精准预测客户的潜在需求量，同时也能够利用细分的客户特点建立细分的供应市场，以及细分产品的供应方案。不仅如此，大数据技术在供应链各方面的应用有助于企业了解客户在购买产品后遇到的故障、亟待解决的问题等。

企业 → 采购 → 制造 → 物流 → 分销 → 零售 → 客户

图6-4 企业产品经营过程

例如，C公司的供应链管理系统充分利用了大数据分析技术，以此帮助公司挖掘信息、预测未来的需求等。C公司并非与消费者直接对接，而是通过一些大型超市与消费者建立关系。为了让这些大型超市能够更有意愿为企业销售产品，C公司提供了一站式服务，其供应链流程一直拓展到超市的货架前，为其提供更为优质、人性化的服务。与此同时，C公司想方设法地捕捉消费者购买产品时的行为或消费数据。此后，世界各地的C公司工作者会将收集到的数据汇总并输入数据终端。并且，这些数据终端与大型超市的经销仓库紧密联系，据悉有近7万个，数据的更新都以星期为单位。因此，C公司的管理者无论身处何地，都能够在短时间内了解到消费者的需求数据，并将他们与产品仓库数据相匹配。此外，C公司运用复杂的数学模型与算法，根据16个品牌的产品形态区分出4个主要业务类型，而每个品类中都有相应的团队来预测产品的实际销量状况。在这样的大数据技术支持下，C公司能够牢牢掌握市场变动信息，即使消费者购买了一些微小、不起眼的产品，都可以预测未来的市场需求变化。

（2）降低供应链金融风险

供应链金融服务实质上是指银行对供应链过程中的核心企业，以及对其上下游公司的产品、物流、信息流和资金流等方面进行分析，将风险最小化。在传统的供应链金融中，商业银行等机构为减少企业的经营风险，通常会要求企业以一定的资金、货物作为相应的抵押或需求担保。而在大数据时代，大数据分析所获得的信息代替了这种抵押担保，从而使供应链中的企业能够获得更多的融资机会。并且，对异常数据的收集与分析，可以对企业的偿债风险、信用风险、贸易风险等供应链风险进行有效预测。

（3）优化供应链仓储管理

早期的仓储管理由于相关技术的匮乏，使得很多仓库货位无法得到充分的利用，最终出现货物流通效率低下、资金投入浪费的问题。利用大数据技术来判断货物仓储管理是否合理、标准是供应链管理的重要方面，目的是使仓库消耗最少的资源来实现最优的储存功能。例如，对立体仓库进行管理时，运用大数据技术，采用诸如蚁群算法、神经网络模型算法等，动态选择合适的货物仓储货位，优化存取路径，缩短作业时间，由此整体提高效率。

例如，D公司于2012年研发青龙管理系统，其1.0版本提供了现代物流的部分基本功能。经过多年的完善提升，2016年的6.0版本将功能定位于智能仓储、大数据分析与智能装备的实现。D公司在B2C自营市场和电子商务交易中，收集并累积了大量丰富的消费者数据、产品数据和供应商数据，另外还在青龙管理系统上积累了库存和配送信息以及消费者的地理位置信息和消费行为信息，而这些数据都能够用于市场评估。

3. 云计算

1）云计算的概念

云计算是指一种通过网络将可伸缩、具有弹性的共享物理和虚拟资源池（服务器、操作系统、网络、软件、应用和存储设备等）以按需自服务的方式供应和管理的模式。云计算通过各个组成部分将数据解构形成一个抽象的、虚拟的计算资源池，利用网络根据客户的需求来提供计算云、存储云等服务，其具有超大规模、虚拟化、可扩展、可靠性高、安全性高等特点。[12] 许多计算机网络公司已经提供了多样化的云计算服务，如Microsoft、Amazon、Google等公司对云计算均有涉猎。当前，云计算的主营业务为基础设施即服务、软件即服务、平台即服务。

（1）基础设施即服务

基础设施即服务（Infrastructure as a Service，IaaS）意为信息技术资产拥有者将与信息技术相关的基础设施服务当成一项业务，向有需求的客户提供相应服务。同时，提供者会按照需求者对资源的实际使用率或所占用量进行收费管理。信息技术资产拥有者所提供的基础设施服务一般是指信息技术的相关设施，包含计算机系统、数据库等。基础设施即服务模块有效地将客户所拥有的信息技术资产和信息技术能力剥离，客户仅需要拥有运用信息技术的能力而无须拥有信息技术资产。

（2）软件即服务

软件即服务（Software as a Service，SaaS）意为利用互联网提供软件的服务，通过数据中心为客户提供信息化所必需的各种互联网软件和软件操作平台，并且软件提供服务将满足客户应用开发软件的整体生命周期。如果将客户的应用部署到 SaaS 平台中，客户就可以根据自身对软件的实际需求通过互联网向数据中心购买需要的软件服务，并按照所需服务数量的多少和时间长度向提供者交纳服务费。

（3）平台即服务

平台即服务（Platform as a Service，PaaS）指的是将服务器平台或开发环境当成一项公共服务业务提供给需求客户。PaaS 协助开发人员从烦琐低效的环境构建、设置与维护等工作中解放出来，帮助其将主要的精力聚焦于应用的编写工作，进而极大地提高开发人员的研发工作效率。

2）云计算在供应链中的应用

（1）云计算下的供应链信息共享

供应链管理需要每个环节中的企业都能协同运作，仅部署某一个企业的生产、运营、存储环节的信息是无效的，那么一种更有效的方法是将供应链的全部主体部署在云平台中。云计算技术能够让供应链流程中的相关企业主体紧密联系起来，即供应链相关企业主体能够同时应用同一个软件服务平台。[13] 在这种信息共享环境下，每个企业及客户的信息能够被有效地分析、运用，并且使供应链管理信息具有可标志性、可追溯性和可继承性特征。例如，当核心企业发现某一环节出现存货不足的预警条件时，云计算平台自动向相关企业发送补货的需求信息，相关企业根据平台的监测排查自身风险，完善生产计划。

国家物流信息平台的建设是我国供应链系统应用云平台发展较好的例子之一，国家物流信息平台主要致力于云平台在物流数据方面的构建，并提出了三大基本平台业务，包括标准、交换、数据服务业务。这三大基础服务业务有效促进了国家物流信息平台的数据资源共享。同时，云平台的建设也克服了此前所面临的网络互联难、信息共享难、业务协调难等壁垒。与此同时，国家物流信息平台主动发掘云端信息的优势，与市场化服务商联合打造了一批物流产品及衍生品，涵盖企业协同、货运信息、担保代理等多项产品。以由宁波国际货运发展集团公司投资打造的国家公共订舱信息服务平台为例，其利用国家物流信息平台实现了 280 余家相关供应链过程公司之间的信息、数据互通，在货运代订舱过程中节省近 40% 的时间、30% 的人工、50% 的耗用材料，极大节省了企业的生产成本，有效提升了企业效益。

（2）云计算下的供应链服务平台

云计算下的供应链服务平台是通过供应链服务平台连接上下游企业及客户，使各个供应链主体通过网络在平台上进行交易、结算、评价的活动。供应链服务平台作为供应链的集成商，负责提供相应的软件、技术，包括服务设计、在线交易、软件租赁等一站式的平台支持服务，使公有的资源被充分使用，由此获得平台、客户利益的最大化、最优化。

4. 人工智能

1）人工智能概述

人工智能（Artificial Intelligence，AI）的显著特点是研究和开发具有模仿、解决问题和复制人脑能力的"思维机器"，通过对复杂信息的处理来解决问题，使设备或系统具有感知环境并根据情况做出反应的能力。人工智能在辅助做出更优决策和提高效率方面的能力使其在诸多领域发挥作用。

2）人工智能主要技术

人工智能包括四大核心技术。

●计算机视觉。计算机视觉技术是利用摄影机等装置来完成图像的处理运算与分析，探究怎样让人工系统获得"感知"能力的科学技术。计算机视觉研究的最终目标是使计算机能够具备同人类相仿水平的自主感知环境信息的能力，从而可以自主学习适应各种环境。

●机器学习。机器学习是研究如何使机器具备类似人类的学习能力的科学。机器学习的研究主要分为两个方向，一类研究是使系统具备和人类学习相仿的机制，另一类侧重于研究在数据量庞大的背景下如何更有效率地获取和利用信息。

●自然语言处理。自然语言处理主要包含自然语言处理和自然语言生成两部分，要求通过计算机系统自主实现对外界文本信息的接收和处理，最终实现通过自然语言与计算机系统有效通信的目的。

●语音识别。语音识别技术将人类的语音数据输入信息进行收集，之后将其转换为另外一种计算机可以正常读取及处理的语音编码格式等信息，或者转换为自然语言。语音识别技术需要对声波信号进行收集和识别，然后转换为系统的输入，通过提取的声学特征，借助相应的声学和语音模型等进行处理。

3）人工智能在供应链中的应用

●智能化仓储。在拣选、搬运及加工配送工业产品等关键作业过程环节的设计上，可以利用工业智能机器人替代手工操作仓储或搬运等作业人员。例如京东的无人仓库通过工业机器人进行重复性作业，在提高工作准确率和效率的同时节约了劳动力成本。

●智能运输配送。人工智能可以应用在货物装配环节，在条形码、EDI 等技术的支持下，帮助优化货物拣选。并且，利用人工智能技术还可以及时结合客户实时车辆配送信息，制定客户最优物流运输配送路径，提高货物运输整体效率。

●智能供应链管理。借助人工智能的各类算法和数据处理能力，可以帮助优化供应链中的库存管理、品类管理、价格管理等方面，推动供应链协同效率的提高。

5. 区块链与加密技术

1）区块链概述

区块链技术首先出现在 2008 年，它允许以加密数字货币技术进行在线自动交易支付，并可以用分散、安全和高度可信化的方式来提供客户对数据、交易和日志的共享账户的访问。区块链具有不可篡改、可追溯、去中心化等特点，通过利用密码学技术和共识机制，在相对复杂的网络环境中建立广泛的数据信任，实现可信交易、信息共享、数据安全传输等功能。

2）区块链主要技术

●分布式账本。分布式账本主要是指一种能提供在多个同一网络成员节点数据库之间实现数据实时共享、复制和存储操作，进行自动数据同步及查询服务的数据库。数据库内的每次数据更改都会令全部成员知晓，并且网络成员中的每个个体都可以对全部数据信息进行查看，因而可以实现交易的共同监督，保障交易的合法性。

●非对称加密。虽然区块链中储存的交易数据信息在网络成员之间是公开共享的，但有关交易成员个人的信息是不公开且经过高度加密的，其他网络成员必须经过交易成员个人的授权才能访问，从而保证了数据的安全和个人的隐私 。

●共识机制。共识机制是对交易数据信息有效性的认证，需要区块链中特殊节点之间达成共识，以此来实现对交易数据的验证和认可。共识机制的目的是保障区块链数据库中数据的一致性和有效性。

●智能合约。智能合约是基于数据具有有效性且无法更改的前提条件，在无须网络成员进行二次人工确认的情况下执行一些提前达成共识并签订的规则和条款。智能合约的存在使无第三方参与的交易同样具备可信度，并且这些交易的数据信息同样具备不可篡改、可追溯的特点。

3）非对称加密

非对称加密指用两个不同的密钥进行加密和解密任务的加密技术，这两个用于加密和解密的密钥分别被称为公钥和私钥。在使用非对称加密技术时，一方利用公钥对数据进行加密处理，另一方则通过对应的私钥进行解密。非对称加密技术仅有公钥是公开的，并且对密钥的管理和分配简便，可有效防止冒充、数据篡改、抵赖行为，具备较高的安全性。

4）电子印章

电子印章技术是将原有的现实世界中的实体印章利用电子技术模拟替代。电子印章的使用和管理与实体印章类似，在具体使用时，加盖电子印章的数据文件具备和实体文件相同的效力。在数字加密和解密、数字证书协议等技术的作用下，电子印章的安全性得到了有效的保障，且相较于实体印章而言更加便捷。电子印章的防伪效果更好，进而可以有效减少电子印章犯罪的发生。

6. 智能优化算法

1）智能优化算法简介

智能优化算法又称启发式算法，被普遍用于解决最优化问题，是一种具有普适性、全局优化及并行处理能力的算法。智能优化算法与传统优化算法的不同之处在于其处理的问题大多是多极值问题。在处理这类问题时选择智能优化算法的根本目的是尽可能地使全局结果最优化而不是仅实现局部最优。通常来说，智能优化算法大体可分为以下 5 类。

- 进化类算法，如差分进化算法、免疫算法等。
- 群智能算法，如蚁群算法、菌群算法和人工蜂群算法等。
- 仿物类算法，如模拟退火算法等。
- 人工搜索类算法，如禁忌搜索算法、迭代局部搜索算法等。
- 人工神经网络算法，如监督式学习网络算法、混合式学习网络算法等。

2）数字孪生技术

数字孪生（Digital Twin）是指利用收集到的现实中的数据，在虚拟世界内对现实中的实体或系统进行模拟，从而反映相对应的实体装备在现实中的状态。数字孪生的本质是通过信息建模，在数字世界搭建出和现实物体一致的数据模型，进而可以通过信息平台对现实物体进行操纵，帮助企业更好地了解整体情况，统筹全局。

通过与 5G、物联网，以及云计算等技术的结合，数字孪生技术能够在大范围物流网络建设、基础设施管理、仓库运营管理等领域发挥重要的作用。在数字孪生技术赋能下，企业可以更好地把控全生命周期中的产品状态，从而提高产品研发、运营和维护等的效益。同时，企业还可以借助数字孪生技术提高全企业的数字化和智能化程度，实现降本增效的目的。

3）智能优化算法在供应链中的应用

借助智能优化算法，能够对供应链历史数据进行深度分析。目前，智能优化算法在供应链预测、供应链优化和供应链数值仿真等方面已发挥了重要的作用。其中，供应链预测包含销量预测、财务预测、单量预测、供应商响应时间（Vendor Lead Time，VLT）预测、到货预测和运力预测等；供应链优化包含仓网规划、运网优化、智能配送、入仓优化、波次优化、运输路由优化、智能定价、库存健康优化等；供应链数值仿真包括选品仿真、仓内仿真、仓配仿真、采购仿真、调拨仿真等。

| 第3节 | 数字化供应链系统架构与业务管理

1. 数字化供应链的架构

数字化供应链以技术性和协同性为主要特征，其中具备先进信息与通信技术是实现供应链一体化运作的基础。本小节主要介绍基于协同创新的数字化供应链架构，如图6-5所示。

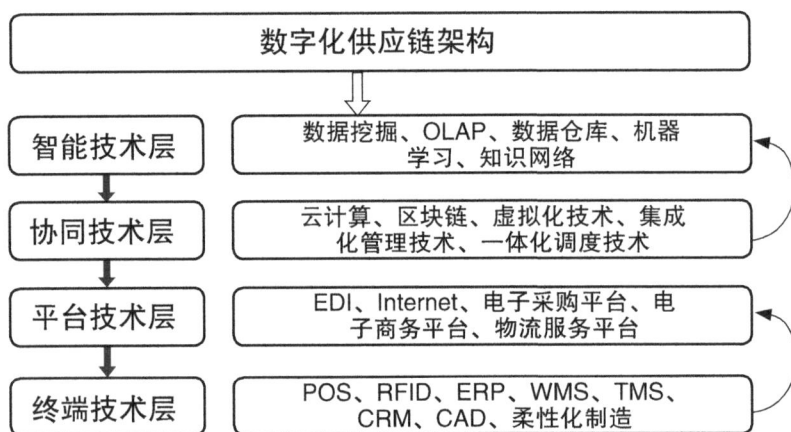

图6-5 数字化供应链架构

1）终端技术层

终端技术层将供应链运营数据化并存储，主要包括采购、设计、生产、销售、物流、客户服务的环节数据等，基于基础数据的收集，完成企业内部业务数据整合，形成可以进行网络传输以实现跨企业协同的业务数据单元。

2）平台技术层

平台技术层主要负责构建上下游企业间业务协同的现代化商业模式，依托于基础互联网及数据通信技术，将制造企业关键业务活动需求连接到第三方企业服务平台，实现产品主要生产流程的系统化衔接，促成企业间基于某种主营业务的行业联盟。

3）协同技术层

供应链协同的高级形态是从价值链的角度着眼，通过组织结构、运营模式、实施技术等方面的革新，探索生产要素运动过程中可以创造增加价值的契机。因此，冲破资本与技术的企业级范畴的壁垒，形成优势资源自由流动、自由组合的行业级联盟是实现供应链协同的必然趋势。

4）智能技术层

创新为供应链演进与升级提供了不竭动力，协同化创新更是数字化供应链切实可行的发展策略。通过智能技术的应用，将存储于行业联盟数据库的信息进行筛选、加工、分析、重构，分析出指导实际运营管理的结构性知识模型及行业规律，为供应链企业间协同提供创新性行动方案。[14]

2. 数字化供应链管理的架构

1）数字化供应链管理的前台

前台用于实现企业与终端用户的直接交互。举例来说，我们日常使用的 APP、H5 端、PC 端及小程序都属于前台系统。数字化供应链管理的前台是一套企业级整体解决方案，能够实现各种不同中台的前端操作，流程和界面的组合、联通和融合。前台往往由多个中台支持，为终端用户提供不同的功能。中台各个服务中心提供的服务能力，支撑着前台不同业务系统在线交易。业务中台与前台应用间的关系如图 6-6 所示。[15]

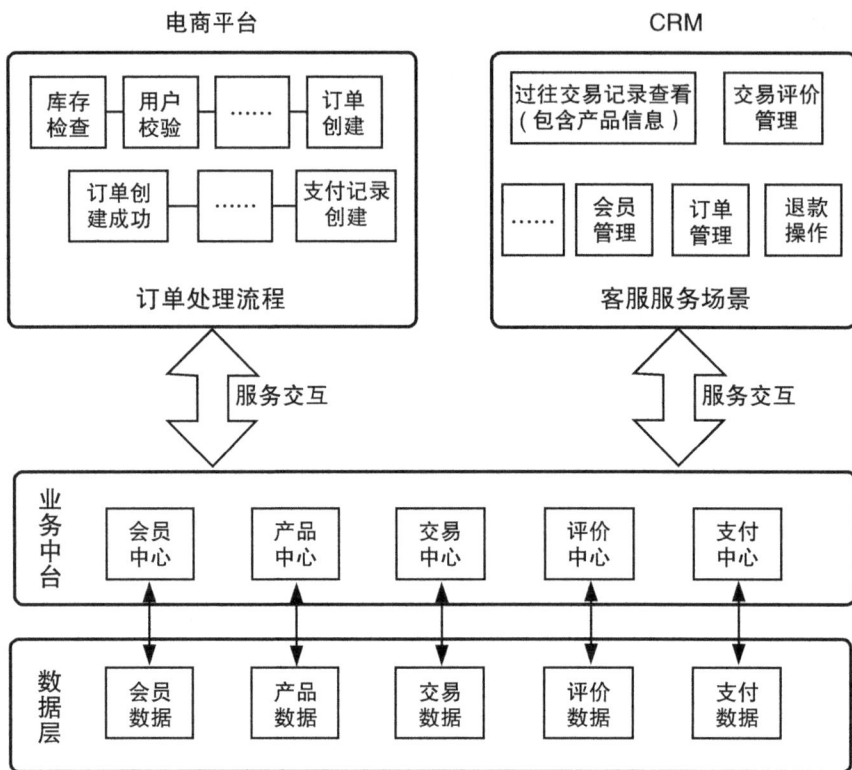

图 6-6 业务中台与前台应用间的关系

2）数字化供应链管理的中台

数字化供应链管理的中台是一种企业级能力复用平台，它具有一种共性能力，将企业的核心能力以服务化形式沉淀到平台，包括业务中台和数据中台，如图 6-7 所示。业务中台的建设目标是实现企业业务数据的实时、统一、在线，核心是"功能复用"。数据中台的建设目标是沉淀大量的用户（包含内外部用户）行为数据，为通过大数据智能算法得出新的商业模式奠定基础。因此，数据中台支撑着业务中台。在实际的中台建设过程中，业务中台与数据中台是相辅相成的，它们共同构建起企业数据的运营闭环（见图 6-8）。

市场	数据市场	应用市场	算法市场	
SaaS	数据应用	可视化应用	领导决策	用户画像	数据门户
		AI 应用	智能投保	新零售应用	产品指南针
		数据安全应用	智慧门店	教学诊改	金融课程
		图书推荐应用	精准资助	校园 APP	招生就业

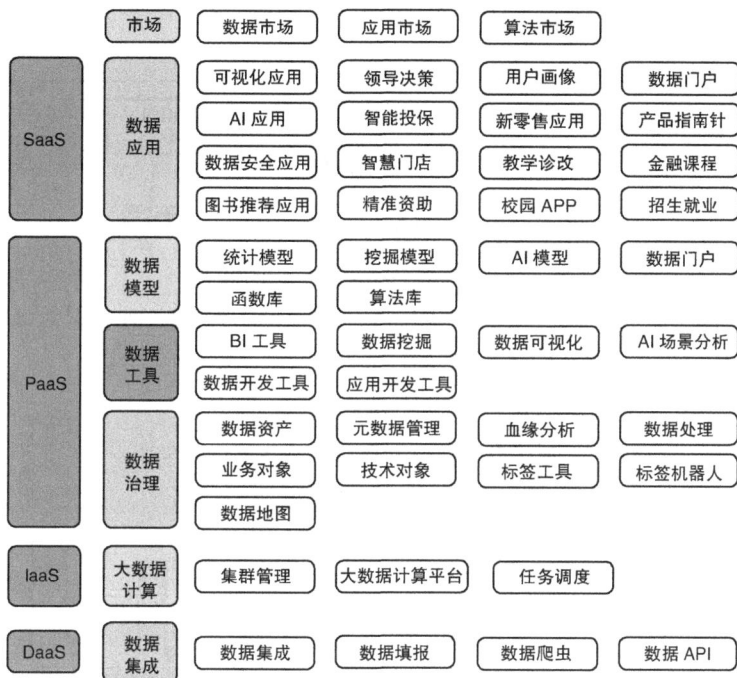

图 6-7 数据中台的架构

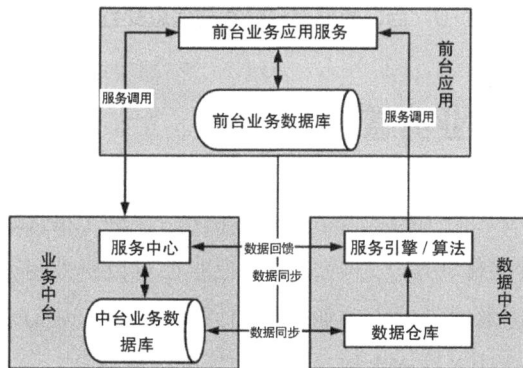

图 6-8 业务中台与数据中台数据交互示意图

3）数字化供应链管理的后台

数字化供应链管理的后台是由后台系统组成的后端平台，主要为智能管理平台，终端用户无法感知其存在。后台程序也叫任务级程序，通过调度算法来检查每个任务是否满足运行的条件。通常大部分企业最常使用的就是后台数据维护功能，包括数据建立功能和数据维护功能。该功能可以实现库房信息的管理、明确用户常用事项、构建产品基本框架、设置企业业务属性等，用户可以通过此功能任意删除、修改、填写相关信息数据。后台数据信息分布与信息交互示意图如图 6-9 所示。

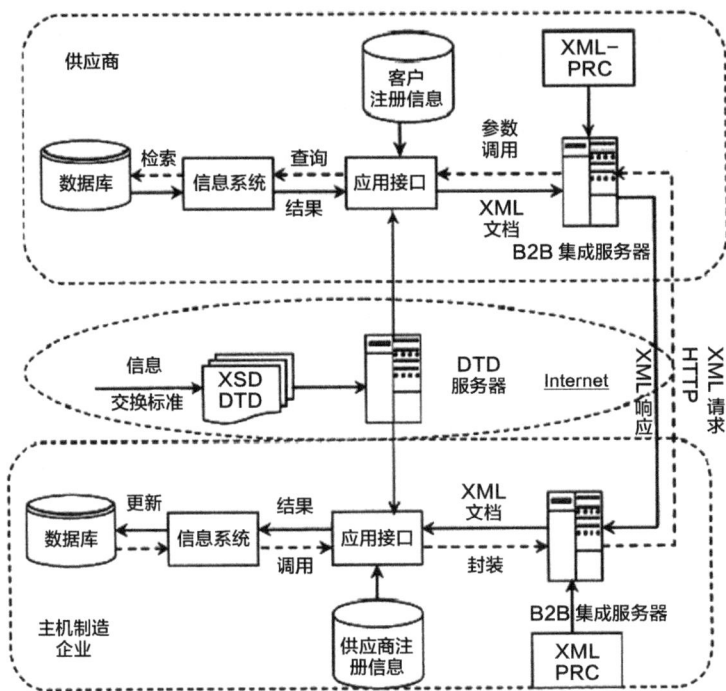

图 6-9　后台数据信息分布与信息交互示意图

3. 数字化供应链业务管理

数字化供应链业务管理是指将现代数字技术应用于供应链的业务管理，基于业务流程的数据实现业务管理数字化转型。目前，很多企业都对自身业务进行了数字化改造，例如，上汽集团通过 AI 技术进行供应链业务管理，自然堂在 2020 年宣布实施"一盘货"管理等。[16] 数字化供应链业务管理主要覆盖计划、供应商寻源、订单、采购、物流、销售等，且它们彼此连接形成闭环，如图 6-10 所示。

图 6-10　数字化供应链业务管理的主要内容

1）数字化供应链计划

数字化供应链计划是采用现代数字技术，如人工智能、高级分析、大数据等进行分析，处理来自整个供应网络的恒定数据流，使企业能够准确地计划生产以匹配实际需求。表 6-3 给出了数字化供应链计划与传统供应链计划的差异。

表 6-3 数字化供应链计划与传统供应链计划的差异

特征	传统供应链计划	数字化供应链计划
供应链状况	分离、阻隔、滞后	协同、畅通、即时
计划	不完全集成的非自动供应链计划	完全集成的非自动供应链计划
预测	不连续非实时的数据驱动 非智能认知的分析与预测	人工智能认知的分析与预测
需求识别	缺乏清晰的需求能见度和可视化	同步上下游流程、需求及可视化程度高

数字化供应链计划的主要业务如图 6-11 所示。

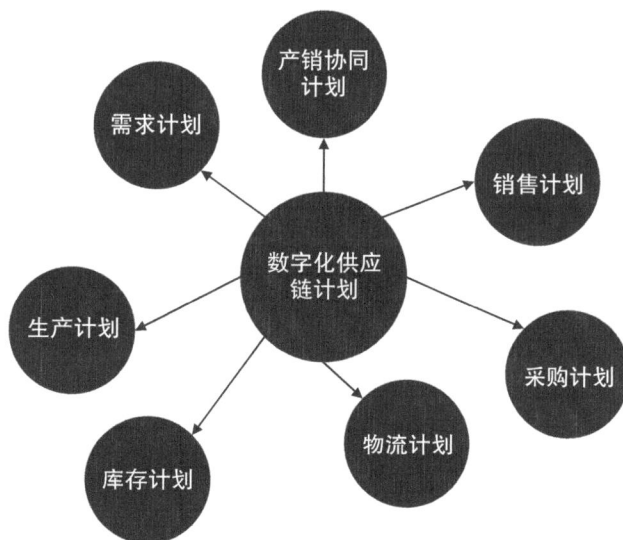

图 6-11 数字化供应链计划的主要业务

●需求计划：基于人工智能、大数据等技术对产品和服务需求信息进行收集获取、监测分析和动态预测，制订科学合理的需求计划，为企业提供决策支持。

●生产计划：搭建多层级、全方位的生产计划框架，充分考虑生产、销售和采购等各个环节中的影响因素，在资源限制条件下编制科学合理的生产计划。

●库存计划：以多层级、多维度的库存模型为核心，通过产前库存合理规划、产中库存快速补料、产后库存及时调整，实现供应链的敏捷响应和订单快速交付。

●物流计划：科学合理地设计物流网络并不断优化，实现对供应链物流的高效运营与可视化管理，提高物流效率与可靠性。

●采购计划：基于企业需求预测、物料消耗规律、市场供给情况等数据信息，联合生产、财务等相关部门共同编制科学合理的采购计划。

●销售计划：基于企业战略、经营目标或市场竞争要求编制多层次销售计划，实现采购需求、采购合同、采购验收等计划全流程溯源，以及供应链上下游销售计划的集成和同步。

●产销协同计划：整合研发、生产、物流、销售数据体系，并与供应链合作伙伴共享生产计划、供应需求和关键节点状态，快速响应生产计划调整。

2）数字化供应链寻源与布局

数字化供应链寻源与布局是指企业基于数据模型建立与企业需求相匹配的供应链体系，通过应用认知计算、智能分析等技术，为寻源提供可视化预测及业务洞察，完善历史知识库，智能预测供应商谈判的场景及对应结果，构建供应商资源池。数字化供应链寻源与布局的主要业务如图6-12所示。

图6-12 数字化供应链寻源与布局的主要业务

●供应寻源：结合市场供应数据分析确定可选供应商范围，进一步开展资质评审、样品测试、服务考核等，完成供应商的认证引入，并持续优化供应商的名单。

●供应布局：综合考虑供应资源健康度、重要性、供应关系、运输距离等因素，建立科学合理的供应网络布局，基于数据模型合理安排运输工具和优化运输路线，进而科学制定计划、仓储和配送方案。

●供应能力监测：从质量、货期、价格、技术、服务等多个维度对供应商的能力进行实时监测和评估，从而实现动态分级分类管理。

●供应商资源池建设：建立战略品类、瓶颈品类的供应商资源池，持续挖掘发展优质供应资源，持续辅导改善已有供应资源，提高供应资源与需求的匹配度。

●供应关键节点备份：及时识别和备份供应链关键节点，并基于实时数据的监测分析动态调整供应商和货源分布，确保供应链高效稳健运行。

3）数字化供应链执行

数字化供应链执行涵盖数字化订单管理、数字化采购管理、数字化物流仓储管理和数字化销售管理 4 个方面。

（1）数字化订单管理

数字化订单管理是数字化供应链执行中的核心业务。数字化订单管理是指利用数字化手段开展订单磋商、订单信息管理、订单执行跟踪与订单交付等活动。

●订单磋商：根据市场预测、生产计划、销售计划等进行订单前期沟通，对订单成本、产品质量、交期、售后服务等方面进行全面评估，并且及时调整相应计划，确保订单按期完成。

●订单信息管理：采用数字化手段全面收集订单型号、数量、金额、交期、物流地址等基本信息，对订单状态、订单执行、订单变更等环节进行数字化管理。

●订单执行跟踪：跟踪订单信息汇总、存储、执行、取消、交付等业务过程，全面提高订单下达、传递、处理、反馈等流程的执行效率，确保订单高效执行和全流程追踪。

●订单交付：开展订单生成到产品交付的全过程管理，必要时对延期订单采取加急处理。

（2）数字化采购管理

企业的采购数字化转型主要通过引入数字技术升级采购管理系统，从而赋予其全流程可控、可视、可感等特性。数字化采购管理包括采购预算编制、供应商选择、采购合同管理、采购执行、采购监督等业务。

●采购预算编制：全面分析价格、质量、交货及时性、交货提前期等因素，结合企业需求采用数字化手段编制科学合理的采购预算。

●供应商选择：建立评估、激励与淘汰的标准机制，从产能、质量、交期、技术、服务等方面评价供应商，在风险可控的条件下选择最符合目标的供应商。

●采购合同管理：采用数字化手段对采购合同进行结构化与标准化管理，有序进行洽谈、起草、审批、签署、核对与归档等工作，确保合同签署过程与归档存证安全有效。

●采购执行：将采购合同作为双方交货、验货、付款等的依据，采用数字化手段进行全流程跟踪，自动化、有序执行采购申请、订货、进货检验、收货入库、退货等活动。

●采购监督：采用信息系统监督采购全过程，对物流和资金流进行有效监督与跟踪。

（3）数字化物流仓储管理

数字化物流仓储管理是连接生产与交易的重要环节。数字化物流仓储管理包括仓储管理、库存监控、物流管理与第三方服务管控等业务，如图6-13所示。

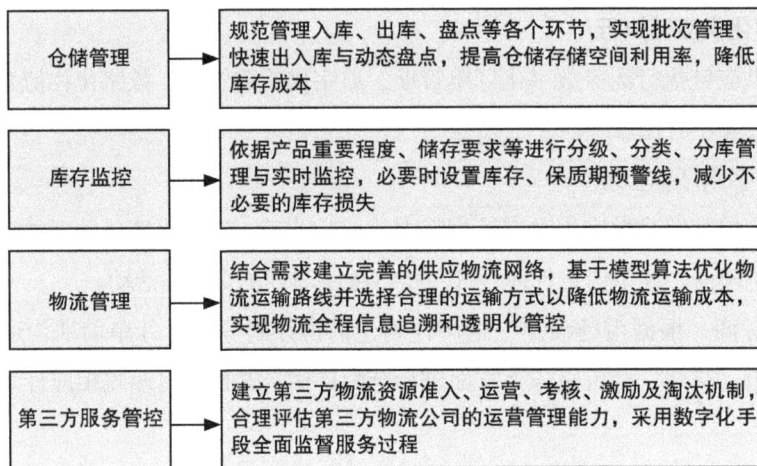

仓储管理	→	规范管理入库、出库、盘点等各个环节，实现批次管理、快速出入库与动态盘点，提高仓储存储空间利用率，降低库存成本
库存监控	→	依据产品重要程度、储存要求等进行分级、分类、分库管理与实时监控，必要时设置库存、保质期预警线，减少不必要的库存损失
物流管理	→	结合需求建立完善的供应物流网络，基于模型算法优化物流运输路线并选择合理的运输方式以降低物流运输成本，实现物流全程信息追溯和透明化管控
第三方服务管控	→	建立第三方物流资源准入、运营、考核、激励及淘汰机制，合理评估第三方物流公司的运营管理能力，采用数字化手段全面监督服务过程

图6-13　数字化物流仓储管理的主要业务

（4）数字化销售管理

数字化销售管理包括分销管理、客户资源管理、数字化营销、售后服务等业务。

●分销管理：整合线上线下渠道资源，建立全链路的数字化分销体系，以数字化管理工具为核心，有效支撑品牌商、经销商至最终零售商的线上运营管理，加大品牌市场覆盖密度，提升业务效率和服务能力。

●客户资源管理：利用数字化手段绘制消费者画像并进行潜在销售机会预测，协调企业与客户之间在销售、营销与服务上的交互，提高客户价值、满意度和忠诚度。

●数字化营销：构建线上线下全场景的移动化、在线化营销平台，全渠道精准触达客户，实现销售精细化、数字化运营。

●售后服务：基于订单进行在线退换货管理，实现退货订单下达、发货、接收、退款等全部流程节点信息可视化，实现服务过程标准化和透明化。

4）数字化供应链协同

数字化供应链基于数字技术实现供应链成员互联，使得传统的线性供应链变革为动态连接的供应网络，极大地增强了协同能力。数字化供应链与传统供应链网络的比较如图6-14所示。

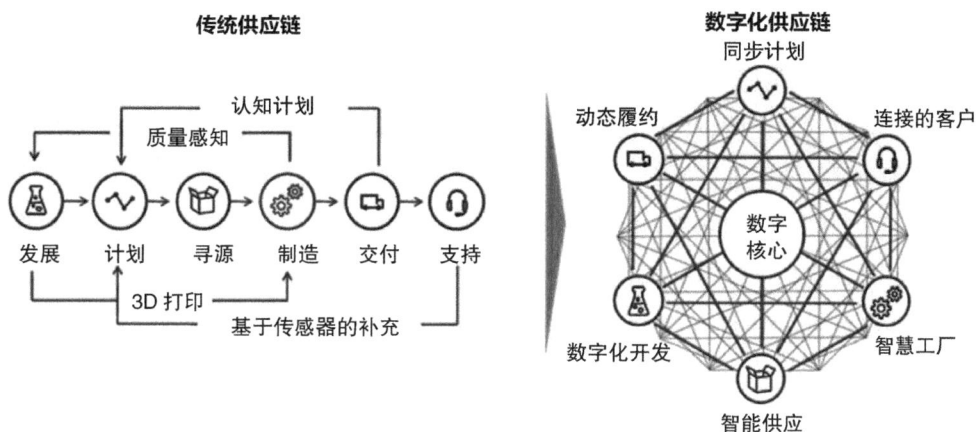

图6-14　数字化供应链与传统供应链网络的比较

（1）与供应商协同

●供应商分级分类管理：建立供应商资格的引进、取消的相关标准，定期对供应商进行评估遴选、等级认定、激励淘汰等，实现供应商动态分级分类管理。

●供应商绩效评价：基于质量、成本、服务、交付、技术等数据构建供应商评价模型，针对不同品类制定差异化的绩效指标体系，并基于数字化技术实现动态评价供应商。

●业务协同：充分整合供应商资源，基于平台实现企业和供应商之间的订单、库存、生产、财务、物流、销售及售后等信息共享。

●产能资源共享：对供应链上各企业的产能资源分类梳理，计算出可用产能、实际产能、负荷等，及时在线共享产能资源信息，实现企业产能资源的合理分配。

●应急预案管理：建立如火灾、地震等重大事件的快速反应与应急协同模式，针对意外事件快速调整供应方案，增强供应链的稳健性。

（2）与客户协同

●利用数字化手段自动生成客户档案，确定与客户信息平台的对接模式及授权范围，在保护客户隐私的基础上实现客户个性化服务。

●根据客户需求调整供货，实现销售透明化管理，使客户按需求查询业务状态、跟踪订单执行与到货情况等信息，实现企业与客户的实时交互。

●与渠道伙伴及客户一同清除不良产品，建立客户需求管理流程，进行市场预测与客户级预测，确保满足客户需求并增强企业市场竞争力。

●建立紧急订单、重大事件的快速反应与应急协同模式，针对意外事件快速调整订单并及时和客户沟通，减少客户不满和订单损失，增强企业自身业务发展的容错性。

5）数字化供应链风险管控

数字化供应链风险管控一般包括供应链风险感知预警、评估诊断、防控处置、信用体系建设、信息安全管控等业务。

●供应链风险感知预警：通过数字化手段动态收集、实时感知供应链业务数据，监测并及时发布供应链运营过程的潜在风险，适宜时可基于大数据技术和人工智能算法对供应链风险种类及其原因进行预判。

●评估诊断：构建数字化的供应链风险评估诊断体系，采用人工智能算法建立风险评估模型，精准评估供应链风险的发生时间、严重程度、影响因素等。

●防控处置：构建智能化的供应链风险防控应对体系，依据评估结果分级分类制定处置预案，引导供应链上下游合作伙伴能够根据突发风险处理建议执行必要的风险应对措施。

●信用体系建设：基于数字化手段构建涵盖企业资信，以及产品、品牌、系统信用的信用体系，完善企业数字信用库和惩罚机制，并对供应链重要节点企业的基础信用进行评价。

●信息安全管控：建立供应链信息安全标准和监管机制，确保供应链系统、网络和数据安全。

| 第4节 | 数字化供应链转型

1. 数字化供应链战略

1）数字化供应链战略的定义与内涵

数字化供应链战略是供应链企业数字化转型的核心前提和所有转型活动的顶层设计，它为企业抢抓数字化发展先机、加速转型变革提供了方向性和全局性的方略。[17] 数字化供应链战略强调以信息技术为依托，以实现供应链的价值创造能力为目标，在满足现有需求存量的前提下，对供给存量和供给侧结构进行调整优化，实现产品数字化、智能化、敏捷化、生态化、可视化及可控化，最终实现我国供应链产业链自主可控。制定数字化供应链战略，就是在数字化的大背景下，让传统企业向数字化转型，找到独特的战略定位，提高运营效率和获得竞争优势。

2）数字化自制与外包问题

数字化转型不仅对技术层面要求较高，还要求与企业自身特点深度融合，因此，企业通常选择自制或外包两种方式进行数字化转型，以保证满足企业和市场发展所需的技术支持。

数字化自制要求企业具备数字化转型技术条件，同时对企业自身业务特征有准确理解，根据企业情况自行设计开发技术和信息系统解决方案。这种战略通常要求企业能够将数字化技术在各项业务场景上广泛融合并深度应用，同时有能力选择性价比最优、可演进、安全可控的数字化系统与方案。

数字化外包是指企业在进行数字化转型时，将数字化转型的部分任务内容交由外部专业团队负责，但是数字化转型的目的设计、路径制定和统筹推进仍由企业自身负责。相比于数字化自制，数字化外包具有明显的降低运营成本、优化资源配置、提高效率、增强竞争力等优势，但同时也存在一定的风险，例如企业与外包公司职责划分不清、数据监管不严格、市场法律监管不完善等问题。因此选择数字化外包需要强化企业与外包公司的监管职责和安全责任，加强数据安全管理。

3）数字化供应链战略的支撑条件

企业实施数字化供应链战略需要树立以客户为中心的理念、实行领导力转型、培养数字化人才这 3 个支撑条件。

第一，企业要培养以客户为中心的思维是数字化转型的精髓。数字化思维是一种在科学技术快速发展的背景下产生的新的思考方式，要求企业结合互联网、大数据、区块链等新兴技术，重构或影响市场、用户、产品、企业价值链乃至生态圈。

第二，企业要培养能够布局数字化转型战略的领导者。企业的决策者要顺应时代和市场需求变化，一方面要作为"引领者"推动企业数字化转型，另一方面要避免依据单纯的经验判断做出决策，应积极培养"依据数据""智慧决策"的新决策观念。

第三，企业要具备技术设备基础，培养高素质数字化人才。为了给数字化供应链战略提供基础，企业需积极设计开发信息系统解决方案及配备软硬件设施，构建数字化工作环境，积极培养数字化技术人才和运营人才，提高企业团队的协同合作效率，制定人才分析的数字化方案。

4）数字化供应链的战略设计

数字化供应链的战略设计可以划分为如下 4 个部分。

第一，战略意图。进行数字化供应链转型，核心目标是对内提高效益和效率，对外提高客户满意度，以降低供应链的总成本。企业需要明确战略设计要在哪些领域实现数字化供应链转型，数字化可以带来哪些价值，以及数字化转型的愿景和短期目标。在实操中，企业可以按照业界广泛采用的 SMART（明确、可衡量、可实现、相关和有时间限制）原则设立一组具体的战略目标。

第二，市场洞察。市场洞察范围十分广泛，包括总体市场环境与趋势、细分市场与客户需求、竞争对手策略分析及自身核心竞争力分析等，最后综合上述分析结果总结企业的外部机会和威胁，以及内部优势和劣势，对数字化供应链的战略设计做出系统性判断。

第三，注重创新。注重创新可以为企业数字化转型提供更多的思路和经验。传统企业进行数字化转型更需要借助创新来获取市场竞争力，树立鼓励创新的新型管理理念，不盲目进行创新。企业要明确数字化对企业创新的积极影响，创新能带来的业务增长点，以及如何借助数字化实现供应链创新。

第四，业务设计。数字化供应链的战略设计最终要具体到业务设计。企业应基于供应链战略，精准分解并规范执行企业供应链计划、寻源、订单、采购、物流、销售等业务活动；完善技术设计，包括网络架构、数据中心基础架构、云架构、大数据、安全体系及运营维护。

此外，数字化供应链的战略设计还需要基于供应链战略，设计、监测并考核供应链相关关键绩效指标，并根据供应链绩效考核结果，持续优化数字化供应链的战略设计。

2. 数字化供应链转型路径

数字化供应链转型的路径是从技术转型到业务运营转型。其中，技术转型是数字化供应链转型的基础，包括数字化基础、平台赋能，以及平台上云和植入 AI 这 3 个步骤。在技术转型的基础上，业务运营转型可以重构供应链逻辑，包括业务模式变革和全流程连接。[18] 数字化供应链转型路径示意图如图 6-15 所示。

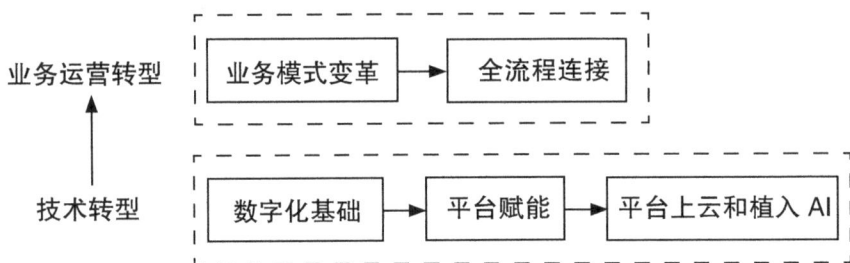

图 6-15　数字化供应链转型路径示意图

1）技术转型的实现路径

数字化转型是一个系统工程，从技术转型的视角来看，通常需要经过数字化基础、平台赋能、平台上云和植入 AI 这 3 个发展阶段。

（1）数字化基础

数字化基础指将供应链中的信息进行识别、采集，并以数据形式传输，这是数字化供应链转型的基础。软硬一体化的物联网解决方案可以实现这一过程，包括"硬"方面的物联网、终端设备和"软"方面的软件系统或程序。[19]此外，数字化供应链不是局部的数字化，而是全链条的数字化，供应链中的每个企业都要建立自己的数字化基础，强化自身的业务数字化能力，才能使全链条的物理与数字系统实现连接。

（2）平台赋能

平台赋能的含义是，基于枢纽地位、数字技术优势、资源整合能力，平台促使交易匹配及提供一系列价值链上的增值服务，优化供应链特定环节及整个环节的运营模式，实现供应链流程数字化管控与结构的重构，增强其适应环境和应对客户需求迅速变化的能力。

供应链中小企业在接受平台赋能时，实际上是对传统信息系统的升级，进行数据流的集成，以实现企业主营业务的数据化及企业数据的业务化，从而实现供应链特定环节的数字化。

（3）平台上云和植入 AI

无论是企业的数字化平台前端还是数据中台，在云服务器上部署平台，实现云计算都是数字化供应链转型的必要技术路径。云计算部署有 3 种方式：公有云，按需付费；私有云，部署灵活、拓展性强，但服务器集群运维成本高；混合云，结合了前两种方式的优势。平台云部署时，要考虑平台对数据的荷载能力、计算能力等技术指标，从而评估平台对存储资源及计算资源的要求。

供应链企业在通过平台实现数据智能分析和处理时，还需要植入 AI。AI 可以充分挖掘供应链中的数据价值，如聚类、关联等基础分析，以及识别和预测等高级分析。随着知识图谱关联密度的丰富、自主学习和语义理解等能力的不断提升，AI 在云计算、5G 和大数据的赋能下，会在更多领域实现认知智能，提供更多的供应链服务。

2）业务运营转型的实现路径

（1）业务模式变革

供应链业务模式变革是供需逻辑、业务逻辑、数据流逻辑及角色关系逻辑的重构引起的。在供需逻辑上，在数字化背景下，以快速响应终端客户的定制化需求为目标，供应链需要重构客户创新机制，实现快速响应、迭代，以及良性互动、透明、连接。在业务逻辑上，消费环节转变为客户的需求表达，需求传递到生产环节，从而驱动供应链设计与生产的定制化响应。在数据流逻辑上，信息通信、物联网等数字化技术基础让供应链各个环节的信息流实时变成数据流，实现透明化管理供应链全流程。在角色关系逻辑上，原有供应链的单向串联式合作将演变为双向并联式合作，角色关系发生重要变化。

在供需、业务、数据流及角色关系逻辑重构基础上，数字化供应链的业务模式要进行变革。以 C2M 业务模式为例，这种变革的核心结构是 C2D&L&S2M，如图 6-16 所示。其中，C2D 指定制化设计；C2L 指生产是通过物流服务网络中前置仓的库存补货需求来拉动的；C2S 指客户对售后服务产生需求，生产是为售后服务环节提供相关零部件、材料、物料等产品的供给。这 3 种业务模式共同组合，形成了数字化供应链的业务运营，即由终端客户需求来触发和拉动供应链的制造相关活动。

C（Customer，客户）➡️ D（Design，设计）L（Logistics Delivery，物流交付）➡️ M（Manufactory，制造工厂）S（After-sale Service，售后服务）

图 6-16 数字化供应链业务模式（以 C2M 业务模式为例）

（2）全流程连接

数字化供应链的业务模式变革需要上下游企业的协作，这需要全链条的业务流程连接。全流程连接有两种方式：一种方式是企业加入行业平台，在行业平台的框架下实现业务融合；另一种方式是基于业务协同与数据协同的需要，让企业平台与行业平台进行数据对接。在第二种方式中，一般由供应链核心企业围绕供应链全链条的业务数据化构建一个基础平台，然后基于该基础平台与上下游企业的平台进行数据对接。

3. 数字化供应链运营管理的价值创新

随着信息技术等的发展和普及，数字化"赋能"企业不断提高效率，此时环境的变化以及企业的创新呈现"线性"的特点。然而各种新技术共同推动了数据、连接和智能等要素的汇聚，正在重构整个商务系统的环境和结构，带来环境变化和企业创新的"非线性"发展。企业不仅要像过去一样继续利用技术赋能提高效率，更需要借助新技术创新商务模式，为企业和消费者创造新价值，即所谓的"使能"创新。一方面，从单纯的产品设计转型为围绕"数据—产品—服务包"进行业务设计；另一方面，运营管理决策突破了供应链的视角，需要从供应链重构和生态圈视角做出更为全面的考虑，如图 6-17 所示。[20]

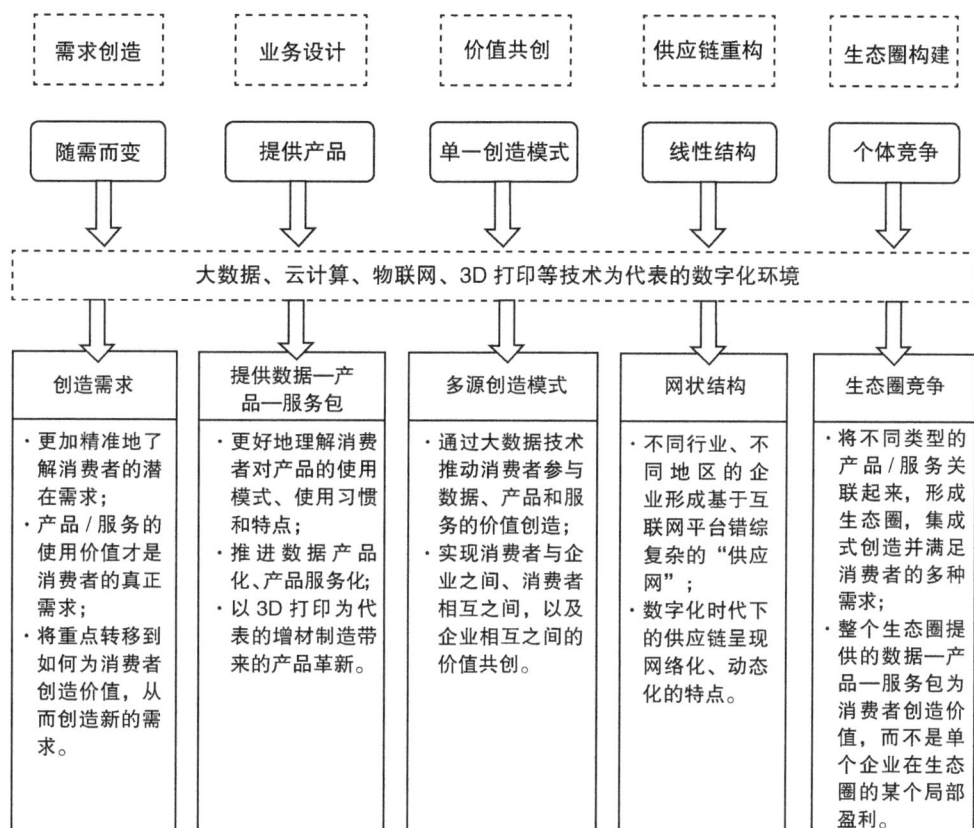

图 6-17 供应链价值创新：数字化"使能"

1）数字化"使能"创造需求

借助数字化工具，企业对客户的历史数据进行规律挖掘，提取有价值的信息，根据既有客户过去的消费喜好，探寻当前并没有挖掘、实现的客户需求，增加产品和服务的附加价值，促进客户消费。例如，淘宝对用户的历史数据进行规律挖掘，发现用户的登录和购买时间主要分布在中午 12 点之后和晚上 12 点之前。究其原因，随着信息化的发展和移动终端设备的普及，越来越多的人习惯在中午休息或者晚上睡觉之前进行信息浏览和上网购物。因此，淘宝依据用户的上网习惯和购物习惯，常常在晚上 12 点之前开展促销等活动来刺激用户的购买行为，带来更多的销量。又如，亚马逊的购买页面使用"买过 X 产品的人，也同时买过 Y 产品"的推荐功能，通过数据驱动来刺激消费者进行同类型购物。

2）数字化"使能"重新设计业务

当前，制造企业不仅为客户提供产品，而且基于数字化技术提供以数据为基础的服务，产品成为实现服务的载体，企业转向提供"数据—产品—服务包"，这种新型模式促使企业进行全新的业务设计。

对于产品生产形式而言，制造企业由大规模制造转向小批量、高度定制化制造。例如，海尔工业物联网平台 COSMO Plat 的出现，颠覆了传统制造业中由企业主导的产品生产，形成了以用户需求为主导的全新生产模式，用户只需一部智能手机或一个平板电脑就可以轻松定义自己所需要的产品。当需求的规模不断扩大并达到一定程度，产品研发组织就可以借助 COSMO Plat 平台整合八大互联工厂的资源，实现定制化产品的快速响应和协同研发。

对于生产组织方式而言，制造企业从集中式制造向分布式制造转型过渡。例如，西门子公司投资新技术 Mind Sphere 工业云平台，原始设备制造商和应用程序开发人员可以通过开放接口访问这个平台，并将其用于自己的分析，如对全球分布式机床、工业机器人或工业设备的在线监控。Mind Sphere 工业云还允许客户使用真实数据创建他们工厂的数字模型。在此背景下，西门子公司的生产效率实现了大幅提高并带来接近 100% 的生产质量水平。

3）数字化"使能"共创价值

数字化技术的发展和应用大幅提高了平台的信息交流效率，通过供应商、客户和利益相关者在平台上的需求互动和信息互换，整个供应链生态系统中的各个主体不再是孤立的个体，而是通过相互间的联系成了一个有机整体，促使供应链服务的价值创新。例如，仁和医药将"云端、物端、人端"进行整合，基于整合的一体"云商生态"策略，通过生态平台，实现供应链流程的资源共享，同时进行线下销售和完成物流过程，以及进行基于社会化媒体的个人体验、社交分享与推荐。"云端、物端、人端"的互动互补，最终助力"赢在云端"的战略追求 。[21]

4）数字化"使能"重构供应链

随着数字化技术的发展和应用，产品或服务的生产供应全流程在面向全球的虚拟供应链中得以实现，供应链上的多个企业都可以参与到不同的供应链情景实现价值创造。在这样的背景下，传统的"供应商—生产商—批发商—零售商"垂直供应链的线性结构被颠覆，来自不同行业、不同职能、不同地区的企业和个体形成基于互联网平台错综复杂的供应链网络。由此，数字化"使能"重构了供应链。

5）数字化"使能"构建生态圈

面对客户多类型、多功能、集成式的需求，单个企业往往难以完全满足。企业基于互联网、云计算等技术实现生态圈成员的互联，实现全流程透明连接，实现客户的集成式需求。数字化催生出不同业务逻辑下的共通技术场景和价值，提高了跨产业生态体系构建的可能性。国内的小米生态圈就是典型案例。

来看一则案例。E 公司的生态圈价值模式为通过向合作企业提供资源支持和资源共享来辅助其成长，待合作企业成熟后可对 E 公司进行资源反哺。[22] 在资源支持方面，E 公司成立"顺为资本"，专门为中小企业提供资金支持，有助于创业企业缓解自身融资约束。除了资金之外，E 公司还会向符合条件的合作企业提供技术和管理方面的人才以促进其成长。在资源共享方面，E 公司对于符合条件的企业开放自家品牌，借助 E 公司的品牌优势，产品能够更快铺开市场。借助 E 公司在线上线下平台的基础，合作企业的产品既可以在线下销售，又可以上线商城，降低了合作企业开辟渠道的成本。借助 E 公司品牌的高关注度和长期积累的用户群体，合作企业可节省营销费用及渠道成本。

4. 成功案例和经验：以 M 公司制造供应链数字化转型为例

M 公司是实现智能家居、智能办公的全球领先科技集团，其主营业务为电器，产品覆盖范围广、品类众多，给供应链管理带来了巨大挑战。2013 年，M 公司启动了信息系统全面重构的转型计划；2016 年，M 公司提出 "双智" 战略，要做"智能产品"＋"智能制造"，并强调要做全价值链的数字化经营，促进供应链数据与信息互联，实现寻源及核价业务的透明化，核价模型设置的自动化，采购到生产的端到端的数字化和智能化，协同创造价值。该项目已在效率、核价与物流准确率方面取得了良好的实施效果。M 公司智能制造整体解决方案如图 6-18 所示。

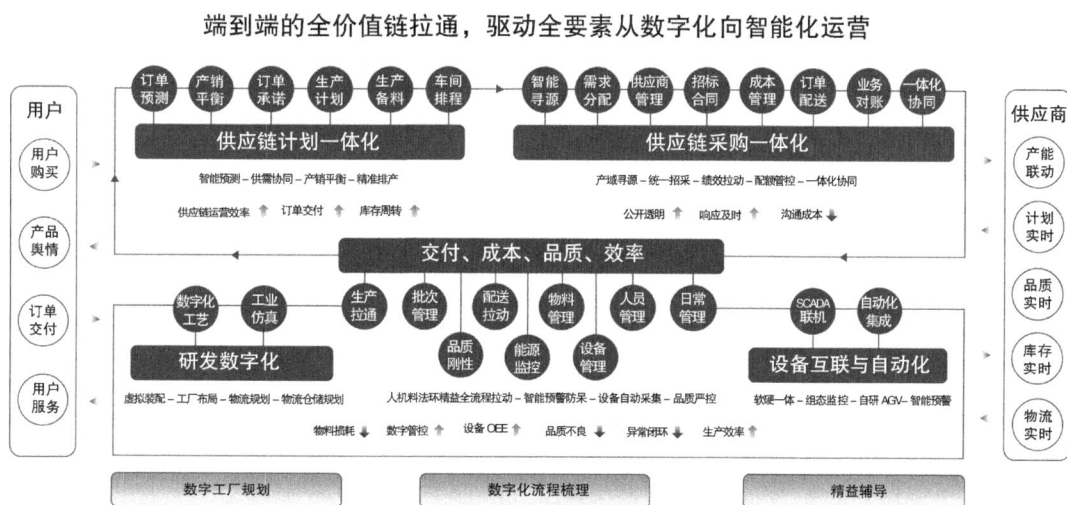

图 6-18　M 公司智能制造整体解决方案

在 M 公司的全面数字化、全面智能化战略中，供应链计划依靠数据驱动，构建智能决策系统，赋能关键业务场景，最终实现以数据为支撑高效组织企业优质资源，在适当的时间和地点，以适当的成本向客户交付产品和服务。M 公司可以通过数字化运营平台实现对业务的实时监控，对过程异常的预警和对重要进程的实时追踪，提高供应链的响应性，增强供应链的动态调节能力，基于资源优化配置降低供应链成本，并提升供应链效率和运营能力。M 公司的供应链数字化运营平台建立在数据驱动的基础上，是集计划、需求预测、S&OP、库存优化、订单承诺、运营等多种功能于一体的综合性平台系统，其架构如图 6-19 所示 。

内部：需求订单与员工、产品、设备、物料各环节集成，实现资源、效率、成本的优化分配，预警与动态调整
外部：构建供应链整体解决方案，拉通供应商、客户和合作伙伴，形成计划一体化拉通的产业链高效协同竞争力体系

图 6-19　M 公司数据驱动的供应链智慧运营平台

通过推进全业务流程信息化、数字化建设，M 公司实现了渠道优化，强化了供应链跨职能协作能力，缩短了订单交付周期，并实现了以需求驱动设计和生产，从而实现外部需求链的动态汇集和敏捷执行。此外，M 公司推动其供应商上云，从而实现整个供应链的数字化转型升级、提升供应链竞争优势、共建互利共赢的生态关系。具体来说，M 公司数字化供应链建设已在以下方面取得了显著成效：在计划领域，M 公司借助 AI 自学习和遗传算法显著提高了排产效率；在供方协同领域，M 公司通过 IT 产品云化并结合 UED（用户体验设计）中的用户画像，提升了用户体验，不仅实现了向供应商赋能，还提升了供应链生态内的中小企业的数字化能力，实现多方协作共赢；在财务领域，M 公司通过将区块链嵌入对账、开票、合同等业务当中，实现了业务信息的安全、唯一、防篡改；在物流领域，M 公司通过场内无纸化作业和物流数字化软硬件的全覆盖，极大地降低了物流成本；在大数据领域，M 公司借助中控平台对供应链价值链进行实时监控

和预警，实现了供应链全流程的透明化。

参考文献

1. 王若慧，李吉梅."复杂信息系统技能智能评估体系结构"，2019 年第 14 届国际计算机科学与教育会议（ICCSE），2019, pp. 579-584.

2. 李玉民，严广全.基于 MRPII 和 JIT 集成的生产物流管理模式研究 [J].物流技术,2006（7）:199-201.

3. 高毅.MRP Ⅱ /ERP 系统在青岛四方庞巴迪公司的应用研究 [D].大连海事大学,2014.

4. 李松青.ERP 与 ERPII、URP、RTE 的关系刍议 [J].湖北财经高等专科学校学报,2005（1）:28-30.

5. Solish F，Semanik J. Strategic Global Sourcing Best practices（Sollish/Strategic）Ⅱ Source to Settle（S2S）[J].2012.10.1002/9781119198598:39-55.

6. 傅一平.数据化、信息化、数字化和智能化之间联系和区别解析 [EB/OL].（2019-12-23）.

7. 中国国家标准化管理委员会.信息安全技术　射频识别（RFID）系统通用安全技术要求：GB/T 35290-2017[S]. 北京：中国标准出版社，2017-12-29.

8. 中国国家标准化管理委员会.传感器分类与代码：第 1 部分：物理量传感器：GB/T 36378.1-2018[S]. 北京：中国标准出版社，2018-06-07.

9. 中国国家标准化管理委员会.仓储物流自动化系统功能安全规范：GB/T 32828-2016[S]. 北京：中国标准出版社，2016-08-29.

10. 中国国家标准化管理委员会.信息技术 大数据 术语：GB/T 35295-2017[S]. 北京：中国标准出版社，2017-12-29.

11. 喻梅，于健.数据分析与数据挖掘 [M].北京：清华大学出版社,2018:2-19.

12. 雷万云.云计算：技术、平台及应用案例 [M].北京：清华大学出版社,2011.5: 207-516.

13. 古川，张红霞，安玉发.云制造环境下的供应链管理系统研究 [J].中国科技论坛,2013（2）:122-127.

14. 常洁，金波.协同创新思维下数字化供应链运营体系构建及实现路径 [J].商业经济研究,2021（17）:121-123.

15. 陈志刚.企业数字化管理系统框架构建及其实证研究 [D].武汉：武汉理工大学,2008.

16. 李嵩.加快数字化转型步伐，促进企业管理提升 [J].国际工程与劳务,2020（7）:36-40.

17. 陈雪频.一本书读懂数字化转型 [M].北京：机械工业出版社,2020.

18. 钟华. 数字化转型的道与术：以平台思维为核心支撑企业战略可持续发展 [M]. 北京：机械工业出版社, 2017 :90-109.

19. 黄滨. 物流供应链企业数字化路径指南 [J]. 物流技术与应用, 2020,25（2）:97-99.

20. 陈剑, 黄朔, 刘运辉. 从赋能到使能——数字化环境下的企业运营管理 [J]. 管理世界, 2020,36（2）:117-128,222.

21. 胡海波, 卢海涛. 企业商业生态系统演化中价值共创研究——数字化赋能视角 [J]. 经济管理, 2018,40（8）:55-71.

22. 王玉硕, 吴慧香. 企业生态圈构建与价值效应——以小米集团为例 [J]. 商业经济, 2022（1）:129-130,183.

第 7 章

供应链项目管理

在供应链管理活动中，我们经常需要处理一些一次性的工作，例如建设一套信息管理系统、研发一个新产品、开发新供应商等。我们把这些为了独特的产品、服务或结果而进行的临时性工作称为"项目"。因为项目的工作内容不会重复出现，所以每个项目都是独立于日常工作和其他项目之外的，即项目的一次性进而导致了项目的独立性。这种独立性不仅体现在独特的工作成果上，也表现为迥异于日常组织架构的项目团队、独立的项目预算和根据项目的工作目标定制的工作流程等方面。这使得管理者在可重复的和标准化的日常工作之外，不得不并行管理另外一些在组织、资金、流程和工具上都有重大差异的事务，而之所以要大费周章地如此安排，主要是因为项目的工作成果对企业的发展有着重大的意义。此外，一次性和独特性决定了项目工作一定会有明确的开始和结束。项目可以一次性完成，也可以分多个阶段完成，还可以与多个项目集合完成。我们把项目需要实现的结果称为"预期交付成果"或"项目目标"，而把通过协调组织、计划、排期、控制、监控和评估活动以实现项目目标的过程，称为"项目管理"。项目管理的具体措施虽然因项目而异，但是其原则和方法论有着高度的共通性。本章主要结合供应链的工作内容和场景，阐述一般意义上管理项目的流程、方法和工具。

本章目标

1. 了解项目立项和审批过程的工作。

2. 掌握制订项目计划的流程和工具。

3. 学习管理项目风险的方法。

4. 掌握项目实施阶段的管理体系。

5. 了解项目收尾及后续维护的方法。

| 第1节 | 供应链管理中的项目性工作

在供应链管理过程中，项目性工作大致可以分为三大类：改善性项目、研发性项目和销售性项目。改善性项目是出于改变业务现状和提升竞争力而推动的工作。它既可以是供应链设施的新建和改造，如新建厂房、改造仓库、采购设备、建设信息系统等；也可以是供应链资源的优化和补充，如开发供应商、招聘新员工等；还可以是管理体系的变革，如通过管理咨询再造业务流程等。研发性项目是以研制某种新产品或新服务为目标的独特工作。销售性项目的目的是交付一个复杂的定制化产品，如为客户定制一台大型盾构机。无论是哪一类型的项目，都具备一次性、独特性、重大性的特点，因此它们都是围绕供应链工作开展的项目，也都遵循项目管理的科学规律。本节将介绍供应链项目的基本特点，包括其工作目标、团队和常用方法论。

1. 供应链项目的工作目标

供应链项目的显著特点是项目的工作目标是解决一个或多个与供应链相关的问题。这些问题又因改善性、研发性和销售性项目的差异而有所不同。

1）改善性项目

相比研发性和销售性项目来说，改善性项目更加复杂和多样。表 7-1 列出了一些与供应链相关的、常见的改善性项目。

表 7-1　供应链改善性项目常见的主题、工作内容和目标

常见主题	常见工作内容	常见目标
供应链规划项目	规划中长期（1~3 年或更长）的供应链建设内容和实施计划	供应链建设的完整路线图，并给出大致的实施时间、资源要求和阶段性成果
供应商寻源 / 开发项目	寻找新的供应商，或者开发和提升现有供应商的服务能力	寻找新的合格供应商，或者现有供应商通过项目获得产品供应资格

续表

常见主题	常见工作内容	常见目标
供应链绩效改进项目	供应链某项绩效指标的改进，通常会涉及业务流程的变更、工作方法的改善，有时还涉及组织的变革，如质量改善、响应速度提升、成本节约等	成本节约百分比或金额、库存数量/金额降低、良率（投诉率、破损率、返修率等）提升、交付及时率提升、需求响应时间缩短、采购周期优化等
IT 实施项目	实施一个供应链管理相关的软硬件系统。这类项目表面看是 IT 项目，但需要供应链团队的深度参与，通常还伴随业务流程甚至组织架构的变革	系统上线时间、上线后的推广和使用程度、需求覆盖率、关键绩效指标（KPI）提升度、项目成本、用户好评度等
人才培养类项目	为供应链培养特定技能的人才。简单的如开办一次职业技能的培训课程，复杂的如对关键人员进行长期伴随的教练式的辅导等	客户满意度、岗位胜任力评价、人才技能考核等

2）研发性项目

研发性项目的目标是完成某种新产品（或服务）的研制工作。值得注意的是，站在企业经营的角度来看，产品研发并不只是研发部门的事情。图 7-1 所示是一个常见的新产品研发（New Product Development，NPD）项目的主要步骤。在这一过程的每个步骤中，供应链各部门都有着明确的任务。

举例来说，在第 1 步产品概念确认的过程中，营销部门需要给出产品大致的需求数量、需求时间和定价区间，供应链各部门需要在此基础上分析能否支持这些需求。当新产品研发项目进行到第 5 步，即产品发布的时候，供应链团队需要检查物料、产能、运力等多方面的准备情况，识别供应风险并制定应对预案。在 NPD 的其他各个步骤中供应链团队都需要深度参与。离开了供应链团队的支持，新产品即使在实验室里获得了成功，最多也只能算是一个理论验证机，并不具备商业上成功的条件。如果此时就将产品推向市场，会在向客户交付产品的过程中出现诸多的供应、质量和成本风险。

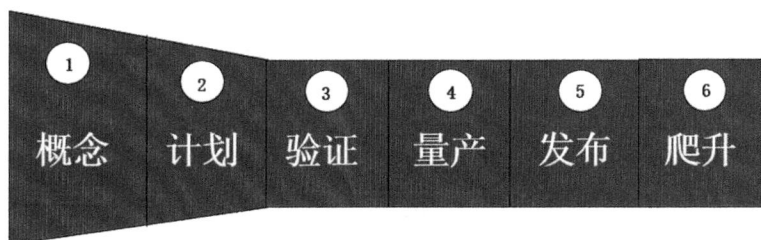

图 7-1　新产品研发项目的主要步骤

3）销售性项目

销售性项目通常出现在向客户交付定制化产品或服务的业务中。需要交付的产品越复杂，项目管理的难度就越高。在整个项目的交付过程中，供应链的角色至关重要。管理者需要从与客户洽谈的时候就开始评估供应链的现状，如产能、关键设备、原材料供应源、物流能力、劳动力资源等，以此确定服务客户的方案和商务条款。一旦与客户签订合约，就需要制订具体的项目计划，进而将其分解为供应链的制造、采购、质量、仓储和物流计划等，确保项目计划有切实落地的可能性。在项目实施的过程中，管理者也需要时刻监控供应链的运营状况，并及时应对处置各种突发情况。如果项目计划和供应链的运营实务脱节，大概率会造成交付的延期和成本的上升，严重的还有可能带来高额赔偿、质量问题和合规风险。

2. 供应链项目的团队

供应链项目的团队主要由项目经理和项目成员组成。项目经理是由执行组织委派、领导项目团队实现项目目标的个人。项目经理履行多种职能，虽然其具体的工作任务在不同项目中有所差异，但其主要职责是引导项目团队工作以实现项目的目标成果。通常来说，一名项目经理需要承担以下职责。

- ●参与或主导项目团队的组建。
- ●组织项目的立项申请工作。
- ●参与或主导项目规划。
- ●管理项目的执行和变更流程。
- ●协调项目人员，包括项目团队成员和团队外的相关人员之间的协同与沟通。
- ●主导总结项目的经验教训。
- ●解决项目过程中的障碍。
- ●形成和维护一个安定、尊重、无偏见的环境。

项目经理的角色定位也会因项目管理模式的不同而有所差异。有的项目采取集中式管理，项目活动是受项目经理集中指挥控制的，因此项目经理需要具有较强的领导力，并为项目的成果负责；而在相对分散的管理环境下，项目由一个管理团队共同指挥和控制，在这种情况下，项目经理可能充当促进沟通、协作和参与的引导者。有些项目甚至不设项目经理，而由项目团队成员轮流扮演这一角色。

不论是集中式还是分散式管理的项目，项目经理对项目的成果都有重要的影响。在供应链项目中，项目经理应具备较完整的供应链理论知识和较充分的实践经验。这是供应链项目的项目经理的"硬技能"。此外，供应链项目的项目经理还应具备成熟的领导力，很多企业将之称为"软技能"。供应链项目的项目经理应该是"软硬兼施"的复合型人才。

相对于项目经理或管理团队等项目的管理者来说，项目团队的任务主要是开展具体的项目交付活动，完成工作任务，共同实现项目成果。在改善性项目中，项目团队可能包含供应链各职能部门的员工、供应商和客户等外部组织的代表、IT 部门的工程师、财务和人力资源部门的代表等；在研发性项目中，负责技术攻关的科技人员固然是研发工作的实施者，但供应链各个部门也是确保新产品可以保质、保量、准时、盈利地交付给客户的关键，因而也是项目重要的成员；在销售性项目中，供应链各个部门承担了大部分交付成果的工作量，制造、计划、采购、仓储、质量、物流、客服等部门都有可能是深度参与的实施方。此外，在上述项目中，组织还可能引进外部咨询公司的专家、顾问和工程技术人员，他们通常以其专业知识和经验帮助甚至主导项目活动的顺利实施，因而也是项目团队的一部分。如果项目涉及的工作比较简单、工作量较小的话，项目团队也有可能只有一个项目负责人，而没有明确的、稳定的项目团队成员。

如果一个项目的团队成员都是组织内部的成员，这个项目就被称为内部项目。如果一个项目的团队成员涉及组织外部人员的参与，那这个项目就是一个外部项目。内部和外部项目在项目管理的整体原则上没有质的差别，但是在一些具体问题上存在差异。例如，在立项阶段，对于外部项目，需要对外部团队的能力、费用、资源量、风险做细致的考察和评估，有的时候会采取多轮的方案征询和交流来调研外部团队的情况；而对于内部项目，可能需要考虑项目人员的工作量和时间档期的制约等问题。项目经理在管理外部项目时，会同时受到内部和外部因素的影响，因此需要管理比内部项目更为复杂的组织架构、项目流程、设备和物资。

3. 供应链项目的常用方法论

供应链管理者需要学习并掌握一系列的方法论来指导自己的工作，对于现状分析尤其如此。供应链的运作是一个复杂的过程，想要全面而准确地理解供应链的现状绝非易事。对于长期浸淫其中的管理者来说，多年的经验积累和熟稔的业务技能并不会天然地为其带来对供应链问题既无遗漏又没偏差的认知。为了在大体上确保分析问题的高效率和有效性，管理者通过提炼经验、吸取教训，逐渐总结归纳出一些操作方法、技术工具、制度流程和纪律规范，这叫作"方法论"。方法论不仅出现在分析现状的工作中，在供应链的日常工作中也需要大量应用。方法论的意义如下。

●它虽不直接给出某个特定问题的答案，却提供了所有同类问题通往答案的路径。

● 它虽不能经常找到他人未见的隐秘真相，却可以确保不漏掉大多数可见的事实。

● 它虽不一定得出超越众人的独创见解，却能稳定地导出合乎科学和常识的结论。

● 它虽不能让每个人成为高瞻远瞩的领袖，却可以让大多数人成为合格的管理者。

以下是一些供应链项目常用的方法论。

1）决策树分析

供应链管理者经常需要在不确定的条件下做出决策，不同的条件可能导致不同的决策出现，而决策也有可能引发新的条件出现。管理者采用决策树来分析这种条件和决策相互依存的关系。它是"一个决策工具，它描绘了某一行动的另一种过程及后果。它的组成部分包括决策节点、结果节点、结果概率、结果奖励和期望值"。决策树是一种树状的逻辑结构，它展示了在面对不同条件时，每一种可能的决策所导致的发展路径和结果，以此帮助管理者了解决策的影响，做出最佳的选择，并为分析备选方案提供了一种更客观的方法。

图 7-2 所示是一家化工厂在分析今年、明年和后年某主营产品的销售需求时所做的决策树分析。由于销售需求直接决定了生产规模，因此这一数据将成为车间增加产能、添置设备、招聘人员等众多工作的决策依据。市场部门只能确认本年度该产品的需求大致是 150 吨。明年销售 300 吨的可能性是 70%，而销售 200 吨的可能性是 30%。如果明年只销售 200 吨，那么后年销售 250 吨的可能性是 40%，销售 350 吨的可能性是 60%；如果明年销售了 300 吨，则后年可能卖出 250 吨或 400 吨，两者各有 50% 的可能性。那么，管理者该按多大的规模来规划产能、设备和人员呢？决策树分析给出了如下计算。

明年需求：$200 \times 30\% + 300 \times 70\% = 270$（吨）。

后年需求：$30\% \times (250 \times 40\% + 350 \times 60\%) + 70\% \times (250 \times 50\% + 400 \times 50\%) = 320.5$（吨）。

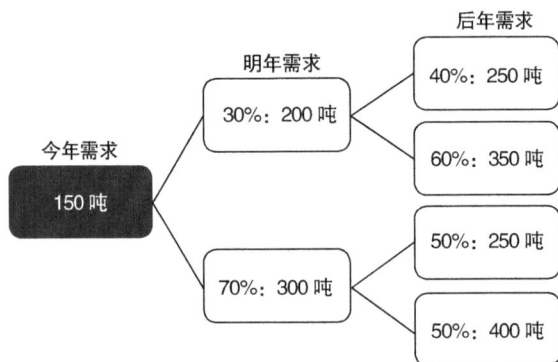

图 7-2　某化工厂销售需求的决策树分析

从算式中可以看出，决策树分析是把不同条件（是否签约）发生的可能性和其相对的销售数量做了加权平均，据此预计出后年的销售需求是 320.5 吨，车间的产能和人员按照这一数据规划就能最大限度地贴合实际需求，不至于造成过度的浪费或短缺。

2）价值链分析

价值链分析法由美国哈佛商学院著名战略学家迈克尔·波特提出。这一方法认为，企业内外的各个环节的活动有的可以带来价值的增加，有的则不能。所有活动创造的总价值减去从事各种活动的总成本，就是企业的利润。所有这些活动构成了企业的价值链，而价值链上那些可以创造价值的经营活动被称为"战略环节"，它们提供了企业的竞争优势。管理者运用价值链分析法来确定企业的核心竞争力，从而识别战略环节，既明确了需要改善的目标，又能够准确地投放资源，获得竞争力的提升 。图 7-3 展示了一个简要的企业价值链。

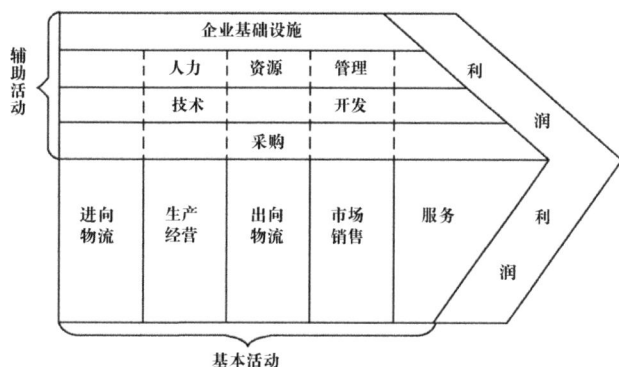

图 7-3　企业价值链

企业在价值链上开展的活动包括基本活动和辅助活动。其中和供应链管理关系密切的活动包括：

●进向物流：主要包括原材料和半成品的内部供应活动，如原材料收货入库、仓储保管、物料提取、厂区配送和生产完毕后的原材料退还等；

●生产作业：将原材料转化为最终产品形式的各种活动，如组装、包装、设备维护、检测等；

●出向物流：包含产成品发送给外部合作方的物流活动，如车辆调度、集货、搬运装车等；

●市场营销：将产品卖给买方的各种活动，如广告、促销、销售、渠道建设等；

●售后服务：提供服务以增加或保持产品价值有关的各种活动，如安装、维修、培训、零部件供应等；

●采购管理：包括管理实物产品和服务的价格、质量和交期的活动；

●产品和技术开发：新产品和新技术的研究、验证与商业化的各种活动。

3）财务分析

商业组织开展项目活动通常是为了追求某种商业价值。价值是某种事物的作用、重要性或实用性。在项目中，不同的人会以不同的方式看待价值。企业通常高度关注基于财务指标度量的商业价值，简单地说是项目收益减去项目各种活动的成本。

●收益分析是计算项目的综合收益。这些收益有的是直接与财务指标相关的，如销售额增加、成本节约等；有的可以较为确定地换算成财务收益，如市场占有率、平均库存周转率的提高等；有的却很难被量化成可靠的财务收益，如开办一次供应链人员的培训活动，虽然人人都知道接受培训一定有收获，但谁也算不出来到底收获了多少金额。

●成本分析是评估项目各种活动的费用。项目团队需要确定该项目涉及的成本类型。在供应链项目中，项目团队需要尽可能量化地估算出项目的每一项活动的成本，即使对于那些较难精确计算的活动，也应该通过借鉴历史经验、对比同类型的项目活动、向外部专家或公开数据库咨询等方式做出较为合乎逻辑的推断与概算。

4）因果分析

因果分析是对非正常的结果追溯原因的工作。因果分析过程中使用的工具叫因果图，因为它形似鱼骨，所以又称为鱼骨图，如图 7-4 所示。因果图可视化地表达了从结果出发追溯问题原因的思维过程，尤其在寻找解决方案的初期，它是引导头脑风暴的有效工具。因果图的右边箭头是问题的表象，因果图的左边展开的分支是造成该现象可能的原因分类，每一个分支上可能继续展开同类原因下更细致的原因种类，直至找到真正的原因。所以，使用因果分析找寻问题原因的方式是逐层递进的，而不是一步直达原因本身。这样做的好处是分析者可以对问题原因获得更全面的理解，基于此制定的解决方案则更加全面。

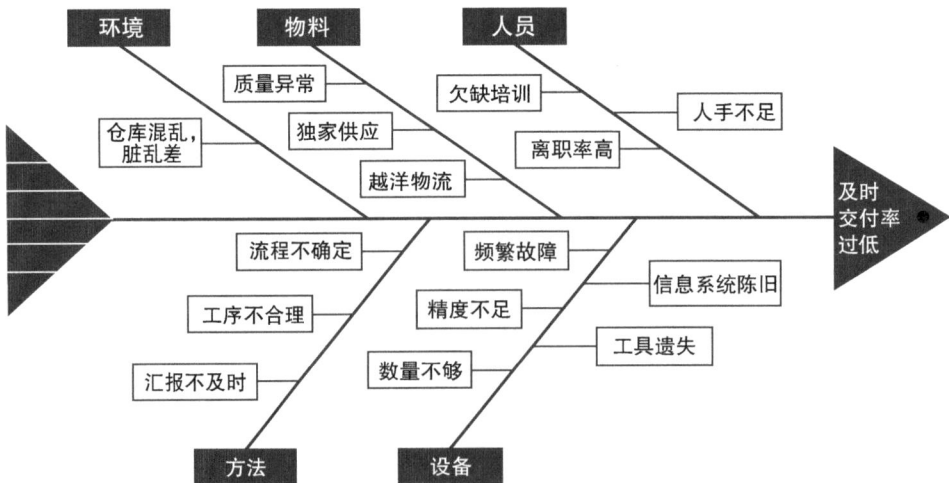

图 7-4　分析及时交付率过低的原因的因果图

5）决策 6 步法

为了确保决策过程的严谨，最大限度地避免盲目的、片面的、难以落地的决策带来的项目风险，管理者通常会根据成熟的方法论来制定规范的决策流程。决策 6 步法是常见的决策方法论之一。图 7-5 所示是决策 6 步法的示意图。

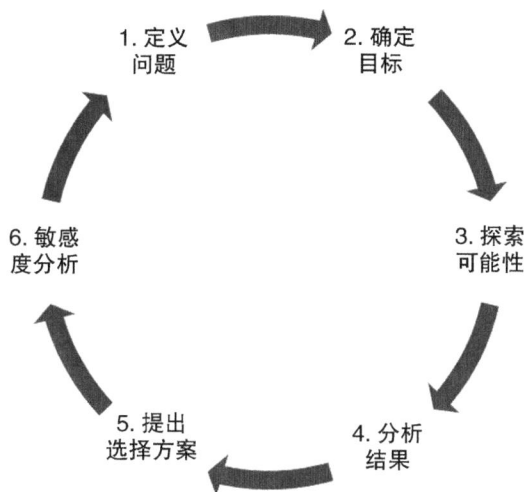

图 7-5　决策 6 步法

定义问题是决策的第 1 步。大多数人都能够描述自己在工作中所面临的问题，但这种描述存在 3 个挑战：第 1 个挑战是问题的描述是否全面和客观？第 2 个挑战是描述的究竟是直观感受到的问题的现象，还是造成问题的原因？第 3 个挑战是对于问题的定义是否得到了组织内外相关人员的认同？应对第 1 个挑战的常用方法是进行广泛的数据分析和市场调查、访谈重点用户、参考可靠的专家意见和咨询分析报告等，以期尽量完整和公正地获取对问题的了解；应对第 2 个挑战的关键在于透过现象看本质，挖掘造成问题的根本原因，这就需要应用一些成熟的方法论来分析问题，例如本节中提到的因果分析等；而应对第 3 个挑战不仅需要项目团队采用头脑风暴等分析方法，而且需要团队成员有较成熟的沟通技能。

确定目标是根据第 1 步确定的问题现象和造成问题的原因，定义出项目需要实现的成果。这些成果应该是可以量化的任务目标。对于改善性项目而言，项目团队通常会定义一个或数个核心的管理绩效指标，如将某关键物料的采购周期从 90 天压缩到 60 天等；对于研发性和销售性项目，往往要对交付物的规格、质量标准和交付时间等提出较为明确的描述。在这一步中，也可能把一个项目拆分为多个阶段性的子项目。

探索可能性指的是寻找可以实现项目目标的各种可能的方法和路径。在这一过程中，管理者会应用自身积累的理论知识和工作经验，探讨各种解决方案的可能性。有的时候，组织还会引进外部的专家团队提供方案建议和补充信息，诸如行业最佳实践等。项目团队应慎重提出唯一的解决方案，需要严密论证所有其他可能的解决思路和办法，尽量避免形成没有选择的决策环境。

分析结果主要是针对第3步提出的各种方案，评估其实施的效果，包括实施方案所需的大致的时间和成本、可能会遭遇的困难、需要补充或加强的客观资源、实施方案后获得的效果、方案完成后间接的和长远的影响等。在此基础上，项目团队还会对各种方案的优点和缺点进行识别和对比等。

提出选择方案指的是正式地提出可供选择的方案。这需要项目团队将之前所有的工作成果，包括定义的问题、项目的目标、所有可能的解决方案和对方案结果的分析，汇总成正式的方案描述，将方案的全貌呈现给决策者。在内部项目中，代表团队提交方案的通常是公司指定的项目经理，而在有第三方咨询团队参与的外部项目中，外部顾问通常会提交《项目建议书》来阐述部分或全部的项目解决方案，同时提交执行方案的关键顾问名单，并提交相应的报价。

敏感度分析的内容主要有两个：一是方案的某个参数发生变化之后，是否会影响决策的结果，以及影响程度有多大，即讨论该参数的敏感性；二是确定某个参数在什么区间内变化时，将会（或者不会）对决策的结果形成影响 。[1]敏感度分析需要识别可能影响决策结果的参数，然后对这些参数进行不同数据的模拟，以确定参数对决策结果影响的程度，以及参数对结果发生影响的临界值。

需要指出的是，轻率忽视和盲目迷信方法论都是不可取的。管理者需要在处理日常事务的过程中，不断应用方法论并逐渐理解方法论的前提条件、适用范围和操作原理，不仅要知其然，还要知其所以然。这样做，管理者既不会胡乱否定前人的探索成果，也不会陷入生搬硬套、纸上谈兵的泥潭。

| 第2节 | 项目立项

从字面上直观地理解，立项就是确立一个项目的过程。在企业内部，一个项目只有完成了立项工作才具备了进一步开展下去的合法性，才能获得完成项目所需的资金、设备、人力等各种资源和必要的授权。我们可以把立项看作一个说服管理层赋予资源和权限来解决特定问题的过程。说服的主要方式是回应管理层最为关切的问题，包含但不限于以下问题。

● "项目需要解决什么问题？"即需要定义项目的目标和范围。

- "解决这些问题有何好处？不解决又会有哪些危害？"即需要评估项目的必要性。
- "该项目涉及的人有哪些？"即描述项目团队成员和受影响的组织或个人。
- "解决问题的思路是怎样的？"即论述方案设想的合理性。
- "需要投入什么资源？预计将在何时获得多少回报？"即评估项目的投资与回报。
- "项目的风险有哪些？备选方案是什么？"

为了回答这些问题，项目团队需要做充足的准备工作，这些工作通常是从供应链现状分析开始的。

1. 供应链现状分析和问题识别

在供应链项目的立项过程中，首先要清晰定义项目需要解决的问题，明确项目的目标，这一过程需要基于现实状况，锁定供应链运营中真实的问题，给出务实的方案。通俗地说，就是要"接地气"地描述问题和处理问题，只有这样才能让管理层做出正确的决策。故而，在供应链项目的立项过程中，供应链现状分析和问题识别是一切工作的基础。

1）了解供应链的运营现状

分析供应链现状首先需要搜集供应链运营的信息。企业内部的数据是主要的信息来源，如销售订单、库存数据、采购订单、生产计划和客服记录等，这些通常可以通过信息系统或手工记录获得。有些时候，还可能需要搜集外部合作伙伴的数据，例如供应商和经销商的库存品种和数量等。这就有可能要对接合作方的信息系统或者依赖他们提供整理好的数据。

人员的反馈是另一个重要的信息来源，通常从会议、访谈和市场调查中获得。例如，在改善性项目中，项目团队可能会访谈相关人员，了解他们在工作中的真实感受，倾听他们对现实问题的描述。在研发性项目中，项目团队必须首先从客户的需求出发开展研发工作，除了合同和订单之外，与客户进行面对面的访谈、倾听客户的需求通常是不可或缺的。此外还需要掌握现有产品线的布局、市场战略、上市和退市规划等关键信息。在销售性项目中，项目团队不仅需要与客户确定规格、颜色、材质、工艺等技术性信息，还需要进一步沟通了解他们的项目背景、关注的焦点问题，以及特殊的交付要求等。

此外，企业发布的战略规划、财务部门统计的数据和指标、人力资源部门的组织架构和员工状况、法规部门提供的法律和政策信息、IT 部门开发的数据看板等，都是供应链现状信息的来源。

2）识别供应链的问题

梳理了供应链当前真实的运营情况之后，项目团队要在此基础上识别本项目需要解决的问题，清晰定义项目的工作目标。根据供应链项目类型的特点，不同供应链项目需求分析的内容和侧重点会存在差异。

对于改善性项目而言，管理者往往根据现状信息，采用第 1 节中所描述的决策树分析、价值链分析、因果分析等方法，锁定本项目的工作目标。通常，项目团队需要尽可能对改善效果提出量化的目标。

对于研发性项目而言，管理者需要从搜集到的客户需求入手，找出具备独特竞争力的产品特征。在此基础上，管理者还需要明确产品的市场定位、上市时间、预期的需求、大致的定价区间等要素，这些都是对研发性项目目标的详细描述，将影响后续规划项目流程、人员、时间和预算。

相对于前两类项目而言，销售性项目的工作目标更为明确，但依然要根据客户的描述对尚不清晰的需求进行确认。这些需求可能是客户之前忽略或遗漏的细微但重要的内容，如规格、工艺、包装、交付地点、交付时间、交付方式、质量标准、资质文件等。这些被忽视的需求如果不能及早地识别和确认，容易在后续的项目实施中造成风险和意外。

3）设定项目的范围

在识别了项目要解决的问题后，项目范围也就清晰起来了。项目范围是为了交付项目定义的目标成果而必须完成的工作。因为项目的工作具有一次性和独特性，所以项目的范围很难自然而然地在所有成员间形成共识。如果项目成员对工作范围各持己见，就很难做出满意的成果。因此，清晰定义项目范围是每一个项目成功的基础。设定项目范围的重点不是定义具体的工作如何开展，而是指明项目或项目每个阶段的工作内容的边界。举例来说，你是一个项目经理，本项目要把原料仓改造成自动化仓库，这是项目的工作边界或者叫范围。现在成品仓的仓储经理说，既然可以改造原料仓，那么肯定也可以改造成品仓，你们这个项目也要帮成品仓做自动化改造。在技术上，项目团队确实有能力做成品仓的改造，但是"懂得做"和"可以做"是两回事。项目范围定义的是哪些事情"可以做"，因此超出项目范围之外的事情即使"懂得做"也不能做。在项目管理专家中，项目范围被概括为一句广为流传的格言："做且只做。"

2. 项目的必要性分析

项目的必要性主要体现为解决问题、实现目标后的收益，或者体现为不解决问题将持续造成的损失。项目收益通常需要根据实际情况做出预估，这又分为两个方面：其一是阐述项目带来的具体收益或损失，即定义收益或损失是什么；其二是说明通过什么途径可以获取这些收益或者避免损失，即明确收益和损失在哪里。在本章第 1 节中，我们介绍的一些方法论可以帮助我们评估项目的机会，例如项目团队可以通过财务分析发现生产成本过高，又利用因果分析找出设备老化等造成高成本的原因，再通过总拥有成本和净现值等财务分析明确更换设备的投入和收益，从而确定该项目产生的价值。企业的高级管理层通常只有在充分认识到本项目有较大可能性获取明确的收益，或者不实施项目将会有较大损失时，才可能认可实施该项目的必要性。关于总拥有成本和净现值等财务分析工具，请参考本书第 4 章"供应链成本管理"的相关内容。

3. 项目团队和利益相关者分析

项目团队对项目的工作成果有着举足轻重的影响。项目的管理者需要向高级管理层介绍项目成员的背景、技能、经验和其他有助于实现项目目标的特长。项目成员间的角色和分工也需要在立项阶段尽可能地定义清楚。如果团队成员较多的话，通常还会涉及成员间的分组、权限和汇报关系等组织架构问题。在立项阶段，项目管理者往往不能敲定项目团队的组织细节，因此对于团队中的关键人员的获取方式要做详细的阐述。如果关键项目成员加入团队存在较大变数，通常会被高级管理层认为是较为严重的项目风险。

利益相关者是项目中所有可能涉及的组织和个人。利益相关者既可以是项目团队的成员，也可以是可能被项目工作所影响的内外部组织和人员。例如，在商用飞机研发的项目中，研发、制造、质量、采购和物流等部门人员担负着关键的项目工作，自然属于项目的利益相关者；试飞机场和测试车间附近的居民完全没有参与项目工作，但是他们可能被试飞和测试的噪声影响，因而也是项目的利益相关者。在项目管理的实践中，遗漏或者忽视利益相关者往往会造成项目实施过程中的障碍，严重时甚至会导致项目的非正常中止。

4. 项目解决方案的设想和可行性分析

在立项阶段，项目团队有可能对解决问题的方案做出详细的描述，但更大的可能只是初步掌握了解决问题的思路，尚不能形成完整的解决方案。尽管如此，项目团队还是要描述一下解决问题的思路，即对解决方案做一定程度的设想。不仅如此，项目团队还需要对方案的可行性做出分析。例如，使用本章第 1 节介绍的财务分析方法，可以帮助估算解决方案的投入和收益，提供方案可行性的参考。在实际工作中，企业往往在立项的阶段可以接受解决方案不完善的事实，但是越详细务实的方案设想，越能够帮助高级管理层判断解决问题的思路是否合理。

5. 项目工作量和资源的估算

在介绍了项目解决方案和评估了方案的可行性之后，项目团队需要对项目的工作量和所需的各项资源做出估算，方便高级管理层了解项目所需的时间和投入的规模，以便做出合理的决策。

1）评估工作量

在立项阶段，项目团队往往只能就方案所需要的人员和时间做大致的估算。最常见的评估单位是人·天，1个人工作1天的工作量称为人·天。有时，项目工作量无法估算到人·天，也会采用颗粒度更大的单位，如人·月。通常说来，评估工作量的方法有以下几种。

● 比照类似项目。例如 C 公司研发商用客机的项目可以参考 A 公司和 B 公司研发同类型飞机时的工作量。

● 借鉴性质相近的项目。例如某公司建设仓储自动化系统的项目可以参考之前的生产线机器人改造项目。

● 工作量分拆推导。把一个项目的工作拆分成多个模块或阶段，由各专业职能的项目成员估算推断工作量。这种推导将评估的范围收窄到更小的范围，且由本领域更具经验的人员实施评估，所以通常会比对项目做笼统的评估更加准确，但这也需要项目团队在立项阶段就大致分解出项目的工作模块和阶段。

● 外部咨询。项目团队参考行业专家、咨询公司等第三方的建议评估工作量。

更加详细的工作量评估方法将会在第 3 节"项目计划"中介绍。

2）估算关键资源

除了估算大致的工作量，项目团队还需要评估项目所需要的关键资源。供应链相关的项目方案通常需要多种资源的配合。首先是各种专业人才，包括人才的数量、对人才技能资质和经验的要求、需要使用人才的时间；其次可能会包含设备、信息系统、物资、服务、实验室、生产线、仓库空间、物流运能等。较难获取且对项目交付有重大影响的资源就是项目的关键资源。例如，在一个工程项目中，少数几位掌握高级焊接技术的技工就是一项关键资源，项目计划可能要考虑他们的工作档期，在内部资源无法满足项目需求时，还不得不考虑以高价从外部引进。在外部项目中，如果存在外部的关键资源，管理者就必须认真审核这些资源的适用性和可获得性。例如，在咨询项目中，甲方（客户企业）通常会面试乙方（咨询公司）的咨询顾问和项目经理，并要求在投标书和合同中锁定具体的人员姓名和证件号，这就是为了确保关键资源如实到位。

除了物理可见的资源外，管理权限也是重要的投入，项目团队同样需要评估高级管理层要授予哪些权限，以便高级管理层审核是否立项。例如，在一个采用数据挖掘技术构建产品销售预测模型的项目中，项目团队就需要企业的高级管理层授予访问历史数据的权限。这时，项目团队就需要定义访问数据的种类、覆盖的时长、数据的保密等级、能否复制数据、传播和阅览的人员范围、权限持续的时间等。

3）评估项目预算

项目预算是根据项目计划定义的各项活动预估的项目支出。内部项目的预算主要是各种活动的成本，而外部项目的预算不仅包含活动的成本，还包含外部团队必要的利润。在方案制定和评审的阶段，项目预算也是一个较为粗率的估算，常用的估算方法和前述工作量评估类似，如对照类似项目、参考近似项目、听取第三方专家建议等。项目预算需要包含一定的储备余量以应对项目过程中的意外风险。

6. 预判项目风险和设置应对预案

除了介绍项目解决方案之外，项目团队还应盘点项目可能遭遇的风险，并对风险的预防、转移、减轻和接受的方式做出设想，形成初步的项目风险管理措施。类似于解决问题的方案，风险管理措施在立项阶段也很难做精确描述，却又对高级管理层的决策影响重大，因此，项目团队应尽其所能在这一阶段做出充分的风险评估并设置应对预案。

7. 项目章程的撰写和审批

1）项目章程的撰写

到目前为止，项目团队已经定义了项目的目标和范围、论述了项目的必要性、分析了项目团队和利益相关者、设想了问题的解决方案、评估了方案的工作量和所需的资源，以及预判了可能的风险。接下来，项目团队需要把这些成果汇总在一份称为"项目章程"的文档中，并上报高级管理层审批。一般说来，项目章程由参与立项准备工作的团队成员撰写。如果此时已经明确未来的项目经理人选，项目章程通常会由项目经理组织撰写或亲自撰写，并由项目经理负责提交给高级管理层审批。

2）项目章程的审批

项目章程审批人可以是一个掌握资源和权限的管理者，也可以是由一个或多个部门的专业人士组成的委员会。项目的审批工作有一些普遍存在的关注点，如项目的收益、合理性、可行性等，但是具体的审批流程会因为组织不同、项目内容不同而存在较大差异。表 7-2 所示是其中一些常见的差异。当然，在具体项目中，立项审批的人员和流程还要视实际情况而定。

表 7-2　立项审批过程常见的差异

对比属性	项目特征	审批人	审批程序
资源所有权	动用国有资源	多专业背景的项目委员会的可能性更高 第三方专家团队的可能性更高	更加注重审批程序的合法合规和公正、公平、公开，流程可能环节更多、时间更长
	全部使用私有资源	高级管理者个人或由他们组成的小团队	更倾向于追求审批的效率，审批流程有可能更精简
资源和权限的投入水平	资源和权限要求高	团队、委员会、外部专家的可能性更高 审批人层级更高	更为谨慎、严格
	资源和权限要求低	掌握资源和权限的个人可能性更高	更为精益、快速
项目专业性和复杂度	专业性和复杂度高	专业性要求更高，跨专业背景人员更多	更强调完善、严谨和科学的决策流程
	专业性和复杂度低	专业性要求相对较低	决策时更关注收益和成本
外部和内部项目	外部项目	不存在显著的差异	需要更多考虑外部资源的成熟度、可获得性、保密需求等决策要素
	内部项目		只需要考虑内部决策要素

　　在有些项目中，项目团队可能会提交多个方案，或者存在多个项目团队竞争的情况。这就需要审批人在审批的过程中评估多个方案，并从中选择一个最佳方案作为项目正式的解决方案。评审需要评审人具备与方案相关的专业知识。一些经常实施项目的企业还会设置常备的专家库，以便根据项目范围组成满足各种专业要求的评审团队。为了保证评审的公正和客观，有经验的企业也设置了严格的评审流程，确保评审团队在尽可能独立和客观的环境下形成结论。评审的方式包括专家组/委员会投票、按权重打分、高级管理层协商决策等。需要指出的是，在全部动用国有资源或动用国有资源超过一定比例的项目中，项目的评审工作必须按照法律法规的要求开展。例如，一个外部项目需要采购 "依法必招"的物资，那么对供应商及其方案的选择就必须按照《中华人民共和国招标投标法》的要求开展招标评审工作。

　　立项阶段可以被认为是项目合法化的过程，而项目章程获批是这一过程的标志性事件，当审批人确认通过了项目章程，就意味着项目可以正式开展了。

｜第3节｜ 项目计划

在项目立项和方案评审完成后，项目启动阶段的工作就基本完成了。接下来需要对已经初步完成的项目计划做进一步的细化，以便用它指导具体的项目活动。项目计划包含很多方面，本节重点介绍工作任务的分解、任务的排序、项目关键路径的确定、工作量的估算、资源的分配和项目的风险管理。

1. 工作分解结构

工作分解结构（Work Breakdown Structure, WBS）是项目团队为实现项目目标、创建所需的交付物，对全部工作范围进行的层级分解。立项阶段确定了项目的工作范围，而 WBS 是对工作范围进一步的拆分。图 7-6 展示了某飞机研发项目的部分 WBS。

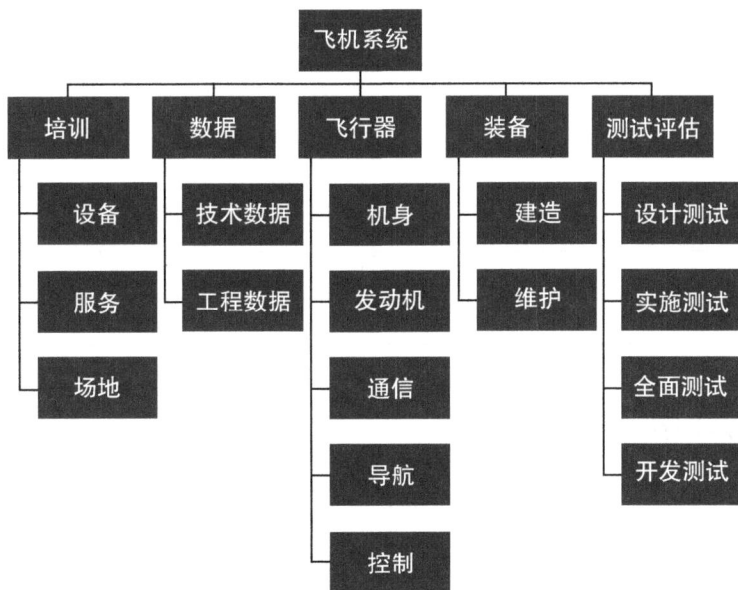

图 7-6　某飞机研发项目的部分 WBS

WBS 是把总体的项目目标分层级地拆解成细分的工作任务。拆解出的一个任务叫作一个工作包。最顶层的工作包只有一个，在图 7-6 中是飞机系统。接着，WBS 将总体的研制工作分解为几大任务模块，形成了第 2 层的工作包。在此基础上，接着分解出更详细的工作包，就这样逐层向下分解，理论上应该分解出可以由一个人完成的工作包。

一个项目的 WBS 可能会包含较多的工作包。为了方便项目成员了解工作包的概况，项目管理者为每个工作包配备了一个简单的说明。项目成员遇到一个陌生的工作包时，就可以通过检索和阅读工作包的说明理解工作包的内容。这种对 WBS 工作包所做的说明称为"WBS 字典"。WBS 字典包含每一个工作包的编号、工作描述、WBS 中的上级和下级工作包等。表 7-3 所示是 WBS 字典示例。

表 7-3　WBS 字典示例

WBS 字典	
项目名称：	日期：
WBS 编号：	WBS 名称：
父级 WBS 编号：	父级 WBS 名称：
责任人 / 组织：	
工作描述：	
子级 WBS 编号：	子级 WBS 名称：
子级 WBS 编号：	子级 WBS 名称：
子级 WBS 编号：	子级 WBS 名称：
制定人：	批准人：
职务：	职务：
日期：	

2. 计划评审技术

在分解了项目的工作任务、得到了许多工作包之后，项目团队需要梳理出各项任务开展的次序。如果把任务视为点，任务之间的联系视为点到点的连线，我们就可以将整个项目视为一个网络。如果按照先后次序的关系将所有项目工作排列成点和连线，我们就得到了一张网络图。计划评审技术（Program Evaluation and Review Technique，PERT）和关键路径法（Critical Path Method，CPM）是两种基于网络图制订项目计划最常用的方法。

PERT 可以用于评估作业（指任务或活动）、节点和路径 3 个项目要素。首先需要决定各项任务之间的次序关系。如果有 A 和 B 两个任务，实施任务 B 的前提是完成任务 A，我们就说任务 A 是任务 B 的紧前活动，而任务 B 则是任务 A 的紧后活动。如果任务 A 和任务 B 可以并行开展，则任务 A 和任务 B 是两个并行活动。判断两个任务之间是否存在紧前和紧后关系，主要是看一个任务的实施结果是否提供了开展另一个任务的前置条件。一个任务可能有 0 个、1 个或多个紧前或紧后的任务。例如在图 7-7 中，任务 B 开始前，项目团队除了需要完成任务 A，还需要完成任务 C。任务 A 和任务 C 都是任务 B 的紧前活动，只有当任务 A 和任务 C 都完成的时候，才能开始任务 B 的工作。也就是说，只有当所有紧前活动都完成时，才形成了完成紧后活动的充要条件。任务之间的次序关系用箭头和线段表达，箭头起自紧前活动，指向紧后活动，这种表达方式又叫"箭线图"。

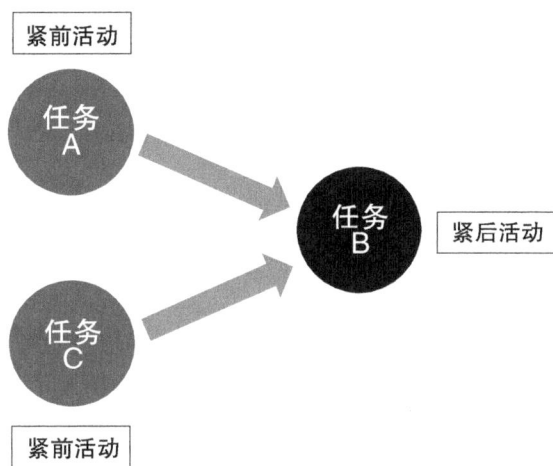

图 7-7　紧前和紧后活动

　　接下来需要确定作业的节点，它指的是一项作业需要在什么时间点开始和完成。节点时间分为以下几种。

　　●作业持续时间，指作业从开始到结束的持续时间。PERT 在预估持续时间时，利用数据分析、经验推断、外部专家评估等多种手段得出 3 个时间参数：最乐观的持续时间（a）、最可能的持续时间（m）和最悲观的持续时间（b），然后采用下述第一个公式给出预估时间 T_e，采用下述第二个公式估算持续时间的方差 v。这几个概念的关系如图 7-8 所示。

$$T_e = \frac{a+4m+b}{6}$$

$$v = \left(\frac{b-a}{6}\right)^2$$

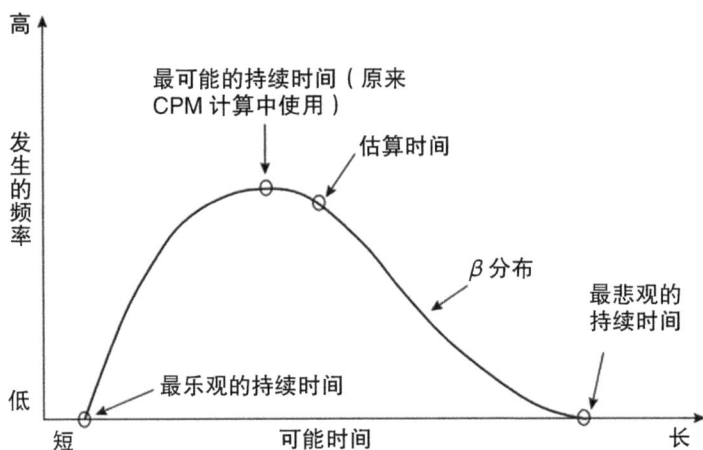

图 7-8 基于 PERT 的时间估算

● 作业最早开始时间。这可以根据紧前紧后关系来决定，即最早可以开始一个作业的时间，是当其所有的紧前作业都完成的时候。

● 作业最早结束时间，即用最早开始时间与持续时间计算出某个作业最早可以结束的时间。

● 作业最晚结束时间。这是根据项目工期倒推得出的时间。如果该作业晚于这一时间结束，预定的项目工期将会被推迟。

● 作业最晚开始时间，可以用最晚结束时间减去持续时间得出。

● 作业松弛时间，指的是在不影响其紧后作业的情况下，某个作业可以自由支配的时间。如该作业的最晚开始时间是 x，而该作业的最早开始时间是 y，则松弛时间 $z=y-x$。

● 作业总松弛时间，指的是在不影响项目总工期的情况下，某个作业可以自由支配的时间，即用作业最晚开始时间减去作业最早开始时间。

然后需要确定项目的路径，即根据作业次序，顺着箭线的指示，找出从项目起始走到项目结束的通路。常用的表达路径的方式有两种：用节点表示作业、箭线表示次序的单代号网络图；用节点表示次序、箭线表示作业的双代号网络图，分别如图 7-9 和图 7-10 所示。

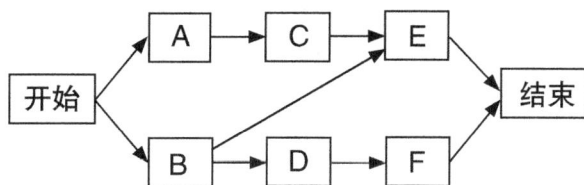

图 7-9　单代号网络图

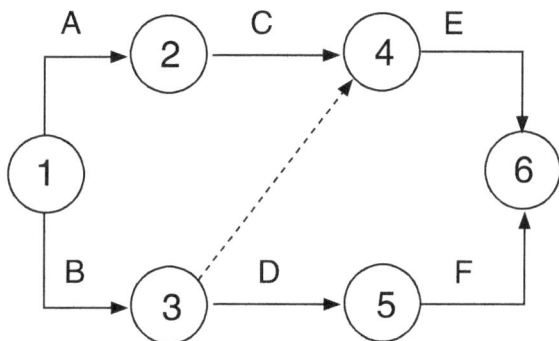

图 7-10　双代号网络图

3. 关键路径法

当我们确定了项目的任务、节点和路径后，就可以绘制项目的箭线图了。图 7-11 所示是某供应链信息系统开发项目的箭线图。图 7-11 中的每个圆圈表示一个任务，包含该任务所属工作包的编号和名称。箭线表示任务的先后次序。此外，为了方便计算，箭线上还标注了时间，代表该任务开始后，经过多少天可以开始紧后任务。

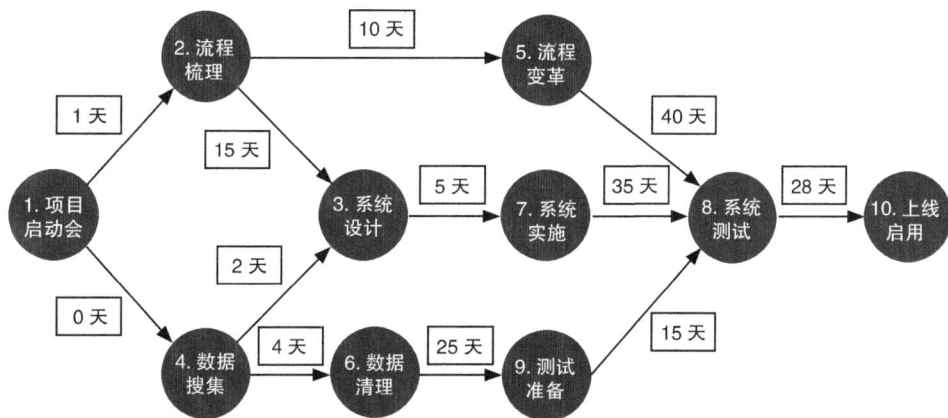

图 7-11　某供应链信息系统开发项目的箭线图

那么，整个项目需要多少天才能完成呢？在图 7-11 中，从任务 1 走到任务 10 有好几条不同的路径，把路径上每条箭线标注的时间累加起来，就是该路径所需要的总时间（假设任务 10 可以在 1 天内完成）：

- 第 1 条路径：任务 1-2-5-8-10，需要 1+10+40+28=79 天；
- 第 2 条路径：任务 1-2-3-7-8-10，需要 1+15+5+35+28=84 天；
- 第 3 条路径：任务 1-4-3-7-8-10，需要 0+2+5+35+28=70 天；
- 第 4 条路径：任务 1-4-6-9-8-10，需要 0+4+25+15+28=72 天。

由于箭线图中的每项任务都是项目必须完成的，因此时间最长的那一条路径就是本项目必须经历的。在图 7-11 中，最长的路径是上述第 2 条路径，即任务 1-2-3-7-8-10，需要 84 天，也就是说从项目启动会开始到上线启用，需要 84 天。我们把这条最长的路径称为"关键路径"（Critical Path），而把通过寻找关键路径来确认项目工期的做法称为"关键路径法"（Critical Path Method，CPM）。现实工作中，当我们面对复杂项目时，箭线图会非常复杂，不可能人工地逐条计算每条路径的时间，因此经常采用项目管理软件计算关键路径。

需要注意的是，在项目的实施过程中，任务完成进度的延迟和加快会造成路径上的时间数值增大或缩小，而项目方案的变更更有可能创造新的路径和删减现存的路径。这些都有可能导致原本的关键路径延长、缩短或出现新的关键路径。按照"滚动规划、渐近明细"的原则，项目团队需要根据最新的情况更新项目计划，更新后的计划也需要重新确认关键路径。此外，当工作进度出现延迟的时候，项目团队需要加快进度以确保项目按时结束，即需要缩短关键链上后续任务的工期。这时，CPM 不仅可以指示调整哪些任务可以帮助缩短关键链，还可以方便地模拟各种赶工方案下新的总工期，帮助项目团队确定最佳的赶工措施。

与 CPM 相似的工具是甘特图，它又叫横道图。图 7-12 所示是与图 7-11 表达的相同项目的甘特图。它的每一个横道覆盖了一个任务从开始到结束的时间，而每个任务的开始时间遵循任务的排序。从甘特图中，项目团队也可以得出项目的工期是 84 天，不过还是要通过计算才能找到关键路径。相比于图 7-11，从图 7-12 中不仅可以看出任务开始的时间，还可以看出任务持续的时间。如任务 4 数据搜集，在该任务开始后的 4 天就可以开始任务 6，但任务 4 本身要持续 6 天才会结束，这一信息在图 7-11 中并没有标注出来。许多箭线图也会标注任务持续时间等更多的信息。图 7-11 只是箭线图中最简易的一种形式。

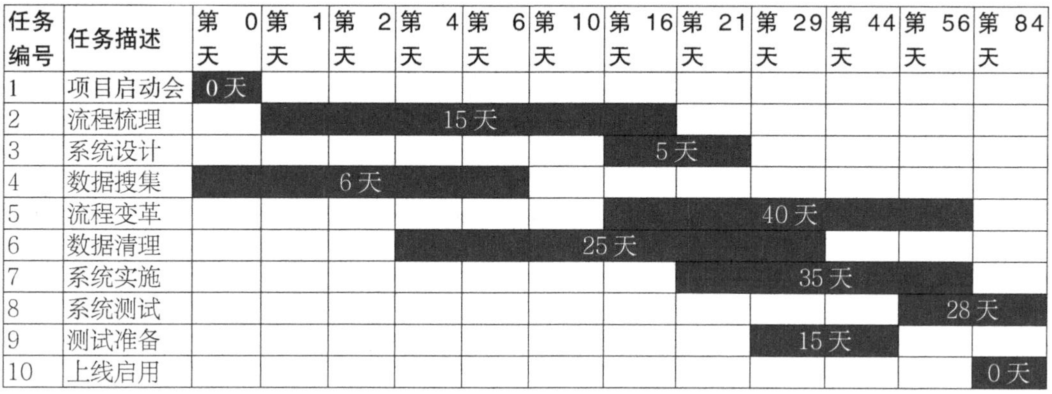

任务编号	任务描述	第 0 天	第 1 天	第 2 天	第 4 天	第 6 天	第 10 天	第 16 天	第 21 天	第 29 天	第 44 天	第 56 天	第 84 天
1	项目启动会	0 天											
2	流程梳理				15 天								
3	系统设计							5 天					
4	数据搜集			6 天									
5	流程变革									40 天			
6	数据清理					25 天							
7	系统实施								35 天				
8	系统测试											28 天	
9	测试准备								15 天				
10	上线启用												0 天

图 7-12　某供应链信息系统开发项目的甘特图

箭线图、关键路径法和甘特图都是非常重要和强大的计划工具，但它们只是对既定计划的总结和呈现，本身并不能取代制订计划的过程，其价值主要是使项目任务之间的活动关系一目了然、项目时间清晰可见，在实际活动与计划产生偏差时还可以帮助管理者更准确地掌握该项偏差对整个项目牵一发而动全身的影响。

4. 资源估算与配备

项目计划除了要评估完成工作任务的时间，还得测算完成任务所需要的资源量，并合理分配这些资源。

1）资源估算

项目资源的估算可以分为确定性估算和概率估算。确定性估算也称为点估算，其结果是一个数字或金额，而概率估算的结果则是一个数值的区间。在估算过程中可能采用主观的评估方法，如德尔菲法、意见权重法、投票法、类似任务的对比分析等；也可能对所需资源进行推导并计算结果，如按照工程图纸和生产线的产能确定操作人员的任务工时等。PERT 也常被用于评估资源量。例如，在预估完成任务所需的资金时，也可以估算最乐观的资金用量（x）、平均的资金用量（y）、最坏情况下的资金用量（z），然后按 $[(x+y+z)/6]$ 进行测算。

资源估算既不是脱离实际的空想，也不是只看数据的机械决策，无论采取哪种方法，都必须依托可靠的分析逻辑，基于可信的证据（数据、经验、案例、事实等）得出理性的结论。通常来说，流程和工作说明书（Statemen of Work，SOW）更加确定的任务、更依赖自动化设备完成的任务、过往经验和统计数据更充分的任务，推导计算出的资源量越具备参考价值；而难以借鉴经验和数据探索性的工作、更依赖人工的工作，主观评估的权重就会更大。有经验的项目经理通常会以客观计算的结果作为基础，再结合主观的判断和协商确定资源量。

尽管相对于立项过程，计划过程的资源量评估更加准确，但这绝不意味着项目团队需要对未来的每一个任务都做出百分百准确的预计，这是不切实际的。在后续项目的开展中，还会不可避免地出现对资源量评估的不断修正，最终的实际资源量也可能和估算值有所出入。但是，项目团队估算的资源量越准确，项目超支和延迟的风险就越小。

2）资源配备

当项目的箭线图、关键路径、工期都被绘制和识别出来后，我们就需要为每个任务配置资源了。这意味着项目团队必须在计划出炉后尽快锁定项目所需的关键资源，严格按照项目计划进行分配。在我国研制"两弹一星"的伟大项目中，理论研究和工程设计的计算量巨大。为了保障项目进度，最好的办法是大规模使用电子计算机，但是这在当时是非常稀有的资源，有很多国民经济的建设项目都需要，不可能为"两弹一星"项目配备专用的电子计算机。因此，项目的管理者们将重点环节、过于复杂的计算标注出来，向国家有关部门申请占用一部分的电子计算机使用时间，剩余的计算量由科学工作者们手工计算完成。最终，我们用少量的电子计算机工时，加上海量的人工计算和伟大的科研团队，完成了震惊世界的"两弹一星"研发项目。

供应链项目经常会遭遇设备、物资和人力的约束，为了避免争抢稀缺资源造成的问题，管理者需要建立一系列的资源分配规则，这些规则不仅指导项目内部资源的使用，也是在不同项目间分配资源的依据。例如，在研发性和销售性项目中，企业往往会建立产能不足时的优先次序，保障核心产品的测试打样和重点客户的订单。在物料短缺的时候，可能会设置物料分配方案，满足利润较大、战略型客户订单等优先级较高的项目的需求。此外，供应链项目中人员也是重要的资源，不仅包括办公室里的业务、技术和行政人员，也包括生产车间和仓库里的一线劳动者，还包括咨询公司、软件实施方和供应商方面的外部人员。项目管理者经常采用 RACI 矩阵来分配每个任务的人员（或部门），设定他们的角色、分工和大致的工作时间段。表 7-4 是某家具产品研发项目的 RACI 矩阵示例，其中，RACI 矩阵把人员在任务中的角色定义为 4 个类型。

● R 是任务的责任人（Responsible），负责履行任务定义的工作。

● A 是任务的负责人（Accountable），负责审批、监督任务定义的工作。

● C 是任务需要的顾问（Consulted），负责培训知识、提供帮助和回答疑问。

● I 是任务需要通告的人（Informed），是会被任务影响而必须通知的人员和部门。

表 7-4　某家具产品研发项目的 RACI 矩阵示例

任务编号	任务内容	持续时间／天	王 ×	李 × ×	陈 × ×	高 ×	熊 ×
1	确认产品方案	3	R	A	A	I	I
2	设计费支付	1			A	R	
3	确认效果图、CAD 三视图	60	A	A	R		
4	深化结构图	60	A	A	R		
5	确定皮革、布料、木料	31	R	A	A	I	C
6	木料色板调试	31	R	A	A	I	C
7	五金开模与首批五金生产	9	C		C	A、I	R
8	产品打样与调整	40	C		C	A、I	R
9	展销会样品制造	9	C		C	A、I	R
10	试包装	1	C		C	A、I	R
11	产品录入展示软件	21		R		A、I	
12	邀约意向经销商看成品	9	R	A	A	A	A
13	展览现场安装	2	R			A、I	
14	OEM 工厂寻源	15				R	
15	产前样制造及签样	3				A、I	R
16	展销订货会	4	R	A	A	A	A
17	备货订单整理并下发 OEM 供应商	3				A、I	R
18	备货订单跟单	113				A、I	R

3）项目周期的优化和压缩

项目管理者通常希望以更短的周期完成项目。不仅如此，在项目实施过程中，一旦出现意外导致工作延迟的时候，项目团队也需要对后续的项目计划进行调整，优化和压缩未完工任务的周期，从而守住计划的项目工期。项目团队通常会采用以下 3 种方法来优化和压缩项目周期。

●增加资源投放。投放更多的资源，加快工作的进度，可以起到缩短关键路径的作用，从而确保项目的总工期不变。投放资源的方式大体分为两种：赶工和外包。赶工是增加关键路径上后续任务的资源，使关键路径上未完工的部分加快进度，比原计划更早地完成任务，从而实现项目周期的压缩。例如，增开产线、夜班生产、海运改为空运等都是赶工的常用做法。外包是把关键路径上的后续工作外包给合作方，利用外部市场的资源加快任务的完成速度，但这通常意味着更高的采购支出。赶工和外包都是用调整资源配置和增加资源的投入换取项目总工期的缩短。

●减少工作事项。将关键路径上后续任务的工作内容减少，删除部分工作事项，也可以缩短关键路径，使得总工期维持不变。

●重新安排工序。重新设定任务的次序也可以帮助缓解或解除进度延迟的威胁。例如，项目经理可以将暂时短缺资源的工作搁置，优先开展后续的工作，以此减少闲置和等待的时间。在这种情况下，CPM可以方便地模拟各种可行的任务排序，估算出不同排序的项目工期，帮助项目团队确定最佳的方案。

5. 制订项目的风险管理计划

在项目执行的时候，几乎肯定会出现与项目计划有所出入的情况。我们把那些一旦发生就会对项目的工作成果产生影响的事件或条件定义为"项目风险"。广义的项目风险不只限于消极的影响，也包含积极的影响。"风险管理"指的是管理者应力求增加积极风险发生的机会，同时尽量减少消极风险出现的可能，或者当消极风险不可避免时采取积极的缓解措施，将其影响控制在可接受范围内。供应链的风险管理包含内容丰富、流程复杂的管控工作，在本丛书《供应链领导力》一书中有专门的介绍。这里的项目风险管理指的仅仅是控制影响项目进度和项目成果质量的风险。项目风险管理贯穿项目的全生命周期，需要合理计划和安排。

为了制订风险管理计划，项目团队首先需要识别风险事项、评估风险发生的概率和风险造成影响，然后需要确定管控风险的方案，这包含在项目实施过程中，每一个风险事项的检查频率、检查人员、检查流程、检查所用的设备工具及检查结果的汇报沟通方法。常用的方法之一是把风险的信息、管控的措施、风险监测的工作安排和发生问题后的处置预案都登记在册，确保项目团队方便查阅，从而系统全面、准备充分、训练有素地应对项目风险。这一文件称为"风险登记册"。表7-5所示为某项目的风险登记册模板之一。

表7-5　某项目的风险登记册模板之一

风险编号	风险描述	风险发生的可能性	风险影响	风险等级	风险检查频率	风险检查人	风险预防和缓解方式	风险处理责任人	备注

|第4节|　项目实施、监控和收尾

在完成项目立项和项目计划两个阶段后，项目就进入了后 3 个阶段，即项目的实施、监控和收尾。在此过程中，项目团队需要与客户签订相关的协议、召开项目启动会、管理项目变更、落实项目监控措施和处理项目收尾善后事宜，以及进行项目的维护与支持。

1. 与内部或外部客户达成一致（签订协议）

在大规模投入资源实施项目方案前，项目团队需要与内部或者外部的客户达成一些关于项目的必要的共识。为了避免不必要的争执、混乱和重复投入，双方需要以书面协议的形式将达成的共识记录下来。与外部客户的协议通常是正式签署的项目合同，而与内部客户的协议除了正式合同以外，还可能是会议记录、邮件、工作说明书等多种形式。其中，合同是具有强制约束力的协议。

与内外部客户达成的共识包括很多方面的信息，这些信息准确翔实地定义了交付成果，其中比较常见的内容如下。

● 协议参与方的基础信息。习惯上，甲方指的是内部或外部客户，而乙方指的是项目的实施方，有时还会出现第三方，即丙方，如外包的物流承运商、第三方检测机构等。协议参与方的基础信息一般包含企业或个人的名称、税号 / 身份证件号、银行信息、地址、联系人和联系方式等。

● 工作说明书。项目工作具有一次性和后果不可恢复性，不能像标准品那样展示现成的产品，所以客户是通过了解和认可实施方的工作步骤和方法建立起项目成功的信心的。因此，客户最终确认的工作说明书需要被记录在协议中。工作说明书会定义参与项目的核心人员、角色分工、操作步骤、采用的方法 / 设备 / 工具等。

● 交付成果的描述。项目协议需要对交付成果的特征做出清晰的描述，如产品名称、物料号、颜色、技术参数等。交付成果的描述要尽量做到清晰和具备唯一的辨识度。

● 交付条件的说明。项目团队需要明确，项目的工作成果满足哪些条件才可以被客户接受，视为交付成功。通常，这需要定义交付物必须达到的质量标准、数量要求、交付时间、交付地点、运输方式、包装规范等。在交付条件中，项目团队还应该考虑到异常交付的情形，需要对此类事件做出定义，并设置处理规则和流程，如质量不合格时的退货和让步接收操作等。

● 交付相关的商务条款。双方或多方约定的商务规则和商务目标也是项目的目标之一，如需要维持的成本范围、获取的利润区间、付款条件、付款方式、价格和价格波动的处理方法等。

●交付过程中和交付后的保密责任。项目在实施过程中可能会涉及实施方和客户的商业机密，因此保密也是项目重要的目标。协议要对机密的阅览权限、使用场景、传播范围、有效时间、泄密责任等问题做出清晰明确的说明。保密责任不仅出现在项目实施过程中，也可能在交付后的一段时间内持续存在。

●其他要求和责任。上述只是项目协议常见的内容，根据项目的具体情况，还有可能出现更多的约定。近年来，社会责任问题也日渐受到企业的重视，也越来越频繁地出现在项目协议中。

2. 项目启动会

很多管理者将项目启动会视为一个庆典或仪式，认为只是正式宣告项目进入实施阶段。甚至还有少数管理者抱怨项目启动会是形式主义的表现。这些观点都忽视了项目启动会的实用价值。一方面，项目启动会是一种团队建设。它将项目的利益相关者召集起来，在带有新鲜感和兴奋感的仪式中，创建一个让成员彼此变得熟悉起来的环境，从而促进团队成员的融合。另一方面，项目启动会是一次初步的沟通，它统一了团队成员对项目的了解，使团队成员树立起正确的认知，为方案实施打下了良好的基础。项目启动会一般会介绍项目的目标、开展工作的方法论、实施方案的步骤、团队成员的角色分工、项目的组织架构、项目可能遭遇的问题和应对流程等实质性内容。

项目启动会本身并不需要很长时间，但是为了开好项目启动会需要做一些前期的准备工作。这可能包括分析数据、整理项目背景资料、安排会议议程、布置会议现场、准备演讲资料、预估现场答疑的问题、就关键问题与高级管理层达成一致等。虽然一个成功的项目启动会并不意味着项目一定会成功，但是一个成功的项目通常都有一个成功的项目启动会。

3. 管理项目的实施过程

项目具体的实施工作因项目而异。就项目管理方法而言，在实施阶段具有共性的工作是管理项目可能发生的变更。这些变更包括外部环境的变更，如客户需求的变化；也包括内部的改变，如工作流程和人员安排等方面的变化。完全不接受变更是不切实际的，但是无限制地满足利益相关者的变更要求会造成项目超支和超时，进而导致项目失败。因此，项目团队需要构建一个合理而高效的变更管理机制。常见的做法是设置一个由多个部门的负责人组成的项目变更委员会（Change Control Board，CCB），由中高层管理者在小范围内综合权衡变更的利弊和可行性，形成统一决策后再交由实施团队落实变更。还有的企业设置了永久的项目管理办公室（Project Management Office, PMO）来管理包括变更在内的项目事务。

4. 项目监控

一旦项目开始实施，项目团队就要监控实施的效果，包括监控工作的进度、资金的支出情况、工作成果的质量水平、团队成员的士气和情绪变化、风险因素的发展状态等。

1）项目里程碑进度监控

项目团队的常规做法是在整体的项目计划中，将项目按时间次序划分成几个阶段。每个阶段包含一系列紧密相关的任务活动，其结束于一个重要的时间点或事件，项目管理者将之称为"里程碑"。项目团队在计划阶段就应当设置项目进度的里程碑，称为"里程碑进度计划"，并作为项目监控的依据。图 7-13 所示是某采购管理体系改善项目的里程碑进度计划。

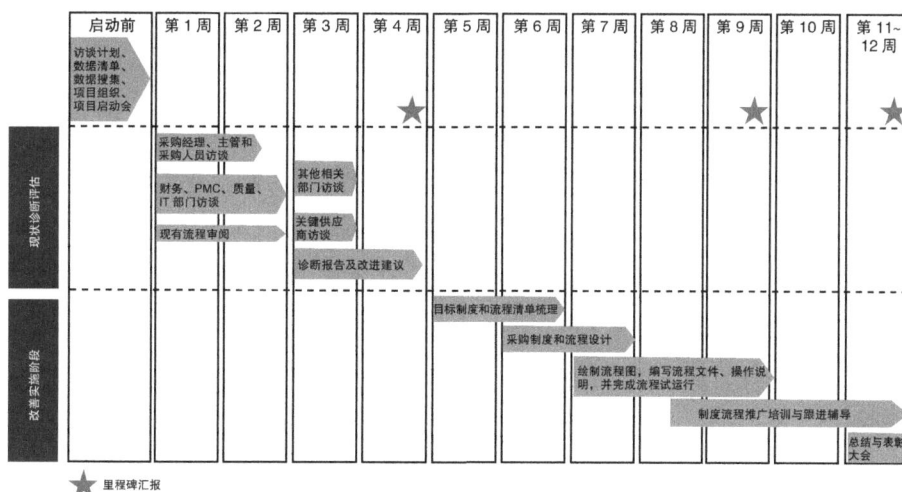

图 7-13　某采购管理体系改善项目的里程碑进度计划

整个改善项目从启动前到总结与表彰大会持续约 12 周。其中图中箭头代表诊断调研和实施改善的任务，而箭头覆盖的长度代表任务的起止时间。3 个五角星代表项目团队设置的 3 个里程碑，分别是：在第 4 周正式提交诊断报告和改进建议、在第 9 周采购流程设计定稿并完成试运行、在第 12 周项目成果验收完毕并举办总结与表彰大会。这 3 个里程碑都是事件，但同时又都对完成时间有着严格的要求。在该项目后续的实施过程中，实施方和客户都以该计划作为项目监控的依据。

当项目进度不如预期时，甲乙双方的管理者就会协商，是否要采取本章第 3 节中描述的 3 种措施（增加投放资源、减少工作事项和重新安排工序）来维持项目工期。

2）项目挣值管理

项目团队通过监控可以发现工作进度延迟或者超前，或者发现任务成本超过或者小于预算，但是究竟如何衡量延迟、超前、超支、节约的程度呢？这就需要用到项目评估的技术了。挣值管理（Earned Value Management, EVM）是一种把进度绩效和成本表现结合起来的评估手段。为了便于阐述，我们假定有一个为期 10 周的项目，其挣值管理如表 7-6 所示。

表 7-6　某项目的挣值管理

计算指标	第1周	第2周	第3周	第4周	第5周	第6周	第7周	第8周	第9周	第10周	合计
PV/BCWS	100	200	400	200	600	900	400	500	200	50	3,550
EV/BCMP	80	160	390	200	550						1,380
AC	90	220	350	230	550						1,440

表的第 1 行标记了 10 周的时间。

表的第 2 行是项目的工作计划，标注了每周应该完成的工作量，但是这个工作量不是工作包的个数或者工时数，而是工作包的预算成本，即以项目计划中设想的完成任务的成本作为衡量工作量的标准。例如，第 1 周计划完成的所有任务，其在预算中的成本总共是 100 万元。我们把这一行的数值叫作计划完成工作的预算成本（Budget Cost of Work Scheduled，BCWS），意为排进日程表里的工作在预算中的成本。相比 BCWS，对这一行数值更流行的称呼是计划价值（Planned Value，PV）。

表的第 3 行记录的是已经完成的工作量。和第 2 行一样，这些工作量也是以工作包的预算成本来表达的。如第 1 周实际完成的任务，其按预算费率核算成本是 80 万元。相比第 2 行计划完成预算成本 100 万元的任务，我们知道第 1 周的工作进度落后了。我们把这一行的数值叫作已完成工作的预算成本（Budget Cost of Work Performed，BCWP），意思为已经完成的工作在预算中被分配到的资金。对这一行数值更流行的称呼是挣值（Earned Value，EV），意思是把已经完成的工作视为项目已经创造的价值，这就是"挣值管理"名称的由来。我们不难发现，PV 和 EV，一个是计划值，另一个是成果，但两者都用预算成本的金额来表示，正是如此，计划的工作量和实际完成的工作量才可以做量化的比较，得出进度延迟或者超前的结论。

表的最后一行是已经完成的任务实际花费的金额，即已完成工作量的实际支出。我们把这一数值称为实际成本（Actual Cost，AC）。还拿第 1 周来说，已完成工作的计划开支（EV）是 80 万元，而实际支出（AC）是 90 万元。显然，第 1 周的工作超支了。EV表达的是工作成果的预算成本，而 AC 显示的是工作成果的实际支出，两相对比可以评估项目是否超支或者节约。

PV、EV 和 AC 是挣值管理的三大要素。将 EV 和 PV 对比，不仅可以判断工作进度的延迟或者超前，还能精确度量延迟或超前的具体数量。例如，当时间推进到第 5 周的周末，此时项目团队统计数据如下。

- 前 5 周累计的 PV=100+200+400+200+600=1,500（万元）。
- 前 5 周累计的 EV=80+160+390+200+550=1,380（万元）。
- 前 5 周累计的 AC=90+220+350+230+550=1,440（万元）。
- SV=EV−PV=1,380−1,500=−120（万元）。
- CV=EV−AC=1,380−1,440=−60（万元）。

SV 是 Schedule Variance 的缩写，意为进度偏差，它等于 EV 减去 PV 的差值。这个数值是负数就意味着实际完成的工作进度落后于计划要求的工作进度；如果这个数值是正数，则为超前。CV 是 Cost Variance 的缩写，意为成本偏差，它等于 EV 减去 AC 的差值。这个数值是负数就意味着已完成的工作超支了；如果这个数值是正数，则为节约。本项目进行到第 5 周的时候，进度落后计划 120 万元，支出却超过计划 60 万元。图 7-14是对某项目的 EV、PV、AC、SV 和 CV 的示意图。

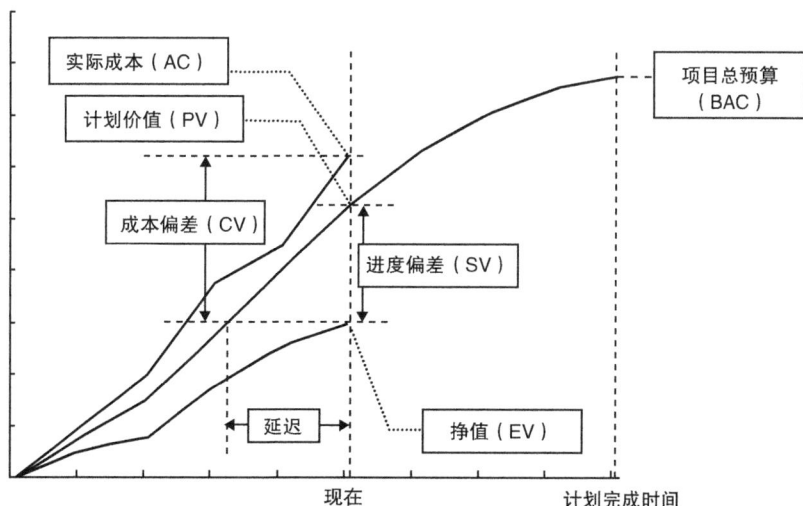

图 7-14 某项目的 EV、PV、AC、SV 和 CV 的示意图

虽然我们知道了进度延迟和成本超支的数量，但我们依然不知道进度延迟和成本超支的程度有多么严重。假如按照项目计划，截至第 5 周的预算是 6 亿元，超支 60 万元根本就不会引起项目经理的担忧；但是假如预算是 100 万元，超支 60 万元是必须要重视的严重风险。为了研究进度延迟／超前和成本超支／节约的程度，我们需要再引入两个指标。

- SPI=EV÷PV=1,380÷1,500=0.92。
- CPI=EV÷AC=1,380÷1,440 ≈ 0.96。

SPI 是 Schedule Performance Index 的缩写，意为进度绩效指数，它等于 EV 除以 PV 的商，表达的是已完成的工作（EV）是计划（PV）的多少倍。这个数值小于 1 就意味着进度延迟；如果这个数值大于 1，则为超前。截至第 5 周，项目组完成了 92% 的计划任务量，虽然落后于计划，但还不是特别严重。CPI 是 Cost Performance Index 的缩写，意为成本绩效指数，它等于 EV 除以 AC 的商，表达的是完成同样的工作，预算成本（EV）是实际支出（AC）的多少倍。这个数值小于 1 就意味着成本超支；如果这个数值大于 1，则为节约。截至第 5 周，预算的金额只占实际支出的 96%，显然，预算有点儿不够用，不过超支程度也不是非常严重。

最后还有一个问题：在第 5 周的周末，项目经理考虑到既然目前处于超支的状态，不如向上级申请增加一些预算，免得在后面的任务遇到资金短缺的情况，那么新的预算应该是多少呢？这里又要引入几个指标和公式。

- 项目完工预算（Budget at Completion，BAC）：当前的项目总预算，本项目等于 3,550 万元。

- 项目尚需估算（Estimation to Completion，ETC）：从此刻起到项目结束还需要产生的支出，它和现有的预算值不同，是对未来支出重新做的估算。

- 项目完工估算（Estimation at Completion，EAC）：是根据截至第 5 周的情况，我们对项目结束时总支出的预估，即我们想要得到的新的预算。有 3 个公式可以帮助进行项目完工估算。这 3 个公式分别应对 3 种假设的预算趋势，如表 7-7 所示。

表 7-7　项目完工估算的公式

预算趋势	EAC 公式
1. 按已经发生的超支的同等比例持续下去	EAC=BAC/CPI=3,550/0.96 ≈ 3,698（万元）
2. 已经发生的超支已经不能改变，但对于未完工的部分，预算值依然可靠	EAC=AC+（BAC−EV）=1,440+（3,550−1,380）=3,610（万元）
3. 已经发生的超支不能改变，未完工的部分既不会延续当前超支的比例，也不会和现有的预算相吻合，需要对未完工部分重新制定预算	EAC=AC+ETC 具体情况视 ETC 而定

挣值管理或者说挣值分析，是评估项目绩效的强大工具。挣值就像一个社交高手，在遇到计划开支的时候，它显示出成果的一面，与计划形成比较，若合一契；而当它遇到实际开支的时候，它又表现出预算的一面，与支出再次形成对比，相谈甚欢。在挣值"左右逢源"的加减乘除中，项目团队准确掌握了项目的进度和成本绩效。

5. 项目收尾

项目不是在某个瞬间猝然结束的，它有一个逐步终止的过程，称为"项目收尾"。当项目团队按照项目计划完成了所有的工作任务，且客户确认接收项目的交付成果时，项目就正常终止了。在此过程中，项目团队需要完成几种类型的收尾工作。

●交付成果验收。项目的交付成果需要得到客户的确认，达到客户在项目合同 / 协议中定义的交付条件。项目的实施方往往需要与客户和 / 或客户委托的第三方协商交付成果的验收计划，组织安排验收活动，直至客户签字确认接收交付成果。

●资金收尾。常见的工作包括要求客户支付尾款和向供应商支付尾款，也可能涉及补偿金、质保金、追加项目款等问题。

●物资、设备和场地收尾。供应链项目中最常见的工作之一是处理交付后剩余的库存，尤其是供应方按照采购方的计划储备但尚未形成交易的原材料库存，需要清晰辨识造成库存的责任并协商解决方案。对于自有的结余库存，转移到别的项目上继续使用、打折变卖、留作他用和就地销毁等都是可能的处置方式。项目中使用的设备和场地也需要妥善处理，如施工现场的垃圾清运和专用设备的拆除等。

●法律责任收尾。有的项目在实施过程中会产生部分法律责任，在项目结束的时候也应处理完毕。例如，对产品的质量责任尚存争议，客户和实施方尚未就质量责任的归属和连带的赔偿责任达成一致。在收尾阶段，项目团队需要给出一个应对的预案。

●人员收尾。项目的临时性决定了大部分项目团队的成员在项目结束后会回到各自的部门，项目经理需要对团队成员的表现做一个总结或评价、表彰贡献突出的人员、组织欢送会等庆典仪式等。有的时候，项目经理还会在收尾阶段推荐优秀的成员去其他项目和组织继续工作。对于一个项目经理来说，共同参与项目的成员是宝贵的工作伙伴，客观准确地评价他们和留下一个愉快的记忆是一种职业关系的发展和积累。

●资料收尾。项目过程中产生了林林总总的信息，项目团队应该把重要的信息搜集起来，整理成卷宗以备随时查询。其中，项目中积累的经验和教训是十分重要的资料，项目团队需要在项目立项、计划、实施和监控过程中不断更新项目日志，形成充实完整的记录。整理项目资料有几方面的好处：一是梳理整齐的资料可供项目成员复盘总结，不断增强其项目管理能力；二是将来碰到涉及该项目的问题时，可以快速地找到有用的资料，提高工作效率；三是部分项目可能存在遗留的风险和长时间的审计要求，梳理整齐的资料可以帮助团队成员更有效地应对。

异常终止指的是项目团队在未能按计划完成工作任务或客户不同意验收全部或部分交付成果的情况下，不得不终止项目的情形。异常终止除了要考虑正常终止的收尾事项外，还要就项目未能交付的部分形成解决方案。例如，与客户签订谅解备忘录，免除未完成部分的责任等。

6. 项目的维护与支持

即使在项目结束后，也有可能存在后续的维护与支持工作需要项目团队完成。在供应链项目中，较为常见的维护与支持工作如下。

●售后服务。这包括设备维修、定期保养、配件更换、产品升级和投诉处理等工作。供应链项目中经常遇到的一个问题是产品完成交付后，规模化的生产活动就停止了。如果不预先储备零部件，后续一旦出现零星的保养维修需求，就需要重启生产线、实施小批量的采购和物流，这都会显著地增加成本和分散管理者的精力。所以，在项目接近结束的阶段，供应链团队通常要在生产设施关停前，预测售后服务的需求，并据此储备合理数量的易损物料和消耗品。

●项目回访。项目完成交付后，乙方可能会在一段时间后回访甲方，询问产品的使用情况或者对服务的体验。生活中常见的例子是家庭装修结束后一段时间，装潢公司可能会回访业主，既调研客户的满意度，也从中找出值得改进的地方，持续提升产品和服务的品质。

●产品的追踪、追溯和召回。乙方在把产品交付给客户后，继续跟进产品的用途和去向，这称为追踪。典型的场景是生产商向经销商交付产品后，还要继续追踪产品最后被哪个城市或地区的消费者买走。这一方面是出于经销商管理的要求，防止跨区域销售；另一方面也是出于提供更好的售后服务的需要。追溯是向供应链的上游查找产品和原材料的来源，这对处理质量投诉、吸取经验教训、持续改善质量管理措施有着关键的作用。召回是发现已交付的产品有严重的质量和安全问题时，企业从客户手中回收已交付产品的过程。召回可以是客户自己搜集产品送返乙方，也可以是乙方依托完善的追踪体系，主动回收自己的产品。追踪、追溯和召回不仅是企业的主动行为，也有可能是法律的强制要求，例如国家食品药品监督管理总局对食品、药品、医疗器械和医疗用品的生产商的追踪、追溯和召回管理都有严格的要求。

参考文献

1. 刘慧，韩兵，戴锋. 决策结论的敏感度分析 [J]. 中国管理科学，2008, 10:1003-207（2008）2k-0104-04.

第 8 章

供应链管理创新

　　创新是供应链管理的灵魂所在。从精益生产到敏捷制造；从物料需求计划到制造资源计划、企业资源计划，再到联合计划、预测和补充；从面向库存生产到面向订单组装、面向订单生产，再到面向订单设计；从单件小批量生产到流水线大规模标准化生产，再到混线的大规模定制，企业层面的供应链管理创新层出不穷。

　　在国家层面，2012 年，美国国土安全部发布的《全球供应链安全国家战略》指出，"国内外一切经济、军事活动，都离不开供应链，任何国家不可能单打独斗，需要在全球范围内利用高科技和互联网去开发和支撑产业链、供应链与价值链的发展，以谋取大国间的平衡和优势"；《国务院办公厅关于积极推进供应链创新与应用的指导意见》（国办发〔2017〕84 号）指出，"供应链具有创新、协同、共赢、开放、绿色等特征，推进供应链创新发展，有利于加速产业融合、深化社会分工、提高集成创新能力，有利于建立供应链上下游企业合作共赢的协同发展机制，有利于建立覆盖设计、生产、流通、消费、回收等各环节的绿色产业体系"。这些政策的出台为全球供应链创新发展指明了方向，全面地提升了全球供应链的发展水平。

　　随着《中国制造 2025》行动纲领的提出，数字化赋能的智能供应链的发展，以及全球芯片短缺的影响，企业层面的供应链竞争已上升到国家层面的竞争，这标志着供应链创新发展由微观层面上升到宏观层面，供应链行业迎来了前所未有的创新发展的大好时机。

本章目标

1. 了解供应链管理创新的定义。

2. 熟悉供应链管理创新的分类及原理。

3. 熟悉供应链管理创新理论与模式。

4. 了解变革管理。

| 第 1 节 | 供应链管理创新的内涵

1. 供应链管理创新的定义

创新的英文为 Innovation，起源于拉丁语，有更新、创造、改变 3 层意思。创新作为一种理论，可追溯到 1912 年美国哈佛大学教授熊彼德的《经济发展概论》，其在该著作中提出：创新是指把一种新的生产要素和生产条件的"新结合"引入生产体系。20 世纪60 年代，新技术革命迅猛发展，美国经济学家罗斯托将"创新"的概念发展为"技术创新"，并把"技术创新"提高到"创新"的主导地位。

供应链管理创新是指为获得供应链竞争优势，供应链利益相关者在产品、过程、市场、技术、资源配置及组织上进行从渐进到激进的综合性变革；供应链管理创新是为了一定的目的，遵循事物发展的规律，对事物的整体或其中的某些部分进行变革，从而使其得以更新与发展的活动，如新产品、新技术、新商业模式或新流程等。供应链管理创新是创新的重要领域，它服务于供应链战略和企业战略，支持对供应链管理目标（时间、成本、质量、柔性/灵活性、韧性等）的实现。对创新程度而言，供应链管理创新有 3 种形式：迭代式创新、突破式创新、颠覆式创新[1]。

● 迭代式创新。迭代式创新也称为渐进式创新、升级式创新，是最常见的创新形式之一。它是指在现有市场中使用现有技术，对当前的产品设计、工艺或包装进行小幅改变，从而降低成本、提高质量或提高可持续性，目的是逐步推进并实现所需目标。大多数创新都是渐进式的，例如包装的小幅改变可以减少浪费、降低采购成本和提高生产率。再如在智能手机市场，一些创新只是更新硬件，改进设计，或增加一些额外的功能/摄像头/传感器等。

● 突破式创新。通常认为，突破式创新是在产品、服务或者工艺上创造一种全新的特色，或在原有基础上使产品性能或成本有非常大的创新改进。例如在新能源汽车领域，目前动力电池以锂电池为主，导致锂电池资源紧缺。若钠电池能够有所突破，考虑到世界范围内丰富的钠资源，势必对新能源汽车行业发展提供突破式的贡献。也有专家提出，突破式创新是基于突破性技术，可以是不按照企业主营业务或行业主流的客户需求实施的创新，可能在短时间内无法为企业带来利润增长。

● 颠覆式创新。这个概念由克莱顿·克里斯坦森率先提出，是指在传统创新基础之上，由量变到质变，从渐变到颠覆，通过创新使原有的模式蜕变为一种全新的模式或全新的价值链。颠覆式创新技术在开始时可能略逊于现有解决方案，但经过一些迭代后，由于效率和／或功能优势，将超过现有模式并占领市场。例如飞机的发明，这项激进的新技术开辟了一种新的旅行形式，开创了一个行业，以及一个全新的市场。

2. 供应链管理创新的分类

供应链管理创新常见于企业的 5 个领域。

●商业模式创新。商业模式创新作为一种新的创新形态，其重要性已经不亚于技术创新。使用不同的渠道、技术和新市场可能带来新的商业模式，以创造、交付和获取客户价值，商业模式创新的特点如下。

第一，提供全新的产品或服务、开创新的产业领域，或以前所未有的方式提供已有的产品或服务。

第二，商业模式至少有多个要素明显不同于其他企业。

第三，有良好的业绩表现，体现在成本、盈利能力、独特竞争优势等方面。

●产品创新。产品创新在商业领域中非常普遍，一般来讲，产品创新需要产品经理基于行业背景、市场需求或者技术要求不断开发脑洞、产生创意。产品创新侧重于商业和设计行为，具有成果的特征和更外在的表现。

●技术创新。技术创新是以创造新技术为目的的创新，包括开发新技术或将已有的技术进行应用创新。技术创新可表现为产品改变、成本降低、效率提高，例如改善生产工艺、优化作业过程，从而减少资源消费、能源消耗、人工耗费或者提高作业速度等。新技术也可以成为许多其他创新的基础，最好的例子是互联网，它本身是一种创新，也带动了各个领域的其他创新。

●组织创新。组织创新可以以一种新的方式管理和分享资源，也可以以一种全新的方式合理地使用资源和资产。换句话说就是，改变企业原有的财产组织形式或法律形式，使其更适合经济发展和技术进步，如股份制、股份合作制、基金制等；组织创新也很可能是模式创新，譬如管办分离。

●制度创新。制度创新可以提高现有管理方法的效率或提升管理效果，引导和指导企业创新。制度创新是把思维创新、技术创新和组织创新活动制度化、规范化，同时又具有引导思维创新、技术创新和组织创新的功效。它是供应链管理创新的较高层次，是供应链管理创新实现的根本保证。

3. 供应链管理创新的八大原理

供应链管理创新精彩纷呈，但究其本源，主要体现以下8个方面[2]。

●横向纵向集成原理。在经济全球化的今天，企业仅依靠固有的管理思维和有限的资源，已经难于满足全球化和专业化的市场发展要求，需要建立"纵向一体化"和"横向一体化"相融合的新管理模式，形成强强联合、优势互补的供应链联盟，在达到降本增效、快速响应客户的前提下，最大限度地提高客户满意度。该原理强调资源优势互补，即供应链各节点均以其产生竞争优势的资源参与供应链资源集成，提高供应链运作的整体效率和增强供应链的核心竞争力。

●系统原理。供应链管理是一个系统，是指从供应链整体目标出发，对供应链中战略规划、计划、采购、生产、交付、物流、内外部协同、可持续发展各环节的物流、信息流及资金流进行统一计划、组织、协调、控制的活动和过程，是把供应链上的供应商、制造商、零售商及终端用户连成一个整体的功能网络系统。其特征表现在供应链功能的整体性、目的性、市场环境适应性及上下游伙伴关系等。

●多赢互惠原理。供应链上的相关企业组成一个利益共同体，相互间的密切合作建立在利益的基础上，通过协作、协商、互信机制达到多赢互惠的目标。例如供应链管理中的"牛鞭效应"使得上下游企业库存偏离实际需求，造成库存积压，给供应链各环节带来资金压力，不符合供应链系统互惠互利的最优原则。为解决这一问题，近年来，国内外出现了一种新型的库存管理方法——供应商管理库存。这种库存管理方法体现了供应链集成化管理的思想，降低了供应链整体运营成本，提高了供应链的整体利益，建立了上下游企业和核心企业的双赢关系。

●合作共享原理。合作共享原理有两层含义：紧密合作和信息共享。合作共享原理认为任何企业所拥有的资源都是有限的，其不可能占有市场所有领域的资源。因此，企业要想在市场竞争中获胜，必须与全球范围内具有某一优势的相关企业建立紧密的合作关系，充分发挥各自的竞争优势，增强供应链整体竞争能力。信息共享是实现供应链管理的基础，通过信息技术的使用和信息共享，供应链上任何企业都能及时掌握需求信息、市场动态和供应链运行状态，及时调整生产、供应，最大限度提高供应链运行效率和降低成本。

●需求驱动原理。供应链的组建和发展一般基于一定的市场需求，并且在供应链运作过程中，客户需求是供应链中信息流、物流、资金流等运作的驱动源。在供应链管理模式下，供应链运作以订单为驱动，产品订单以客户需求为驱动，然后产品订单驱动生产订单，生产订单又驱动物料订单，物料订单再驱动供应商。这样的逐级驱动模式，最大限度地确保了供应链运作的有效性和准时性，从而使各级库存水平保持在合理范围内，大大提高了物流速度和库存周转率。

●快速响应原理。在当前的市场环境中，快速响应客户需求已成为企业的核心竞争力，而要达到这一目的，仅靠一个企业的努力是不够的。供应链具有灵活快速响应市场的能力。供应链各节点的上下游资源协作可加快对客户需求的反应速度。供应链管理强调协作、准时、快速、敏捷、高效、技术应用等，均体现了快速响应客户需求的思想。

●协作原理。协作是供应链管理的核心内容之一。确保供应链上各节点成员的信息透明和同步，是实现供应链协同运作的关键。实现供应链协作，需要建立一种供应链协同机制，在信息系统技术应用基础上，使信息能够畅通地在供应链上传递，减少信息数据失真导致的库存过剩或断货，使整个供应链的运作能够与客户需求匹配，同步响应市场变化需求。

●动态重构原理。动态重构原理认为供应链是有生命周期的、动态的、可重构的。供应链服务于企业业务模式，如果企业业务模式发生变化，供应链也有可能发生变化。市场机遇、合作伙伴的选择、核心业务资源、业务流程重组等都可能带来供应链重构。

4. 供应链管理创新的意义

第一，推进供应链创新发展对国家发展具有重要意义。它有利于加速产业融合、深化社会分工、增强集成创新能力，有利于建立供应链上下游企业合作共赢的协同发展机制，有利于建立覆盖设计、生产、流通、消费、回收等各环节的绿色产业体系。同时，供应链管理创新有利于推进产业链供应链柔性化、敏捷化和可定制化的发展，引导管理者从管理思维转变为服务思维，围绕消费者需求为企业目标构建稳定的产业链供应链网络。

第二，供应链管理创新可促进我国形成产业链供应链的安全体系。宏观供应链风险包括 3 个层面：经济层面、自然灾害层面和政治层面。应对经济层面的风险，需要有较好的管控模式；应对自然灾害层面的风险，更多地需要运用先进技术来解决；应对政治层面的风险，则要求有全面的更高格局的创新模式。

第三，供应链管理创新可推进供应链全球布局，加强与伙伴国家和地区之间的合作共赢。推进"一带一路"建设落地，有利于我国企业更深、更广地融入全球供给体系，打造全球利益共同体和命运共同体。建立基于供应链的全球贸易新规则，有利于提高我国在全球经济治理中的话语权，保障我国资源能源安全和产业安全。

第四，推进企业供应链管理创新发展可支撑产业补链、延链、固链、强链。在一些产业链尚不完整的传统行业，以供应链管理创新发展带动产业链发展，有利于推动传统行业转型升级，推动产业链加快发展和提升竞争力。

| 第2节 | 供应链管理创新路径

1. 供应链管理创新经典理论

供应链管理理论本身是供应链管理创新的成果，又可指导未来的供应链管理创新。本小节从发展历程和主流思想两个维度归纳了具有代表性的供应链管理创新经典理论。

从供应链管理的发展历程划分，包括：1980 年的粗放式管理；1990 年的精细供应链（内部管理细分、业务流程）；1995 年的集成供应链，以中央计划为中心、上下游协同协作；2000 年的敏捷供应链，强调快速反应、缺少成本问题考虑；2005 年的精益供应链，其特点是交付快、成本低、人员能力要求高；2009 年至今的数字化供应链，其特点是智能化、互联、可视、总体成本最优化[3]。

（1）精细化管理理论（Delicacy Management）

精细化管理理论是一种企业经营理念，它是社会分工的精细化，以及服务质量的精细化的必然要求，是建立在常规管理的基础上，并将常规管理引向深入的基本思想和管理模式，是一种以最大限度地减少管理所占用的资源和降低管理成本为主要目标的管理方式。

（2）集成管理理论（Integration Mmanagement）

要成功地实施供应链管理，使供应链管理具有核心竞争力，企业需要摒弃传统的分散式管理方式，把企业内部及供应链各节点成员企业看作一个整体的功能模块，形成集成化供应链管理体系，应用现代管理技术，将企业生产经营过程中的人、技术、经营管理有机地集成并优化运行。集成管理理论"7 要素"包括集成目标、集成主体、集成单元、集成模式、集成工具、集成条件和环境等。

（3）敏捷精益性理论（Agile & Lean Management）

敏捷供应链管理和精益供应链管理是供应链管理理论发展过程中出现的两种先进的管理理论。

敏捷供应链强调快速反应（Quick Response），以客户需求为导向（Efficient Customer Responses），以高质量的服务水平制胜，一般适用于需求难以预测的创新型产品，如时尚零售产品等。敏捷理论以核心企业为中心，通过对物流、商流、信息流、资金流的控制，将供应链各节点成员及最终消费者整合到一个统一、高效的供应链网络中，以形成极具竞争力的战略联盟。世界领先物流与供应链管理专家理查德·威尔丁（英国克兰菲尔德大学供应链战略教授）提出了实现高效敏捷供应链管理的"3T"理论（见图8-1）：上下游合作伙伴应具有稳固的信任关系、应及时响应各方需求、应确保各节点信息透明。其中，信息透明包括前端客户销售信息、各环节实时库存数据信息、市场需求变化信息、供方生产及产能信息、供需预测信息等。

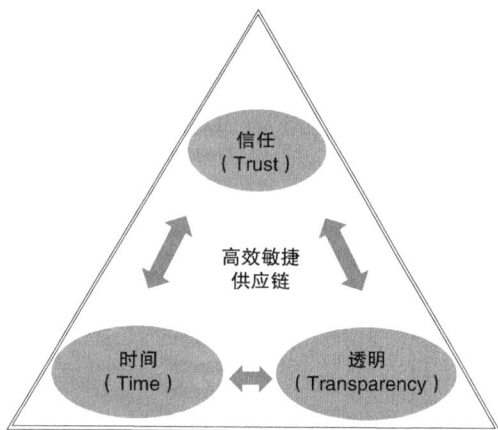

图 8-1 高效敏捷供应链的 3T 理论

而精益供应链强调降低消耗，以最低的投入成本制胜，往往适用于需求比较稳定的功能型产品，如汽车设备等。精益管理的 5 个核心原则/流程是价值识别、绘制价值链、创建工作流、创建牵引系统、持续改进。准时制是一种精益库存管理策略，可使供应商的原材料订单直接与企业生产计划保持一致。企业采用这种库存管理策略可提高效率并减少浪费，只在生产过程需要时接收货物，从而降低库存成本。这种方法要求企业具有准确的市场预测、供应商具有稳定的生产能力。另外，在企业供应链管理或生产中，使用消除（Muda）、看板（Kanban）、改善（Kaizen）、推迟客户订单解耦点（Customer Order Decoupling Point）、推拉式管理模式（Pull & Push System）等，都体现了去除浪费的精益思想。

（4）数字化管理理论（Digital Management）

数字化管理是指利用工业互联网打通内部各管理环节，打造数据驱动、敏捷高效的经营管理体系，推进可视化管理模式普及，开展动态市场响应、资源配置优化、智能战略决策等新模式应用探索。数字化管理的特点包括最简单（容易学习、接受和掌握）、最客观（客观、公正地反映本质和事实）、会说话（用数字说话，消除语言障碍）、速度快（使用计算机网络信息化技术，加快了数据的计算、统计、分析和处理速度）、国际化（使用国际化通用语言）、可决策（为企业决策或评判提供数据理论依据）、最有力（公正和具有权威性）等。

从主流思想划分，供应链管理创新主要有委托代理理论、约束理论、协同理论、全面质量管理理论、交易成本理论和战略管理理论等几种主流思想[3]。

（1）委托代理理论

针对目前社会分工的进一步细化，企业进一步强化精细化管理，逐步将辅助或非核心业务交由或外包（Outsourcing）给专业的机构处理，以实现效益最大化和成本最低化的目标。各方利益诉求和信息的不对称，是供应链各成员间产生矛盾的主要原因。因此，需要明确各方职责，设计有效的监督机制和KPI考核机制，完善管理体系、绩效考核体系。

（2）约束理论

在制造业经营生产活动中，约束理论提出了消除制约因素的规范方法，以支持持续改进，同时也是MRPII和JIT理论很好的补充。其主要目的是引导企业找出自身运行中受约束和制约的短板，并加以改善和疏通，以发挥供应链系统效益最大化的功能。

（3）协同理论

供应链的核心竞争力在很大程度上依靠各节点企业之间的彼此协调和相互促进，只有各环节企业成员相互信任、互联协作、畅通高效，才能更好地及时、准确地共享信息，才能打破各环节信息不对称的弊端，减小"牛鞭效应"，优化企业库存容量，减少企业资金占用，进而降低整条供应链的运营成本和提高运行效率。

（4）全面质量管理（Total Quality Management，TQM）理论

全面质量管理以质量为中心，以全员参与为基础，使用战略、数据和有效的沟通将质量管理融合到企业文化和活动中，目的在于通过提高客户满意度，使本企业所有成员及社会受益而实现长期成功。以下是全面质量管理的8条原则。

● 以客户为中心：客户最终决定质量水平。

● 企业全员参与：所有员工都参与，为共同目标而努力。

● 以流程为中心：TQM的一个基础部分是关注流程思维。

● 系统整合：跨职能部门协同、连接和横向（流程）整合是TQM的重点。

● 服从于企业战略：TQM的一个关键目的是实现组织愿景、使命和目标。

● 持续改进：TQM的一个重要方面是持续的过程改进。

● TQM绩效管理：借助实事求是的绩效指标数据来了解企业的绩效情况。

● 有效沟通：在日常运营或变革期间，有效的沟通在保持士气和激励各级员工方面发挥着重要作用。

（5）交易成本理论

交易成本理论主要强调总拥有成本，以如何减少交易过程中的总费用为核心，通过对供应链的整合优化，最小化各项资源费用占用的成本，加强内部信息交流，减少沟通成本，最大化供应链管理的效益与利润。交易成本包括搜寻成本（产品信息与交易对象信息的搜寻）、信息成本（信息交换所需的成本）、议价成本（契约、价格、质量等讨价还价的成本）、决策成本（相关决策与契约签订等成本）、交易监督成本（依照契约监督交易过程的成本，如产品追踪、验货等）、违约成本（违约所需付出的事后成本）等。

（6）战略管理理论

战略管理是指对一个企业或组织在一定时期的全局、长远发展方向、整体目标及资源调配做出的管理和决策。其核心思想是：供应链管理能够支持和驱动企业的战略，而非仅仅是企业运营策略的一部分，企业能够通过领先的供应链管理来获得市场竞争优势，并创造企业价值。战略管理理论区别于传统理念的关键是从以成本为中心转变为以客户服务为中心，通过最终用户分析供应链各环节的收益和风险，进行企业的未来战略定位和设计。

2. 供应链管理模式创新

供应链管理模式是支持企业管理模式的核心能力和关键成功要素，模式创新不但可以帮助企业降低成本、缩短提前期、加快反应速度，而且能支持企业增强创新能力、重塑流程与商业模式、形成新的价值主张、建立独特的竞争优势。

供应链管理模式中包含众多供应链管理理论和管理实践的共性内容，并在供应链管理理论的指导下形成了管理思想和方法。而在供应链管理理论的不断完善和发展过程中，之前模式的诸多缺点与不足会暴露出来，进而推动供应链管理模式的升级与创新。在此良性发展的基础上，供应链管理模式与理论相辅相成、不断进步与发展。供应链管理模式创新以最小的投入获得极高的产出，在提升企业盈利能力上远超其他创新模式，已成为所有企业发展的重中之重，也是商业发展的一大趋势。本小节主要从 3 个维度分析供应链管理模式创新，并介绍近期的供应链管理模式创新。

1）根据供应链驱动方式划分

根据供应链驱动方式的不同，常见的供应链管理模式分为推动式供应链管理模式、拉动式供应链管理模式和推拉式供应链管理模式[4]。

（1）推动式供应链管理模式

推动式供应链以制造商为核心企业，根据产品的生产和库存情况，有计划地把产品推销给客户，其驱动力源于供应链上游制造商。在这种运作方式下，供应链上各节点比较松散，追求降低物理功能成本，属卖方市场下供应链的一种表现。由于不了解客户的需求变化，这种运作方式库存成本高，对市场变化反应迟钝。

（2）拉动式供应链管理模式

拉动式供应链是指消费者导向或需求导向的供应链，销售订单启动补货要求，制造商再快速生产，并实现快速补货。在拉动式供应链管理模式中，需求不确定性很高，周期较短，主要的生产战略是按订单生产、按订单组装和按订单配置；整个供应链要求集成度较高，信息交换迅速；其特点包括对预测要求比较高、库存成本低、资源利用率较高等。

（3）推拉式供应链管理模式

推动式供应链和拉动式供应链各有优缺点，绝大部分企业采用的是推拉组合战略——推拉式供应链管理模式。推动式供应链一般响应能力差，库存水平高，库存报废风险较大，而拉动式供应链在运输和制造业难以实现经济规模。概括起来，推拉组合战略有两种情况，一是分层次，二是分产品。所谓分层次，就是供应链的某些层次采用推动式供应链，其余的层次采用拉动式供应链。例如在汽车行业，主机厂采用拉动式供应链，供应商则采用推动式供应链，主机厂可以不备库存，供应商则备足库存以防断线。所谓分产品，就是有些物料采用拉动式供应链，有些物料则采用推动式供应链。

2）根据供应链的库存管理主体划分

根据供应链库存管理主体的不同，供应链管理模式主要分为以下三大类4小类。

（1）VMI 供应链管理模式

VMI（Vendor Managed Inventory），即供应商管理库存。从本质上来看，它将多级供应链问题变成单级库存管理问题。相对于根据客户发出订单进行补货的传统做法，VMI 供应链管理模式是以实际或预测的消费需求和库存量作为市场需求预测和库存补货的解决方法，即由销售资料得到消费需求信息，供货商可以更有效地计划、更快速地对市场变化和消费需求做出反应。供应商等上游企业基于其下游客户的生产经营、库存信息，对下游客户的库存进行管理与控制。

（2）JMI 供应链管理模式

JMI 供应链管理模式是一种基于协调中心的库存管理模式，是在 VMI 供应链管理模式的基础上发展起来的上下游企业权利责任平衡和风险共担的库存管理模式。联合管理库存（JMI）供应链管理强调供应链各个节点同时参与、共同制订库存计划，使供应链运作过程中的每个库存管理者都从相互之间的协调性考虑，保持供应链各个节点之间的库存管理者对需求的预期保持一致，从而消除了需求变异放大现象。

（3）协同式供应链管理模式

协同计划、预测和补货（CPFR）是一种协同式的供应链库存管理技术，建立在 JMI

和 VMI 的最佳分级实践基础上，能同时降低分销商的存货量，增加供应商的销售量。它覆盖整个供应链，通过共同管理业务过程和共享信息来改善分销商和供应商的伙伴关系，提高预测的准确度，最终达到提高供应链效率、降低库存和提高客户满意度的目的。

敏捷库存管理（Agent Management Inventory，AMI）模式是指在敏捷供应链上由核心企业与多层供应商建立的一个高度信息集成并与物流中心结合起来开展协同库存管理的模式。它通过信息系统对库存进行控制，发挥信息技术和互联网技术的特点，在一体化供应链管理的基础上进行统一决策，通过精确计算和调度信息的流动来减少实物库存量与降低流动频率，并对供应链企业的采购、加工、配送等环节进行集中管理，使供应链库存得到有效控制，从而节约供应链仓储和运输费用，进一步优化供应链。

3）根据供应链的环境和可持续发展划分

（1）绿色供应链管理模式

绿色供应链管理考虑供应链中各个环节的环境问题，注重对环境的保护，促进经济与环境的协调发展。其核心观点是在供应链管理的基础上加入环境保护的考量，使"无废无污"和"无任何不良成分"及"无任何副作用"贯穿整个供应链，这也是绿色供应链管理的基本原则。目前，发展绿色供应链有以下几种表现形式。

●打造绿色消费平台载体，主要指商场、超市、便利店及电商平台等主动实施环保、节能、减排改造，扩大节能、环保、健康等产品的销售比例，建立积分反馈、绿色信用等机制引导消费者购买绿色产品、使用绿色包装或减量包装。

●提高绿色采购管理水平，主要指成立专门的绿色采购管理部门或派专人实施绿色采购工作，建立绿色采购供应商名录，根据供应商绿色评估和绿色绩效提升情况，开展绿色优秀供应商评选和择优采购，带动供应商共同实施节能降耗和污染减排。

●推进绿色生产制造，加快建设具备用地集约化、生产洁净化、废物资源化、能源低碳化等特点的绿色工厂、绿色园区，注重产品全生命周期绿色化，在原材料选用、生产、销售、使用、回收、处理等各个环节系统考虑对资源环境造成的影响，实现产品对能源资源消耗最低化、生态环境影响最小化、可再生率最大化。

●推动绿色物流体系建设，主要指建设绿色仓储设施，使用新能源运载工具，提高仓储物流设备自动化、智能化建设水平，优化仓储作业流程，合理调度运输车辆，优化路径，减少车辆空载，推广共同配送、单元化载具循环共用等运作模式，推动物流链降本增效。

●建设逆向供应链网络，主要指制造业企业、流通企业、再生资源回收利用企业等多方合作，利用各自的技术优势、网络优势等，采用先进的加工和废弃物处理技术，分类构建多元化回收、集中分拣和拆解、安全储存运输和无害化处理的逆向供应链回收体系，开展废旧产品回收、再制造、再利用，实现资源的循环利用。

（2）可持续供应链管理模式

可持续供应链管理模式主要考虑经济利益、环境保护和社会责任 3 方面因素，通过创建与可持续发展观念相融合的方式，管理采购、生产和分销等环节。国际联盟组织也在不断推动 ESG 理念，即环境保护（Environmental）、社会责任（Social）、治理绩效（Governance）。在未来可持续、高质量发展的大趋势下，企业不仅要追求自身规模扩大和利润提升，更要承担更多的社会责任。根据欧盟发布的《非财务报告指令》（Non-Financial Reporting Directive，NFRD），企业需要与年度财报同时披露以下 7 个方面的 ESG 信息。

● 描述企业的商业模型（Business Model），包括营商环境、组织架构、运营市场、经营目标、发展战略及影响未来发展的趋势和因素。

● 描述企业就重要的 ESG 事项采取的政策，包括实施的尽职调查程序。

● ESG 政策产生的结果，解释财务绩效和非财务绩效之间的关系。

● 与运营相关的主要 ESG 风险，包括相关且可能造成不利影响的业务关系、产品或服务，以及管理这些风险的方式。

● 与特定业务相关的非财务关键绩效指标。

● 至少包括环境、社会和员工、人权、反腐败和商业贿赂在内的重要披露事项和指标。

● 高管多元化政策，包括年龄、性别、教育和专业背景，多元化政策的目标，以及实施该政策的方式。

ESG 发展至今，仍然存在主动性、自愿性不足等问题，甚至出现了不道德的行为。仅仅依靠市场力量和参与方自觉，ESG 的发展困境很难得到解决。通过立法，以明确法律法规来督促和监督 ESG 行为将更为有效。

4）近期供应链管理模式创新

（1）供应链金融

供应链金融依托供应链开展金融业务，本质还是金融业务，所面临的依旧是金融风控问题。供应链各环节中的以应收账款和库存融资等为主的传统供应链金融模式都面临着信息不充分的风险，另外宏观经济环境和供给市场及企业运营管理也都存在不确定性，所以对于供应链金融而言，这些都是必须面对的风险和挑战。但是随着大数据、云计算、人工智能、5G、物联网、区块链等技术的涌现，企业可以从不同的方面对其加以运用和赋能，以解决供应链金融的痛点。高新科技赋能供应链金融已成为未来的发展趋势，详细内容请参考本书第 6 章"数字化供应链技术及其应用"。

供应链金融创新体现在以下方面。

●产融结合，垂直深耕。

●科技赋能，由资源驱动转为技术驱动，供应链金融平台主体生态化。

●协同创新及合规运营监管体系层次化。

纵观供应链金融，目前其已迈入 5.0 时代。供应链金融发展阶段如表 8-1 所示。

表 8-1 供应链金融发展阶段

特征	供应链金融 1.0	供应链金融 2.0	供应链金融 3.0	供应链金融 4.0	供应链金融 5.0
模式	线下 "1+N" 模式，银行主导	线上 "1+N" 供应链中的核心企业主导，资金主体多元化	"N+1+N" 线上供应链金融平台主导，去中心化，互联网、产业链、金融高度融合	"$N×N$" 产融结合	自金融 + 区块链票据
参与主体	银行主导	供应链参与者	银行、非银行金融机构、电商平台、第三方支付公司、P2P 平台、供应链专业化服务公司	银行、非银行金融机构、电商平台、第三方支付公司、P2P 平台、供应链专业化服务公司	核心企业、节点企业、银行，以及其他金融机构
核心要素	基于存货质押 / 贸易关系的物流金融 / 贸易金融	流动的 "物"，如物流、资金流、商流	包括结构化和非结构化信息的多元化信息流	通过大数据、物联网、云计算、区块链等金融科技获取信息，对信息进行交叉验证，提供服务主体的风控能力	供应链金融和金融科技结合，搭建数字化供应链生态，能够使信息流、资金流、商流、物流形成互联互通的状态；使用数字票据，实现票据价值传递的去中介化

（2）用户直连制造（Customer-To-Manufacturer，C2M）

也被称为"短路经济"，简单说，C2M 就是工厂直连消费者，用"大牌品质、工厂价格"的模式对接消费者，去掉了品牌商、代理商和商场等中间渠道环节，使产品几乎以批发价出售给消费者，通过制造企业和消费者的双赢来推动制造业形成需求牵引供给、供给创造需求的更高水平的动态平衡。采用 C2M 模式可以实现制造业的高质量发展，甚至提升国民经济体系的整体效能。

（3）轴辐式物流模式（Hub-Spoke）

轴辐式物流模式是基于轴辐式网络模型的城市物流配送体系，具有便捷性、准时性、灵活性、网络化、集成化等特点，可以在很大程度上提高城市物流配送的速度和运行效率。轴辐式物流模式的主要优点如下。第一，降低空驶率、降低成本、提高效率。轴辐式物流网络结构中，轴点与轴点之间的干线运输是以各轴点城市分流量汇集而成的，运输批量可以达到一定的规模，这大大提高了运输工具的满载率，甚至可以杜绝空车返回现象。第二，业务形态比较灵活。在单一分派轴辐式物流网络结构中，由于各物流节点的物流量只需要汇集到其中一个轴点城市，其他中间节点的运营相对独立，小批量的物流业务可以实行外包，以降低自营成本。

（4）上下游伙伴关系管理

创新可以来自供应链上下游合作伙伴，包括客户、客户的客户、厂商、厂商的厂商等，所以，与客户和供应商建立协作关系非常重要。早期供应商参与（Early Supplier Involvement，ESI）是"在产品开发过程的早期，将一个或多个选定的供应商与买方的产品或服务设计团队结合在一起的一种做法，目的是利用供应商的专业知识和经验"。大量研究表明早期供应商参与具有较多好处，因为产品或服务成本的 70%～80% 是在设计或规范阶段确定的。供应商是其领域的专家，因此通过 ESI 在设计阶段融入他们的想法和能力可以缩短产品的上市时间，提高最终产品的功能性，提高产品的可制造性和质量，降低成本，并确保产品的可用性。缩短产品开发周期是 ESI 的一大好处。通过整合供应商的想法和技术，采购组织可以更快地将新产品或服务推向市场。

还有一些方法可用来鼓励供应商创新，例如有些企业召开年度供应商论坛、建立供应商创新绩效考核机制、补偿 / 分担供应商开发创新成本、建立供应商深度信任等。此外，企业可以在供应管理职能范围内建立一个卓越中心，该团队可以指导供应市场研究，识别供应市场中的新兴技术，与研发部门紧密合作，了解和识别当前和潜在供应商能力，确保企业能有效地利用供应商的创新成果。从产品概念阶段开始到产品投放到市场，供应链合作伙伴在推动下游和上游创新方面发挥着至关重要的作用。

3. 产品或服务创新

产品或服务创新是企业发展的核心动力，是企业能否实现持续稳定发展的重要前提，也是企业在当今市场经济环境中生存的核心竞争力。新产品开发已经成为供应链管理的重要一环。在很多行业里，供应链管理者已经成为企业产品研发或创新团队的核心成员，与世界各地的供应商合作推进新产品开发。产品创新是一个系统而复杂的工程，ISM（第三版）给出了产品创新的 5 个步骤，如图 8-2 所示。

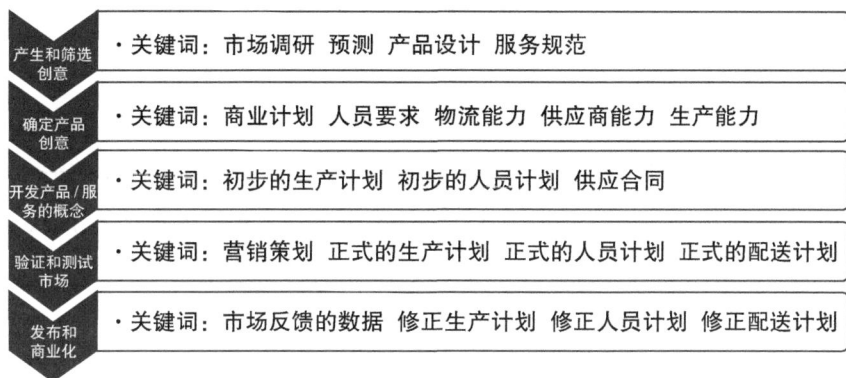

图 8-2 产品创新的 5 个步骤

产品创新在研发过程中包括 4 个关键点：质量功能展开、质量屋、客户声音和价值分析 / 价值工程。

（1）质量功能展开（Quality Function Deployment，QFD）

在产品开发初期和开发过程中，如果没有清楚地了解客户的痛点，开发人员很容易走弯路或被误导，或在一开始就定位不准确而注定失败。QFD 方法论可以解决这一问题，它可以提供一个清晰的需求框架，指导开发人员了解客户需求、预测客户对新产品价值的期待、获得利益相关者的支持、用客户需求制定（绩效）目标等，这些需求是企业产品创新的方向，企业需遵循这些需求以确保新产品成功开发。

（2）质量屋（House of Qulitiy）

质量屋一般用来确定创新产品功能规格的优先级排序。其使用方法一般包括 4 步：第一，在质量屋中明确客户需求并评级，包括创新产品的性能规格，如智能手机尺寸、重量、便于使用、可靠的、便宜的、大屏幕、长效电池、摄像效果等；第二，在质量屋中列出设计要求，如重量、生产成本和操作系统等；第三，权衡客户需求与设计要求的关系；第四，完成相关矩阵，相关矩阵将确定设计要求如何相互帮助和阻碍。

在产品创新研发过程中，QFD 和质量屋方法论的使用可以大大提高产品创新的成功率，因为使用这两种方法论可以：

● 提高企业客户满意度；

● 加快企业创新发展速度；

● 促进企业部门间沟通和协同；

● 指导产品和流程决策。

（3）客户声音（Voice of Customer，VoC）

在产品创新阶段，客户需求收集和识别是非常重要的。VoC 是指客户对产品和服务的反馈，客户声音分析是指搜集、分析客户反馈数据，将这些数据转化成有效的见解和需求，进而形成产品开发或创新的一整套方案。

（4）价值分析／价值工程（VA/VE）

价值分析和价值工程是一种管理技术。企业各部门通过智慧和有组织的活动对产品或服务进行功能分析，目标是以最低的成本（生命周期成本）实现产品或服务的必要功能，从而提高产品的价值。VA更关注现有产品，VE更适用于开发过程中的产品。

VA/VE的五大特点如下：

●团队的集体努力；

●功能的研究；

●对象为产品或服务；

●最低的生命周期成本；

●确实能实现必要的机能。

VA/VE活动中必须遵守的7个原则：

●客户优先原则；

●价值提升原则；

●机能思考原则；

●经济性思考原则；

●创造性思考原则；

●情报活用原则；

●团队设计原则。

4. 供应链管理技术创新

数字化供应链技术详见本书第6章"数字化供应链技术及其应用"，包括物联网（射频识别技术、传感器技术、M2M技术）、大数据、云计算、人工智能、区块链等。此外，以下一些比较新兴的供应链技术／产品可供了解：3D打印、虚拟现实（Virtual Reality，VR）技术、智能眼镜、可再生能源、自主机器人等。

●利用3D打印推动供应链创新。3D打印正彻底改变设计、建模和可视化环境，提高设计效率和精度。企业可以利用3D打印技术在许多行业中产生效益，并在整个供应链生命周期中提高效率、增加灵活性和节约成本。3D打印技术正处于起步阶段，因此还不能支持大批量生产最终用途产品，但这是一个大趋势。

●利用虚拟现实技术推动供应链创新。虚拟现实技术支持供应链运营、跨行业的创新、产品和流程设计、虚拟协作的试验（验证）或学习。虚拟现实技术已经越来越多地应用于个人计算机、智能手机。利用虚拟现实技术打造环境，用户 / 客户可以身临其境地感受无实物的现场设计，例如阿里巴巴通过 VR 移动设备展示展厅、某物料制造商利用 VR 对叉车操作员进行系统培训。

●使用智能眼镜推动供应链创新。采用智能眼镜等技术可以提高企业生产力和运营效率，同时提高准确率和质量，协助问责制管理等，如智能拣货眼镜、谷歌眼镜等。

●利用可再生能源推动供应链创新。可再生能源可用于整个供应链管理，以降低长期成本、降低风险、增加盈利、提升品牌价值。随着相关科技技术的进步和社会法规的成熟，企业应该将可再生能源提高到战略层面，以充分利用这些优势。

●使用自主机器人推动供应链创新。随着智能化技术的发展和企业自主性的不断提高，自主机器人在不久的将来会深度服务于供应链领域。自主机器人通过视觉系统（如光检测、激光雷达、摄像头和短程雷达等）将工作过程全部自动化，可以做到独立思考，并根据数据做出决策，如此一来可以大大提高企业效率，同时降低劳动力成本并提高客户满意度，如仓库智能拣货机器人、自动驾驶汽车（Autonomous Vehicles，AV）等。

5. 制度创新

除以上供应链管理创新外，制度创新也是不可忽略的重要创新内容之一，它是社会和企业创新的基石和推动力。制度创新的核心是社会政治、经济和管理等制度的革新，可以直接激发人们的创造性和积极性。制度创新可以不断促进新知识的探索和社会资源的合理配置及社会财富源源不断涌现，最终推动社会进步。企业只有具有完善的制度创新机制，才能保证技术创新和管理创新有效进行。同时，良好的制度环境本身也是创新的产物，而其中很重要的就是创新型政府，只有创新型政府才会形成创新型制度、创新型文化。[5]

｜第 3 节｜ 变革管理

1. 克里斯坦森变革的理论方法

变革管理（Change Management）是通过使用多学科知识通用的方法、模型和实践，有计划、系统地对组织内部和外部进行综合整改和完善的过程和方式。克里斯坦森认为实现变革管理（颠覆式创新）需要 3 个要素：技术推进、商业创新模式、价值网络。

●技术推进。颠覆性技术通常用于解决行业内最简单的问题，尖端技术的用途就是简化问题，使解决问题的方法规范化和常规化。例如，20 世纪 70 年代，世界上有能力设计大型计算机的人不足千人，计算机操作需要很强的专业知识且计算机售价极高，但是微处理器颠覆技术的出现和应用，极大简化了计算机的设计和组装问题，使成千上万人拥有了个人计算机。

●商业创新模式。其目的是以营利的方式把更简单、便捷的解决方案提供给消费者。商业创新模式一般有 3 种。第一，专家主导模式，主要是通过专家雇员来传递价值。专家凭借专业经验，研究和分析企业所面临的复杂问题，同时提供解决问题的可行性方案。通常，企业愿意为此专业服务支付较高的费用。第二，增值服务模式，是企业将未完成或损坏的产品转化为更完善、价值更高的成品的一种商业模式，如零售、汽车、餐饮等都应用了增值服务模式。第三，辅助网络模式，是在企业内部交易，例如在共同基金保险公司，客户将保费存入共同账号，同时可获得相应的份额。

●价值网络。它是一种商业微观的生态环境，所有包含在内的企业具有持续创新且相互增强的经济模式。很多企业商业模式创新失败的原因在于缺乏全新的价值网络，而新的价值网络可以将目前的商业模式整合并打破以往模式的相关生态体系。查尔斯·斯德贝尔（Charles Stabell）和奥伊斯坦·菲尔德斯坦（Oystein Fjeldstad）将价值网络称为"供应链体系"。

另外，在变革管理中，除以上 3 个要素外，还有一个很重要的角色"领导者"。克里斯坦森认为，"旧体系"的领导者可能是颠覆创新的受害者，但经过适当培训，他可以通过颠覆自身来保持领导地位。通常，领导者会本能地把颠覆作为一种威胁，其实，颠覆创新也是领导者获得非凡发展的一次机会。

克里斯坦森在《创新者的窘境》中列出了管理破坏性技术的 5 条创新者指南。

●指南针 1：以客户需求分配企业资源。

●指南针 2：以组织和市场匹配推进商业化进程。

●指南针 3：以不可知营销发现新市场。

●指南针 4：以组织能力选择市场。

●指南针 5：以降维打击来匹配技术和市场。

2. 科特变革八大步骤

约翰·科特（John Kotter）是哈佛商学院教授和著名变革专家，其著作《领导变革》

介绍了他通过约 100 个正经历变革过程的组织研究，总结开发了变革八步法。

- 制造变革的紧迫感。
- 组建变革领导团队，协同推进变革。
- 创建变革愿景。
- 传递变革愿景。
- 移除变革中的障碍。
- 创造短期成效（即快赢）。
- 巩固成果并进一步推进变革。
- 将新方法融入企业文化。

3. 供应链管理变革与创新失败的常见原因

- 高级管理层的言行不一致。
- 没有一个有效的系统来评估变革及其所要实现的目标。
- 缺乏薪酬、绩效评估、信息系统或组织结构等方面的相应变革。
- 急功近利，变革时间表不切实际。
- 误认为通过培训就能获得变革所需的一切。
- 缺乏持续和一致性的沟通。

参考文献

1. 万宁 . 浅析颠覆性创新、破坏性创新和突破性创新三者关系 [C]. 中国论文网 . 2011.

2. 齐齐文库 . 供应链管理八大创新原理分析 [EB/OL].2021.

3. 王珊 . 轻资产运营模式下 A 公司供应链管理研究 [D]. 西安：西安科技大学 . 2020.

4. 王军 . 供应链管理模式下彩虹公司采购管理优化研究 [D]. 广州：广东财经大学 . 2020.

5. 薛澜 . 大家手笔：激发制度创新的内生动力 [R]. 人民日报：人民网 . 2020.

供应链管理专家（SCMP）
职业水平认证项目介绍

SCMP
SUPPLY CHAIN MANAGEMENT PROFESSIONALS

一、项目背景

中国物流与采购联合会（以下简称"中物联"），是国务院政府机构改革过程中，经国务院批准设立的中国唯一一家物流与采购行业综合性社团组织。

供应链管理专家（SCMP）认证项目由中物联组织近 40 位国内顶级专家精心开发——历时 10 年打磨、历经两次改版，是国内唯一拥有自主知识产权的、符合中国供应链发展实际的供应链管理职业认证项目。该项目立足供应链管理职业教育，努力贯彻《国务院办公厅关于积极推进供应链创新与应用的指导意见》关于供应链人才培养的部署，坚持可持续更新和专业化方向、与国际接轨的原则，为广大企业的采购、物流、运营、计划等与供应链相关岗位的人员提供一套权威的认证知识体系。

二、项目价值

1. 对个人而言

（1）系统化学习、梳理和掌握最前沿的供应链管理发展趋势。

（2）熟练运用供应链专业知识，为企业创造更多价值，获得更多成就和认可。

（3）取得 SCMP 证书，是职业能力的重要体现，为职业发展提供更加广阔的空间。

2. 对企业而言

（1）快速多变的外部环境给企业带来巨大挑战，推进 SCMP 认证和贯彻企业供应链愿景和战略，将给企业带来"事半功倍"的效果。

（2）众多供应链试点项目和标杆企业，都开始运用或部署 SCMP 认证，赋能企业供应链实践，为企业发展培养和储备供应链专业人才，提升企业竞争力和抵御风险的能力。

三、适合对象

（1）供应链总监、经理、主管。

（2）采购、项目管理、材料管理、运营管理、供应商质量保证、财务、计划等岗位专业人士。

（3）物流和其他岗位具有一定经验的相关专业人士。

四、知识体系

新版供应链管理专家（SCMP）知识体系采用 6+1 模式，包含 3 册必修教材（《供应链运作》《供应链规划》《供应链领导力》）、3 册选修教材（《物流管理》《计划管理》《采购管理》）、1 册术语集（《供应链术语》）。

供应链运作	1. 供应链管理概述 2. 客户需求管理与交付 3. 库存管理基础 4. 物流管理	5. 生产运作 6. 服务运作 7. 采购运作 8. 质量管理	物流管理	1. 运输管理 2. 仓储管理 3. 逆向物流 4. 物流服务	5. 物流设施与设备 6. 物流信息系统与技术 7. 物流网络规划 8. 物流绩效
供应链规划	1. 供应链环境、战略和价值 2. 供应链设计 3. 供应链集成和优化 4. 供应链成本管理	5. 供应链财务分析及工具 6. 数字化供应链技术和应用 7. 供应链项目管理 8. 供应链管理创新	计划管理	1. 计划概述 2. 预测与需求计划 3. 综合供应计划 4. 销售与运营计划 5. 主计划、物料计划及排程	6. 供应能力计划与管理 7. 库存管理 8. 计划信息系统 9. 计划绩效
供应链领导力	1. 供应链管理领导力概述 2. 组织和供应链的战略与目标 3. 组织结构规划与重组 4. 人力资源管理与员工激励	5. 伙伴关系管理 6. 沟通与协同 7. 供应链组织绩效管理 8. 社会责任、道德和合规管理 9. 供应链风险管理	采购管理	1. 采购需求 2. 品类管理 3. 寻源管理 4. 全球采购 5. 间接采购	6. 数字化采购 7. 采购谈判 8. 合同管理 9. 采购与供应商绩效管理

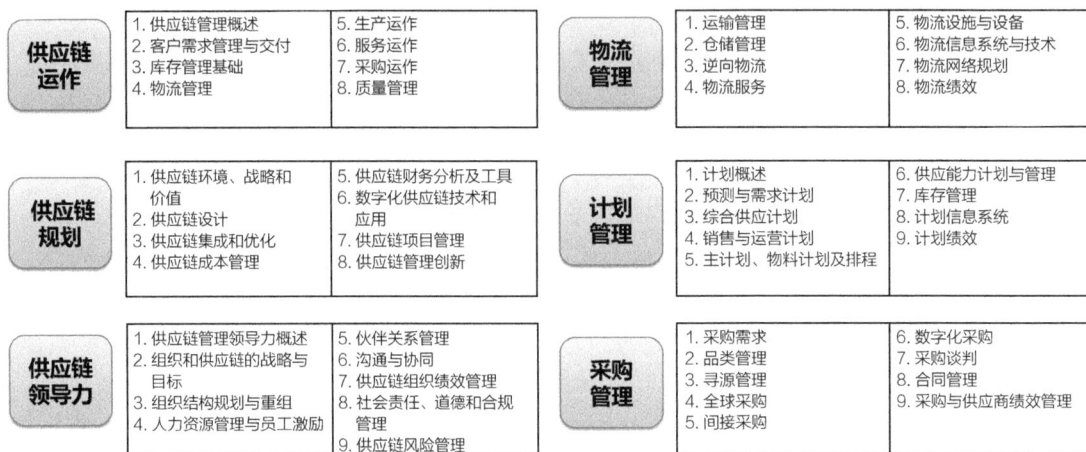

知识体系框架

五、认证流程

供应链管理专家（SCMP）知识体系自 2024 年起将采用"3（3 门必修课）+X（自选 1 门选修课）"的认证思路，认证流程大体分为 3 个环节：培训—考试—认证及再认证。

1. 培训

（1）3+X：学员可以在选择 3 门必修课的基础上，任选 1 门选修课进行学习，也可以 3 门选修课都学习。每门课程培训时长为两天。

（2）培训有线上、线下两种模式可选，由中物联授权的培训机构负责组织。

（3）培训讲师均为经过中物联培训并授权的资深供应链管理培训专家。

2. 考试

（1）中物联在全国范围内统一确定考试时间（每年 3 月、7 月、11 月），统一组织考试。

（2）考试的形式是机考。考生参加考试必须有在中物联购买教材的记录。考生可自行决定每次报考科目数量。

（3）每个科目的考试皆为 100 道单项选择题，60 分为通过。

（4）每个科目的考试时间为 120 分钟。

（5）考试未通过的科目可以申请补考，单科成绩保留两年。

3. 认证及再认证

（1）认证层次

●两年内通过 3 门必修课和 1 门选修课考试并且通过认证的考生，将获得由中物联颁发的供应链管理专家（SCMP）相关选修方向的证书。

●两年内通过 3 门必修课和 3 门选修课考试并且通过认证的考生，将获得由中物联颁发的供应链管理专家（SCMP）总证书。

（2）认证条件

考生须满足以下条件中的一项方可申请认证：

●具有 3 年及以上全职物流、采购、运输、供应链等方面的工作经验。

●拥有大学本科学历，全职从事物流、采购、运输、供应链等相关工作 1 年及以上。

证书样本

（3）再认证条件

本职业认证非终身制，每次认证的有效期为 4 年。申请再认证需要按规定提交在 4 年内接受不低于 60 个学时的供应链管理领域继续教育（含在线）证明或其他有效证明文件。

详情请查询中物联采购服务网或通过以下方式

田老师：010-83775665

崔老师：010-83775730

微信：CFLP_SCM

邮箱：jyrz@chinascm.org.cn

地址：北京市丰台区丽泽路 16 号院 2 号楼铭丰大厦 1212 室